W0197233

Christian Heim
Frei
Gespräche mit Hans Stapel
einem der Gründer der Fazenda da Esperança

Der Titel des Buches ist doppeldeutig. – Wie alle Brüder des Heiligen Franziskus wird Hans Stapel als „Frei" Hans gerufen, Frei ist portugiesisch und heißt Bruder. Im Deutschen beinhaltet dieses kleine Wort „frei" aber auch die große innere Freiheit, den Freimut Gottes, den sich Hans Stapel durch sein Leben mit Drogenabhängigen, Prostituierten und den Ärmsten der Armen erworben hat. „Frei", ein freier Mann, ein Mann Gottes, ein Bruder der Menschen mit dem einzigen Wunsch, Gott und den Nächsten zu lieben.

Christian Heim, geboren 1968 in Meschede, Priester seit 1997, seit 2007 Mitglied der Familie der Hoffnung; war von 2014 bis 2021 auf der Fazenda da Esperança São Liborio in Guaratinguetá / São Paulo / Brasilien und dort Rektor des Heiligtums der Hoffnung; derzeit lebt er auf da Fazenda da Esperança – Gut Neuhof vor den Toren Berlins.

Frei Hans Stapel, ofm, geboren 1945 in Geseke, seit 1972 Franziskaner in Brasilien, Priester seit 1979, Gründer der weltweit verbreiteten Fazenda da Esperança – Höfe der Hoffnung und der internationalen Gemeinschaft von Gläubigen Familie der Hoffnung. Lebt in Guaratinguetá / São Paulo / Brasilien. Bekannt durch die über 160 Höfe der Hoffnung in 26 Ländern und sein Engagement als Anwalt derer, die am Rande der Gesellschaft leben und ohne Stimme sind, und für Menschen, die durch Drogen- oder anderen Abhängigkeiten gezeichnet sind.

Christian Heim

Gespräche mit

Hans Stapel

einem der Gründer der
Fazenda da Esperança

BONIFATIUS

Bibliografische Information der Deutschen Nationalbibliothek:
Die Deutsche Nationalbibliothek verzeichnet diese Publikation in der Deutschen
Nationalbibliografie; detaillierte bibliografische Daten sind im Internet über
http://dnb.d-nb.de abrufbar.

Klimaneutrale Produktion.
Gedruckt auf umweltfreundlichem, chlorfrei gebleichtem Papier.

Soweit nicht anders angegeben, sind die Bibelverse folgender Ausgabe entnommen:
Einheitsübersetzung der Heiligen Schrift, vollständig durchgesehene und überarbeitete
Ausgabe, © 2016 Katholische Bibelanstalt GmbH, Stuttgart.

© Originalausgabe: Editora Fazenda da Esperança 2021
© 2021 Bonifatius GmbH Druck | Buch | Verlag, Paderborn

Umschlaggestaltung: Adriana Martins
Lektorat: Nadine Weihe, www.lektorat-weihe.de
Übersetzung aus dem Portugiesischen: Franziska Doney, Christian Heim
Satz: Bonifatius GmbH, Paderborn
Druck und Bindung: CPI books GmbH, Leck
Printed in Germany
ISBN 978-3-89710-922-3

Weitere Informationen zum Verlag:
www.bonifatius-verlag.de

Inhaltsverzeichnis

Vorwort

In diesem Buch lernen wir eine Vielzahl von Facetten des Lebens von Frei Hans Stapel, OFM, kennen. Er ist ein Priester mit einer Leidenschaft für das Wort Gottes und lebt mit großer Radikalität das Charisma der Hoffnung. Dieses Charisma entstand durch eine Verbindung des Charismas der Einheit von Chiara Lubich und dem franziskanischen Charisma, das ganz gegenwärtig im Leben dieses deutschen Franziskaners wirkt, der seit den 1970er Jahren in Brasilien lebt. Peu à peu erfährt der Leser, wie durch verschiedene Erlebnisse im Leben von Frei Hans, manchmal auch negativer Art, konkrete Antworten entstanden, die Gutes bewirkten. Frei Hans lebt in einer besonderen Intimität mit Gott und es ist wohl diese Sohnschaft, die es ihm ermöglicht, sich immer wieder in neue Herausforderungen zu begeben. So ist er ein Instrument der Liebe und des Friedens im Leben von vielen Menschen, seien es junge Leute, die Hilfe suchen, um sich von ihren Süchten zu befreien, Menschen aus der Obdachlosigkeit, HIV-Infizierte, psychisch Kranke, schutzlose Kinder und auch Familien, die den Wunsch haben, dieses Charisma zu leben, gerade in einer Zeit, in der es manchmal schwer ist, in der Gesellschaft nach christlichen Werten zu leben.

Frei Hans lernte ich zuerst über das Fernsehen kennen. Persönlich begegneten wir uns das erste Mal bei der Gründung der Fazenda da Esperança in der Erzdiözese Londrina (Parana). Seit 2017 bin ich in Aparecida (São Paulo), und seitdem begleite ich seine Arbeit und die der Fazenda da Esperança aus der Nähe. Wir begegnen uns bei ihm zu Hause, bei den liturgischen Feiern und bei verschiedenen Veranstaltungen dieses Werkes.

Es sind viele Eindrücke, die von diesen Begegnungen haften bleiben. An erster Stelle spüre ich Gott in der Person von Frei Hans. Er ist ein Mann Gottes und beeindruckt durch seinen Glauben an die göttliche Vorsehung, durch sein Leben nach den franziskanischen Idealen und durch seine Demut, die in seiner Geduld, Liebenswürdigkeit und Barmherzigkeit mit den Verlassenen dieser Welt zum Ausdruck kommt.

In all seinen Ansprachen, Vorträgen und Predigten bezieht sich Frei Hans auf die Liebe Gottes als Quelle und Inspiration seiner eigenen Liebe zu den Menschen. Seine Zuneigung zur Heiligen Schrift ist beeindruckend. In ihm werden die biblischen Texte lebendig. Das Licht des Wortes Gottes erleuchtet seine Entscheidungen und sein Handeln und wird zu Lösungen für Probleme. Er spricht mehr durch seine guten Werke als durch seine Vorträge.

Während des Mattenkapitels des Heiligen Franziskus sagte man, dass „Bitten die größte Armut"[1] sei. Frei Hans hat keinerlei Hemmung, um Hilfe für seine Söhne und Töchter der Fazenda da Esperança zu bitten. Er macht es wie der Heilige Vinzenz von Paul, der Heilige Frei Galvão, die Heilige Dulce dos Pobres und erst recht wie der Heilige Franziskus, die Reichen ins Spiel zu bringen, damit er den Armen helfen kann. Frei Hans lebt die franziskanische Spiritualität, indem er zum Bettler wird. Dank dieser Spiritualität ist er ein Mensch, mit dem man leicht in Beziehung treten kann, er ist immer gesprächsbereit, hat ein offenes Lächeln, ist empathisch und besitzt eine ganz menschliche und geistliche Vaterschaft. So erfährt er die Zuneigung, das Vertrauen, die Anerkennung und Wertschätzung aller, die ihn kennen.

Ein besonderes Erlebnis hatte ich mit Frei Hans an dem Tag, an dem er mir erlaubte, während der Feier der Eucharistie durch die Auflegung meiner Hände für ihn zu beten und seine Füße zu küssen. Das tat ich im Blick auf seine angeschlagene Gesundheit und auch als Zeichen meiner Dankbarkeit und Bewunderung. Eine andere angenehme Erinnerung ist der Besuch und die Feier der Eucharistie in meinem Haus mit seiner Familie, die aus Deutschland zu Besuch war. In der letzten Zeit hat Frei Hans mich oft eingeladen, die Eucharistie mit den Frauen und Männern von der Straße zu feiern, die die Fazenda da Esperança in dieser Zeit der Pandemie aufgenommen hat. Seine betende und aktiv-teilnehmende Gegenwart in den Messen ist berührend und aufbauend.

Es ist eine Gnade der göttlichen Vorsehung, dass die Fazenda da Esperança im Vale do Paraíba[1] entstanden ist. Hier wurde die zerbrochene Figur der Nossa Senhora Aparecida[2] gefunden und zusammengesetzt. Genauso ist auch die Fazenda da Esperança von Frei Hans ein Ort, der zerbrochene Menschen aufnimmt, wiederherstellt und erneuert. Dies geschieht durch die Kraft des Gebetes und durch die gelebte Geschwisterlichkeit. Die Fazen-

---

1 Der große Paraíba-Fluss ist ein Strom, der das Tal zwischen zwei großen Bergketten, der Sierra da Mantiqueira und der Sierra do Mar, seit Jahrhunderten prägt.
2 Aparecida, wortwörtlich „Erscheinung", bezeichnet den Ort, an dem am 12.10.1717 drei Fischer im Fluss Paraíba eine zerbrochene Tonfigur fanden. Zuerst entdeckten sie den Rumpf, dann den Kopf, und schließlich nahmen sie diese Marienfigur mit nach Hause. Über die Jahrhunderte entwickelte sich dieser Ort zu einem der größten Marienwallfahrtsorte der Welt.

da da Esperança ist wie eine Frau, wie ich gerne sage, die neue Männer und Frauen gebiert. Und so ist Frei Hans Vater vieler Söhne und Töchter, so wie es auch Abraham[II] war. Alles, was wir über den barmherzigen Samariter[III] sagen können, können wir auf Frei Hans beziehen, und sein Name ist „Apostel der Güte und des Friedens" nach dem Beispiel des Heiligen Antônio de Sant'Ana Glavão, unserem Heiligen Frei Galvão, dem ersten brasilianischen Heiligen, der auch in Guaratinguetá (São Paulo) geboren wurde, dort, wo die erste Fazenda da Esperança entstand. Dieses Tal ist durch den Auftrag der Franziskaner „Geh und bau meine Kirche wieder auf" geprägt. Und so ist die Fazenda da Esperança die Perle dieser Teilkirche, weil sie den Glauben der suchtabhängigen Menschen und ihrer Familien, der Priester und Seminaristen wieder aufbaut. Die franziskanische, fokolarinische und charismatische Spiritualität, die ihr Gründer übernommen hat, trägt viel zur Rekuperation[3] dieser Menschen bei.

Ich freue mich mit allen, die die Inspiration hatten, dieses Buch über Frei Hans zu schreiben. Sicher werden weitere Bücher über ihn folgen. Die Ehrung, die ihm zuteilwird, verwandelt dieses Buch in ein geschichtliches Zeugnis, in ein unvergessliches Monument, in ein Archiv der Gnaden, des Segens und der Wunder Gottes, die diesem Priester, der Fazenda da Esperança, dem Orden der Franziskaner, der Diözese Aparecida und der Kirche Brasiliens gewährt wurden.

So wie viele Menschen sich bekehrten, weil sie über das Leben der Heiligen lasen, so werden viele Menschen Gott finden,

---

3 „Rekuperation" ist vom lateinischen Wort „recuperare" abgeleitet, das „sich wiedergewinnen" oder „sich wiederfinden" bedeutet. Es wird auf der Fazenda da Esperança weltweit als spezifischer Begriff für den Therapieweg verwendet. Die Bewohner der Fazenda bezeichnen sich als Rekuperanten bzw. Rekuperantinnen, denn es geht darum, sich und sein Leben wiederzugewinnen und ein selbstverantwortetes Leben führen zu können. Der Prozess der Rekuperation dauert zwölf Monate und durchläuft drei Phasen: 1. du wirst getragen; 2. du gehst selbst; 3. du trägst andere.

weil sie die heiligen Geschichten von Frei Hans lesen. Sie werden zu Freunden und Förderern der Fazenda da Esperança. Sie werden Licht und Inspirationen finden, um selber Werke der Nächstenliebe zu verwirklichen. Und andere, die dieses Buch lesen, werden angestoßen, um Heilung und Befreiung ihrer Leiden zu suchen.

Die Hoffnung hat zwei Töchter: die Empörung und die Geduld: die Empörung in Bezug auf das Übel der Drogen und alle Formen des Bösen; die Geduld in Bezug auf die Rekuperation von Menschen, ihre Rehabilitation und ihre Wiederherstellung.

Gott segne alle Leser dieses Buches und die Zärtlichkeit unserer lieben Frau von Aparecida begleite sie.

Orlando Brandes
Erzbischof von Aparecida do Norte / SP / Brasilien

Vorwort zur deutschen Ausgabe

Welch ein Träger der Hoffnung ist Frei Hans!

Als ich ihn und seinen Bruder Paul wieder einmal auf der Fazenda da Esperança im ehemaligen Franziskanerkloster in Mörmter bei Xanten traf, erzählte Frei Hans – so einfühlsam wie brillant schon vom brasilianischen Erzbischof Orlando Brandes beschrieben – zum Ende unseres Gesprächs von seiner vertieften Freude auf den Tod. Wie das? Vorausgegangen war unser Gespräch über seine Einstellung während seiner schweren Krebserkrankung. Seine Äußerung, welch ein „Geschenk" diese Zeit war, ließ mich stutzen.

Als ich das hinterfragte, schilderte er mit strahlenden Augen, wie viel die Hoffnung auf das Leben nach dem Tod für ihn lebensnaher geworden ist: „In die Liebe Gottes kann ich dann eintauchen!" Welch eine tiefgläubige Erfahrung!

Wie war der Anfang dieses nun über zehnjährigen Weges zu einer Fazenda da Esperança, einem Hof der Hoffnung, im Kloster Mörmter?

Ich persönlich durfte einige Male Frei Hans in Brasilien besuchen, sein großes Werk kennenlernen und ihm über die

Schultern schauen. Ebenfalls durfte ich aktiv an der Entstehung und Realisierung der dritten Männerfazenda in Deutschland im Kloster Mörmter am Niederrhein mitwirken und verstehe mich bis heute als freiwillige Helferin auf der Fazenda, Unterstützerin und Förderin. Es ist ein großartiges Werk, das seit seiner Entstehung 1983 bis heute an 155 Orten in 26 Ländern Hoffnungsträger ist.

Ein halbes Jahrhundert ist es her, dass Frei Hans brasilianischen Boden betreten hat und den braunen Habit der Bettelmönche zu tragen begann. In Brasilien und darüber hinaus ist er eine weit beachtete Stimme, ein soziales Gewissen, ein barmherziger Samariter und durch das Fernsehen ein bekannter Gottesmann.

Wenn Frei Hans heute in diesem Interviewbuch auf die Welt, die Menschen, die Kirche und auf Gott schaut, dann tut er es in einer besonderen Sichtweise. Diese ist eingefärbt und geprägt von seiner lateinamerikanischen Perspektive, von seinem Leben unter den Armen, den suchtkranken Menschen und den Ausgebeuteten. Dies alles hat ihn geprägt. Aber auch sein Leben als Franziskaner und seine Zugehörigkeit zur Fokolar-Bewegung hat ihm einen frischen und direkten Zugang zur Bibel bewahrt.

Für mich begann die Verbindung zu Frei Hans mit einem deutlichen Hinweis vom Heiligen Geist! Das Problem war nämlich: Was sollte mit dem Missionsfranziskanerkloster in Mörmter passieren, da keine pensionierten Franziskaner aus der ganzen Welt mehr zu betreuen waren? Das idyllisch gelegene Kloster gab Anlass zu Spekulationen für eine Umwandlung in eine vielversprechende Immobilie. Meinem Mann und mir war das eine grauenvolle Vorstellung, zumal der Grund und Boden eine bäuerliche Stiftung war und nicht nur verstorbene Patres dort beerdigt sind, sondern auch ein kleiner Soldatenfriedhof dazugehört. Was sollten wir tun, um einen spirituellen Ort zu erhalten?

Da sah ich auf der Titelseite der Bild-Zeitung ein Foto von Frei Hans und Papst Benedikt, der Straßenkinder in Brasilien umarmt, und einen Kurzbericht über die dortige Fazenda da Esperança. Als Sozialarbeiterin war mir dieser geistliche Ansatz zur Rekuperation von so vielen Menschen, die aus seelischer Not süchtig geworden sind, sehr einleuchtend.

Der Rest ist schon Geschichte; es wurde ein Verein engagierter Mitchristen gegründet und seitdem haben wir mit so vielfältigen jungen Männern ein frohes Miteinander, gestützt durch aufopfernde Leiter oder jetzt durch eine junge Familie. Es gibt Tiere, einen großen Garten, eine Honigbienenzucht und den dazugehörigen Honig im Laden beim Hofcafé.

Unsere Messen sind lebendig mit viel Gesang, auch internationalen und bunt gemischten Andächtigen. Die Ausstrahlung ist groß, ich darf sagen überregional, und für uns Ausdruck des Wirkens des Heiligen Geistes.

Das Familiäre, gepaart mit der steten Möglichkeit der Verinnerlichung, hat schon so vielen Rekuperanten oder auch Schülern oder Besuchern tiefe Erfahrung auf den Lebensweg mitgegeben. Es ist im wahrsten Sinne eine Wunder-bare Entwicklung!

So erklärt sich auch und wird nachvollziehbar, wie aus der Ursprungsfazenda inzwischen ein Werk mit weltweiter Bedeutung erwachsen konnte.

„An ihren Früchten also werdet ihr sie erkennen" (Matthäus 7,20). Meine große Hoffnung richtet sich darauf, dass viele Menschen dieser Umbruchszeit erkennen, dass es die Seele ist, an der so viele Menschen heute erkranken. Wir in Europa und besonders in Deutschland haben uns zu sehr von der Natur und dem Mitmenschen entfernt; das macht krank.

Schaut man auf aktuelle innerdeutsche oder europäische Diskussionen, sei es gesellschaftlicher oder kirchlicher Art, so merkt der aufmerksame Leser bald, dass diesem Sohn des heiligen Franziskus jede kirchenpolitische Positionierung, rechts oder links, konservativ oder progressiv, völlig suspekt ist und er weit entfernt von manch „Kirchenklüngel" ist. Genau aus diesem Grund tut es so gut, ihm zuzuhören.

Wir sind Frei Hans und seinem Bruder Paul, der uns in Europa auch sein Stellvertreter ist, von ganzem Herzen dankbar für dieses heilende große Werk. Auch für uns gilt die letzte Strophe des Sonnengesanges des heiligen Franz von Assisi: „Lobet und preiset den Herrn! Danket und dient ihm mit großer Demut."

In diesem Sinne wünsche ich eine an-regende Lektüre. Dass jede und jeder für sich Impulse mitnehmen kann und die Frische und Schönheit des Glaubens neu entdeckt.

Christiane Underberg

Einleitung

Liebe Leserinnen und liebe Leser!

Dieses Buch, das Sie in Ihren Händen halten, entstand auf der Basis von Gesprächen. Es waren mehrere Sequenzen, die über den Zeitraum mehrerer Monate mit Frei Hans Stapel, OFM, stattfanden: in seinem Haus in Brasilien, auf Reisen oder während anderer Momente großer Freiheit und Offenheit.

„Frei" ist der Titel dieses Buches. Wenn in Brasilien jemand mit Pater Hans Stapel spricht oder jemand den Gründer der Fazenda da Esperança[4] oder der Familie der Hoffnung[5] aufsucht, sagen die meisten: „Ich werde den Frei treffen" oder „Gestern sprach ich mit dem Frei". Die Bedeutung dieses Wortes ist gleichzusetzen mit Bruder. Die Franziskaner bezeichnen sich alle als Brüder und bekommen den Titel Bruder[6]: Bruder des

---

4 Die Fazenda da Esperança (dt. „Hof der Hoffnung") ist eine therapeutische Gemeinschaft, die 1983 entstand und den Prozess der Rekuperation von Menschen begleitet, die sich von ihren Abhängigkeiten befreien wollen. Besonders von Drogen, Alkohol und anderen illegalen Substanzen. Die Methode der „Höfe der Hoffnung" beinhaltet drei wesentliche Aspekte: die Arbeit als ein pädagogischer Prozess, das gemeinschaftliche Leben wie in einer Familie und die Spiritualität als ein Weg, um den Sinn des Lebens zu finden.

5 Die „Familie der Hoffnung" ist eine internationale private Gemeinschaft von Gläubigen und wurde am 24. Mai 2010 offiziell vom Päpstlichen Rat für Laien anerkannt. Es ist eine geistliche Familie, die sozusagen die Seele der „Höfe der Hoffnung" bildet.

6 Frei (= „Bruder", sprich „Fräi") bezeichnet in franziskanischen Gemeinschaften in Brasilien sowohl die Brüder als auch die Patres.

heiligen Franziskus, Brüder untereinander und Bruder jedes Menschen.

Frei Hans war, ist und bleibt in all diesen Jahren immer dieser Bruder für viele Menschen und die meisten haben eine große Zuneigung zu ihm.

Während all dieser Jahre, in denen Frei Hans in Brasilien lebt, wurde er zu einem Vorbild für viele Menschen. Er gibt Rat, er ist ein lebendiges Beispiel im Leben der Kirche und der brasilianischen Gesellschaft. Die Menschen hören auf das, was er sagt, und folgen seinem evangeliumsgemäßen Leben.

Frei Hans hat nie ein Buch oder einen Artikel geschrieben, sei es in einer theologischen oder pastoralen Zeitschrift. Er selber bezeichnet sich sogar als „wenig intelligent". Doch hat er in all diesen Jahren in seinem am Evangelium ausgerichteten Leben eine Weisheit geschenkt bekommen, die man als göttliche Weisheit bezeichnen kann. Sie kommt vom Wort Gottes, das er immer versucht, in die Tat umzusetzen.

Wir haben dieses Buch in verschiedene Kapitel aufgeteilt. Sie handeln von seinem Leben, seiner Familie und den Geschwistern, also von jenem fruchtbaren Boden, der diese besondere Berufung hervorbrachte. Im Dialog mit Frei Hans geht es um die Kirche, die Höfe der Hoffnung und die Familie der Hoffnung, die Situation der Jugend, die Berufungen, die Eucharistie, um Maria und vieles mehr. Dieses Buch hat keinen Schlusspunkt, im Gegenteil – es ist der Beginn eines Gespräches.

Ich möchte Sie, liebe Leserin und lieber Leser, einladen, mit mir in das Haus in Brasilien zu kommen, in dem Frei Hans mit seiner Gemeinschaft lebt. Das „Haus Chiara" befindet sich in Guaratinguetá/Brasilien. Man betritt ein harmonisch eingerichtetes Haus mit warmen Farben und fühlt sich gleich wohl. Frei Hans steht auf, kommt einem entgegen und begrüßt einen herzlich. Man ist eingeladen, sich zu setzen. Frei Hans trägt heutzutage keine franziskanische Kutte mehr oder ist nicht gekleidet wie ein Kleriker. Gerne trägt er karierte Hemden und weite Hosen. An warmen Sommertagen trifft man ihn mit Bermuda und Polo-Shirt und immer in seinen berühmten Sandalen.

Obwohl er eine Person des öffentlichen Interesses ist, ist der Frei eher eine schüchterne Person. Man könnte sagen reserviert. Aber nach einigen Minuten in seiner Gegenwart hat man den Eindruck, als existiere nur der Mensch, der Frei Hans gegenüber sitzt, und das, was man mit ihm bespricht, oder als wäre das Anliegen, das man hat, das Wichtigste, das es auf der Welt gibt. Er besitzt die Fähigkeit, einen fast vergessen zu lassen, dass er ein rund um die Uhr beschäftigter Mann ist, der Kontakte in die ganze Welt hat, ständig unterwegs ist, viel reist und an Begegnungen oder Treffen teilnimmt.

Er hört sehr gut zu, schaut sein Gegenüber interessiert mit seinen hellblauen Augen an, stützt seinen Kopf gerne auf seine Hände und konzentriert sich so, um dann nach einigen Momenten der Reflexion zu kommentieren, was gesagt wurde, oder eine Antwort zu geben. Bis heute hat sein Portugiesisch einen unverkennbaren deutschen Akzent und man hört ihm gerne zu. Seine sonore Stimme vermittelt Vertrauen und irgendwie Sicherheit, gleichzeitig auch Kraft und Geduld. Oft werden solche Gespräche mit Frei Hans zu einer Reise, die man mit einer Taborerfahrung[7] vergleichen könnte. Es ist wie eine Verklärung,

---

7 Der Berg Tabor, ein hoch aufragender Berg in Galiläa, 17 Kilometer vom See Genezareth entfernt mit einer Höhe von 575 Metern ist nach Überlieferung der Ort, auf dem die Verklärung Jesu geschah (vgl. Matthäus 17,1-9.) Dieser Berg wird als mystischer Berg verehrt und bewog die Apostel, die eine Stimme aus dem Himmel gehört hatten, zu sagen, dass sie dort drei Hütten bauen wollten, um dieses besondere Ereignis der Gegenwart Gottes festzuhalten.

bei der die Gegenwart Jesu unter den Seinen erfahrbar wird und man drei Hütten bauen und nie mehr von dort weg möchte.

Im Gespräch mit Frei Hans entdeckt man, dass er trotz seines fortgeschrittenen Alters einen jugendlichen Geist hat und er dynamisch und spontan ist. Er hat eine Leidenschaft für das Wort Gottes, für die Kleinen und Vergessenen der Gesellschaft. Er ist ein Mann Gottes. Man kann mit ihm lachen und seinen feinen Humor erleben. Gleichzeitig kann er in Situationen auch sehr bestimmend sein und, wenn nötig, mit Autorität sprechen. In anderen Momenten legt er eine intellektuelle Offenheit an den Tag, die man gar nicht erwartet hat.

Dieses Buch ist kein theologisches Traktat, auch kein Beitrag zur Pastoral oder ein politisches Manifest. Frei Hans benutzt eine einfache Sprache, er redet sehr persönlich und ist oft fast intim. Er wird im Laufe des Gespräches manchmal sogar eher diskrete Dinge offenbaren, manchmal delikate Themen anschneiden und persönliche Gedanken mitteilen. Dieses Buch möchte eine Zusammenfassung des Lebens dieses Mannes geben, der leidenschaftlich für die Liebe Gottes lebt und an das glaubt, was der Heilige Franziskus einforderte, als er ausrief: „Die Liebe wird nicht geliebt!"

Ich persönlich durfte Ende der 1980er Jahre im Alter von 20 Jahren als freiwilliger Helfer in Brasilien auf den „Höfen der Hoffnung" arbeiten. Mir wurde – so sehe ich es heute – die Gnade zuteil, viel Zeit mit Frei Hans zu verbringen. Das Gespräch, das damals begann, ging immer weiter und ich erfuhr von Frei Hans immer aus erster Hand, was es Neues gab und wie die Fazenda da Esperança, die „Höfe der Hoffnung", wuchsen und sich ausweiteten. Ich lernte seine wunderbare Familie kennen, war ihm nahe, als seine Mutter starb, und durfte ihn auf vielen seiner Reisen begleiten. Immer wieder war ich berührt von der Tiefe, die seine Beziehung zu Gott hat.

In den letzten sieben Jahren lebte ich in Brasilien in derselben Stadt wie Frei Hans. Ich konnte ihn während seiner schmerzhaften Erfahrungen wie dem Herzinfarkt und seiner Krebserkrankung begleiten, aber ich erlebte ihn auch in vielen Augenblicken, in denen das Wirken Gottes und des Heiligen Geistes mit Händen zu greifen war. Ich spüre eine große Dankbarkeit dafür, schon so viele Jahre mit dem „Frei" leben zu dürfen, und er ist für mich wie ein geistlicher Vater.

Seit Juli 2021 bin ich wieder auf einer deutschen Fazenda, einem Hof der Hoffnung vor den Toren Berlins, tätig und freue mich, Sie, liebe Leserin und lieber Leser, einzuladen, an dem Gespräch mit diesem Mann Gottes teilzunehmen, diesem barmherzigen Samariter, den man *Frei* nennt.

Ich wünsche Ihnen eine angenehme und bereichernde Lektüre.

Christian Heim
Gut Neuhof, August 2021

Als Jugendlicher im Nachkriegsdeutschland

Du bist 1945 in Deutschland geboren und hast deine Jugend nach dem Krieg in armen, einfachen Verhältnissen verbracht. Wie hast du deine Jugendzeit erlebt?

Meine Jugendzeit war von Armut geprägt, aber trotzdem eine sehr glückliche Zeit; ich hätte sie mir nicht anders vorstellen können. Ich habe einen Zwillingsbruder und zwei Schwestern und bis heute sind wir sehr miteinander verbunden. Mein Vater arbeitete den ganzen Tag und wenn er am Abend nach Hause kam, aßen wir alle miteinander. Anschließend musste er bei einer anderen Arbeitsstelle weiterarbeiten, denn unsere finanzielle Situation war sehr schwierig. Ich erinnere mich noch an alles, was wir in dieser Zeit gekauft haben, sei es ein neuer Stuhl oder ein Küchenschrank, und daran, wie sehr es für uns ein Grund zur Freude war.

Wir hatten viel Zeit zum Spielen. Es war üblich, dass wir Kinder – und damals waren wir viele – jeden Nachmittag in den fast ganz zerstörten Häusern und draußen auf der Straße spielten. Es gab nicht so viel Straßenverkehr wie heute, es gab kaum Autos, wir hatten keinen Fernseher, keine Handys und kein Internet. Wir nutzten unsere Zeit, um uns mit allen möglichen Spielen zu vergnügen.

Im Winter, der damals viel kälter war als heute, fiel der Schnee im Dezember und blieb bis April. Unser Haus lag auf einem Hügel, und da es wegen des Schnees und Eises auf den Straßen keinen Verkehr gab, fuhren wir viel Schlitten. Das war sehr, sehr schön!

Zu meiner Zeit als Pfadfinder nahmen wir an vielen Zeltlagern teil. Das war großartig. Wir hatten in finanzieller Hinsicht nichts, und dennoch spürten wir gleichzeitig, dass uns nichts fehlte.

Ich erinnere mich noch daran, als wir in unseren Schulferien gemeinsam mit Freunden einen Ausflug mit Fahrrädern machen wollten. Meine Eltern waren einverstanden, weil sie alle Kinder kannten, mit denen wir zusammen unterwegs waren, aber sie hatten kein Geld für meinen Bruder und mich. Mein Vater sagte zu uns, dass er nur vier Mark fünfzig habe. Das hätte für einen Tag gereicht. Wir antworteten ihm, dass wir einfach zurückkehren würden, sobald wir kein Geld mehr hätten. Und so zogen mein Bruder und ich und zwei andere Jugendliche, die etwas älter waren, los, ohne zu wissen, wie lang die Reise dauern würde. Am ersten Abend klopften wir an die Tür eines Bauern und fragten, ob es möglich sei, im Stall zu schlafen. Sie erlaubten es uns und wir richteten unsere Betten mit Schlafsäcken im Heu. Dann fragten wir, ob wir ein bisschen Wasser warm machen dürften. Die Bauersfrau lud uns in die Stube ein, während das Wasser für den Tee aufkochte, den wir zusammen mit unserem alten Brot essen wollten. Als sie sah, dass wir nur trockenes Brot bei uns hatten, machte sie uns ein richtiges Abendessen mit Spiegeleiern, Brot und Wurst. Die Bauern hatten Lebensmittel, von denen wir nur träumen konnten, und wir langten kräftig zu. Früh am nächsten Morgen gab es noch ein reichliches Frühstück. Wir aßen uns ordentlich satt und fuhren anschließend weiter. Mittags aßen wir nichts, tranken nur etwas Wasser und am Abend klopften wir an ein anderes Haus.

So ging unsere Reise weiter, und nur ein einziges Mal hat eine Bauersfrau uns unser altes Brot essen lassen. Deswegen mussten wir uns am nächsten Morgen ein paar Brötchen kaufen. In allen anderen Häusern wurden wir immer zu Abendessen und Frühstück eingeladen. Wir waren insgesamt drei Wochen unterwegs. Am letzten Tag unserer Reise beschlossen wir, in ein Restaurant zu gehen. Wir hatten ja noch fast unser gesamtes Geld. Ich erinnere mich an jedes Detail: an den Kellner, der uns bediente, an die Coca-Cola, die wir tranken – heute halte ich das Zeug für „Gift", aber zu jener Zeit … Das Essen kostete zusammen drei Mark fünfzig. Wir hatten noch vier Mark, da wir fünfzig Pfennig für die Brötchen ausgegeben hatten. Und während wir aßen, kam ein betrunkener Mann an unseren Tisch und gab jedem von uns eine Schokolade. Ich hatte noch nie eine ganze Tafel Schokolade bekommen. Bei uns zu Hause gab es, wenn überhaupt, nur mal ein Stück, weil wir unter uns Geschwistern teilten. Dieses Geschenk war eine ganz besondere Sache und ich konnte es kaum glauben. Eine ganze Tafel Schokolade! Nach dem Essen wollten wir bezahlen, aber der Kellner sagte uns, dass die Rechnung schon bezahlt sei. Der Betrunkene, der uns die Schokoladen geschenkt hatte, kam noch einmal zu uns und meinte, er habe unser Essen bezahlt. Er bat uns, dass wir dasselbe für andere tun sollten, wenn wir einmal erwachsen seien. Danach verabschiedete er sich.

Als wir nach Hause kamen, war mein Vater sehr beunruhigt, denn die ganze Zeit hatte er nichts von uns gehört. Es gab ja keine Handys, und so fragte er uns, wie wir es geschafft hätten, trotz so wenig Geld so lange unterwegs sein zu können. Wir gaben ihm das übrig gebliebene Geld zurück und erzählten dann unsere Geschichten. Es war eine wunderbare Erfahrung damals.

Schon früh lernte ich, an die Barmherzigkeit Gottes und an die göttliche Vorsehung zu glauben und auch mit dem zufrieden zu sein, was wir hatten.

Genauso wie diese Reise mit dem Fahrrad bis in den Süden Deutschlands großartig war, so gab es viele andere gute Momente, an die ich mich erinnere, zum Beispiel an die Ferien mit meinen Tanten auf dem Land, wo wir beim Bauern arbeiteten, Traktoren fuhren und auf Pferden ritten. Das waren Dinge, die wir als Stadtbewohner nicht kannten. Unsere Ferien waren immer sehr gut.

Über meine Jugendzeit kann ich mich nicht beklagen, sie war außergewöhnlich!

Wie war die Atmosphäre bei dir zu Hause? Wie sind deine Eltern miteinander umgegangen?

Das war unglaublich. Ich wüsste nicht, dass mein Vater und meine Mutter auch nur ein einziges Mal sich gestritten, diskutiert oder sich angeschrien hätten. Zwischen ihnen gab es eine außergewöhnliche Harmonie. Bis heute frage ich mich manchmal, ob sie auch mal unterschiedlicher Meinung waren, denn vor uns Kindern waren sie immer sehr harmonisch miteinander.

Einmal wollten mein Bruder und ich zu einem Zeltlager gehen, aber das Wetter war ein bisschen kalt und wir waren erkältet. Als wir unserer Mutter davon erzählten, antwortete sie, dass wir dieses Mal wegen der Erkältung nicht gehen dürften. Wir wollten dann probieren, ob uns unser Vater das Zeltlager erlauben würde, und gingen zu ihm. Er arbeitete in der Nähe und stand oben auf einer Leiter. Als wir ihn riefen, kam er herunter und hörte uns aufmerksam zu. Wir erklärten ihm, dass wir gerne ins Zeltlager gehen würden und alle unsere Freunde daran teilnähmen. Wir versuchten wirklich, ihn zu überzeugen, und er fragte uns, ob wir schon mit Mutter gesprochen hätten. Mein Bruder und ich schauten uns an und antworteten Ja. Vater fragte dann, was sie gesagt habe. Wir antworteten, dass sie Nein gesagt habe, weil wir erkältet seien. Es setzte eine Ohrfeige. Eine für mich, eine für meinen Bruder. Unser Vater sagte, wir sollten nie wieder versuchen, ihn gegen unsere Mutter auszuspielen, und dass das, was sie sagt, nicht infrage gestellt werde. Nie wieder versuchten wir, einen gegen den anderen auszuspielen oder von einem zu bekommen, wozu der andere Nein gesagt hatte. Die beiden waren immer ein Herz und eine Seele und sie beklagten sich nie.

Ein anderes Mal wollten wir ins Schwimmbad gehen und Mutter sagte zu uns: „Dieses Mal geht ihr nicht, denn ihr seid erkältet." Ich sagte dann zu meinen Freunden: „Kommt zu uns nach Hause und wir schauen, ob ihr meine Mutter überzeugen könnt, damit wir dann mit euch mitgehen können."

Die ganze Gruppe kam mit ihren Badesachen zu uns nach Hause und fragte: „Frau Stapel, können Hans und Paul mit uns ins Schwimmbad kommen?" Sie antwortete ihnen in sehr ruhigem Ton: „Ich habe den beiden heute Morgen schon gesagt, dass sie nicht mitgehen dürfen, da sie erkältet sind."

Da unsere Mutter so ruhig und gelassen gesprochen hatte, dachten unsere Freunde, dass sie sie vielleicht überzeugen könnten, und fragten noch einmal: „Aber Frau Stapel, können sie nicht mitgehen?"

Und sie sagte noch einmal Nein. Unsere Freunde blieben noch ein paar Stunden bei uns. Irgendwann musste ich sogar weinen und sagte zu meiner Mutter: „Mama, alle gehen, nur wir dürfen nicht?"

Ich habe es immer weiter versucht, aber meine Mutter sagte stets Nein und blieb dabei ruhig. An diesem Tag ging schließlich niemand mehr ins Schwimmbad.

Als ich mich viele Jahre später darauf vorbereitete, nach Brasilien zu gehen, sagte meine Mutter zu mir: „An diesem Tag hätte ich euch fast ins Schwimmbad gehen lassen. Gleichzeitig dachte ich: Wenn ich jetzt nachgebe, würde ich es in Zukunft schwer haben, und deswegen bin ich hart geblieben."

So wurden wir auf der einen Seite streng erzogen, erlebten auf der anderen Seite aber viel Zärtlichkeit und Liebe. Wir spürten, dass unsere Mutter nicht so handelte, damit wir litten, sondern um uns zu erziehen und uns zu helfen zu verstehen, dass wir nicht immer alles haben konnten, was wir wollten. Das war für mich sehr gut und ich denke, dass ich in dieser Zeit alles an Werten und Orientierung bekam, was mich bis heute prägt.

Wie hast du deine Schulzeit erlebt? Gab es ein besonderes Ereignis während dieser Zeit?

Mit einem Lehrer erlebte ich eine besondere Situation, die mich lange Zeit hat leiden lassen. Heute kann ich diese Episode mit anderen Augen sehen.

Ich hatte einen Lehrer, der recht hart in seinen Äußerungen war. Ich war ungefähr sieben oder acht Jahre alt und wohl im zweiten Schuljahr, als er eines Tages fragte: „Weiß jemand schon, was er werden möchte, wenn er groß ist?"

Ich weiß nicht genau, warum, aber ich antwortete ihm: „Ja, ich möchte Priester werden."

Vielleicht hatte mich unser Pfarrer beeindruckt, dass ich zu diesem Wunsch gekommen war – ich weiß es nicht genau. Ich sagte jedenfalls: „Ich möchte Priester werden!"

Der Lehrer lachte und sagte zu mir: „Um Priester zu werden, ist es nötig, intelligent zu sein, und das bist du nicht." Dadurch verankerte sich tief in meiner Seele dieser Satz: „Ich bin nicht intelligent!"

Von diesem Moment an sprach ich nicht mehr darüber, dass ich Priester werden wollte, ich hörte sogar auf, daran zu denken. Ich war sehr traurig darüber, dass ich diesem Beruf nicht nachgehen konnte, weil ich nicht intelligent genug war. Das verfolgte mich lange Zeit. Bei allem, was ich machte, kam immer wieder der Gedanke in mir hoch, dass ich nicht intelligent sei.

Dieser Lehrer unterrichtete uns vier Jahre in allen Fächern. Ich schaffte es nicht, gut in der Schule abzuschneiden, und hatte wegen dieser traumatischen Begegnung nur schlechte Noten.

Danach hatte ich andere Lehrer und zu meiner Überraschung änderte sich vieles. Einige von ihnen weckten in mir neues Interesse am Unterricht und halfen mir, wieder ein bisschen an mich zu glauben, vor allem einer von ihnen: mein Mathelehrer. Mathematik war mein Lieblingsfach. Und so konnte ich mich während der Schulzeit doch noch gut weiterentwickeln.

Nach unserem Schulabschluss machten mein Bruder und ich eine Lehre. Mein Bruder wurde Buchdrucker, ich wurde Buchbinder. Ich dachte nicht mehr darüber nach, Priester zu werden. Wir waren zwar aktive Mitglieder in der Pfarrgemeinde und besuchten die Pfadfinder, aber in mir hielt sich hartnäckig der Ausspruch meines ehemaligen Lehrers, dass ich nicht intelligent sei. Diese leise Stimme in mir war nicht zum Schweigen zu bringen.

Als einige Zeit später der Wunsch, Priester zu werden, doch wieder sehr stark in meinem Bruder und mir aufblühte, tauschten wir uns viel darüber aus. Sollten wir es machen oder nicht? Ich war der Meinung, dass ich nicht geeignet war.

Eines Tages betete ich jedoch: „Gott, ich werde es versuchen. Wenn ich es schaffe, freue ich mich, wenn nicht, habe ich es wenigstens versucht." Daraufhin besuchte ich das Gymnasium im Clemensheim in Bad Driburg[8]. Dort musste ich auch Latein und Griechisch lernen. Bis zum Abiturabschluss vergingen sechs Jahre, es war eine lange Zeit – und immer noch hatte ich mit diesem Komplex zu kämpfen, dass ich nicht gut im Lernen bin.

Als ich später in Brasilien war und Theologie und Philosophie studierte, spürte ich in mir immer noch das Gewicht dieses Traumas. Auch als junger Priester konnte ich nie eine detaillierte Predigt schriftlich vorbereiten. Ich musste immer auf die Stimme Gottes hören, die innere Stimme, sodass ich dann predigte, was Gott zu mir sagte, was ich spürte, was mir in diesem Moment wichtig war.

Heute weiß ich, dass es Gott war, der all das zugelassen hat, denn als das Werk[9] und die Fazenda da Esperança wuchsen, habe ich automatisch gesagt: „Ich bin nicht intelligent, und

8 Das „Clemensheim" oder auch Studienhaus St. Klemens oder Clementinum in Bad Driburg/ Ostwestfalen ist tief verwurzelt in der Geschichte des Erzbistums Paderborn. Getragen wurde die Einrichtung vom Clemens-Hofbauer-Hilfswerk für Priesterspätberufe e.V. Die Schule mit angeschlossenem Studienheim wurde am 3. Mai 1922 gegründet als erste Schule im gesamten deutschsprachigen Raum, die speziell zugeschnitten war auf junge Menschen mit Berufsausbildung, die das Abitur „nachholen" wollten, also auf das, was wir heute wie selbstverständlich den „Zweiten Bildungsweg" nennen. Generationen von jungen Männern haben hier ihr Abitur nachgeholt und später den Weg zum Religionslehrer, Priester oder zu anderen Berufen ergriffen. 9 „Werk" ist der Ausdruck, den Frei Hans und viele andere heute benutzen, um die umfangreiche Arbeit des Sozialwerkes Nossa Senhora da Gloria – Fazenda da Esperança (so der offizielle Name) auszudrücken. Es ist ein Sozialwerk mit einer Fülle von Arbeitsbereichen (http://portal-fazenda.org).

wenn alles wächst und gut geht, ist es deshalb, weil er, Gott, es tut. Er kann es machen, ich nicht."

Viele sagten mir: „Du bist der Gründer", und ich antwortete immer: „Jesus ist der Gründer, Gott in mir, ich bin nicht intelligent, er ist es!"

Später, schon mit einem gewissen Alter, beschloss ich, die ADI-Therapie[10] zu machen, und habe schließlich verstanden, dass dieser Minderwertigkeitskomplex von sehr weit herkam und von Generation zu Generation weitergegeben wurde. Mein damaliger Lehrer wühlte mit seiner Aussage in einer alten Wunde sehr stark herum. Dadurch war mein Schmerz so tief. Seitdem ich die ADI durchlaufen habe, bin ich frei von dem Minderwertigkeitskomplex und bis heute hatte ich damit nie wieder ein Problem.

Ich danke Gott, weil er mir geholfen hat, bescheiden zu sein und niemals den Fehler zu begehen, zu denken, „Ich habe etwas geschafft" oder „Das ist mein Verdienst". Ich bin Gott dankbar, dass ich heute Verantwortlicher eines großen Werkes bin, ohne die Versuchung zu haben, mich zu verherrlichen und zu denken: „Ich habe eine besondere Sache gemacht!"

In diesem Sinne hat mir all das sehr geholfen.

So ist Gott fähig, sogar ein Unglück oder eine Situation der Demütigung zu nutzen, um sich zu offenbaren. Würdest du dem zustimmen?

10 „Método ADI-TIP – Abordagem Direta do Inconsciente – Terapia de Integração Pessoal" („Methode ADI-TIP – Direkter Zugang zum Unbewussten – Therapie der persönlichen Integration") bezeichnet einen ganzheitlichen therapeutischen Weg, der einer Person hilft, in Kontakt mit seinem gesunden Kern zu kommen. Er steht jedem offen und ermöglicht dem Ratsuchenden, von dort aus mehr Erfüllung in seinem Leben und seinen Beziehungen zu finden (vgl. http://www.tipclinica.com.br/fundasinum-english-version). Vor vielen Jahren entstand eine Freundschaft und eine gemeinsame Arbeit zwischen der Gründerin der ADI, Dr. Renate Jost de Moraes, und dem Gründer der Fazenda, Frei Hans Stapel

Ganz genau! Und diese Wahrheit hilft mir, die Jungs und Mädels[11] zu verstehen. Ich sage immer zu ihnen: „Oftmals sind die negativen Dinge, die in deiner Geschichte passiert sind, diejenigen, die dir helfen können, mehr zu lieben und neu anzufangen."

Ich habe auch verstanden, warum viele der Heiligen erst ein schweres Leben hatten oder sogar ein negatives, wie zum Beispiel der Heilige Paulus, der viele Menschen ins Gefängnis brachte, oder wie der Heilige Augustinus, der Heilige Franziskus und viele andere. Die persönliche Lebensgeschichte eines jeden Einzelnen ist Teil des Lebens und prägt uns, lässt uns reifen. Und das Leid ist fähig, gute Dinge zu bewirken.

Erzähle uns etwas über Pater Werenfried van Straaten[12], der zu jener Zeit von Kirche zu Kirche zog und Vorträge hielt, um Geld für die Nöte der Armen zu sammeln. Er half auch, Kirchen wieder aufzubauen, die im Zweiten Weltkrieg zerstört wurden. Wie seid ihr euch das erste Mal begegnet?

Pater Werenfried hat wirklich mein Leben geprägt. Ich war vielleicht zehn Jahre alt, als ich ihm das erste Mal begegnete, und zwar im Rahmen des „Libori"-Festes. In Paderborn, wo wir zu dieser Zeit wohnten, wird seit mehr als 400 Jahren Ende Juli traditionell „Libori" gefeiert, ein Fest zu Ehren des heiligen Liborius, das geprägt ist durch eine einzigartige Mischung aus Kirche, Kir-

---

11 „Jungs und Mädels" ist der liebevolle Ausdruck, den wir benutzen, um die auf der Fazenda da Esperança aufgenommenen Jugendlichen zu bezeichnen. Er drückt den Wunsch aus, mit allen zusammen im Sinne einer Familie leben zu wollen.

12 Pater Werenfried (Philipp) van Straaten O.Praem (1913–2003) war ein katholischer Priester aus den Niederlanden und trug den Spitznamen „Speckpater". Er wurde bekannt durch seine humanitäre Arbeit, besonders als Gründer des internationalen katholischen Hilfswerks „Kirche in Not" (https://www.kirche-in-not.de).

mes und Kultur. An den zahlreichen Feierlichkeiten, die während des acht Tage dauernden Festes stattfinden, nehmen viele Bischöfe und andere kirchliche Würdenträger aus aller Welt teil.

Auch unsere Verwandten aus nah und fern besuchten uns, um mit uns Libori zu feiern. Man traf sich bei uns zu Hause, trank Kaffee und unterhielt sich. Anschließend ging es in die Stadt, zu den kirchlichen Feierlichkeiten und auf die Kirmes mit ihren verlockenden Ständen.

Während des Festes kam auch mein Onkel zu Besuch und gab jedem von uns Kindern zwanzig Pfennig. Diese zwanzig Pfennig reichten, um zwei Kugeln Eis zu kaufen, und genau das hatte ich vor! Es war mein erstes eigenes Geld. Vorher hatte ich kein Geld besessen. Aber dann traute ich mich nicht, mir irgendetwas von dem Geld zu kaufen. „Wenn ich ein Eis esse", dachte ich, „habe ich danach nichts mehr." Also entschied ich mich, jenes Geld zu sparen.

Am Sonntagnachmittag fand ein Gottesdienst für die Kinder statt und Pater Werenfried erzählte Geschichten. Er machte viele Gesten – er war sehr heiter –, er erzählte von seinen Reisen in die afrikanischen Länder und von vielen anderen Ländern und Kontinenten. Danach sammelte er seine Kollekte ein, auch unter den Kindern. Auf diese Weise wollte er den Kindern schon früh beibringen zu teilen.

Ich hatte meine zwanzig Pfennig bei mir, und während das Körbchen herumging und sich mir näherte, erlebte ich einen inneren Kampf. Ich dachte: „Ich gebe das Geld, ich gebe es nicht, ich gebe nur die Hälfte, aber dann würde es nicht mehr für zwei Kugeln Eis reichen, ich gebe alles und dann hätte ich nichts mehr …" Es war eine Qual, und als dann der Korb bei mir war, ließ ich ihn an mir vorbeigehen. Plötzlich war ich ganz traurig und ich dachte: „Wie kannst du nur so geizig sein? Die anderen Kinder haben gar nichts!" Als der Korb in der Bank hinter mir seine Runde machte, drehte ich mich um und warf die zwanzig Pfennig hinein. Es war alles, was ich besaß. Es war zwar wenig, aber es bereitete mir eine große Freude, das Geld zu spenden. Bis heute erinnere ich mich an diese Situation, an den vorbeigehenden Korb und an die anschließende Freude, die ich erlebte, nachdem ich mein Geld doch gespendet hatte!

So begann ich zu verstehen, dass, wer gibt, immer etwas mehr bekommt, als er gegeben hat. Die Freude, die ich spürte, war mehr wert als ein Eis oder irgendetwas anderes, was ich hätte kaufen können.

Du hast dich schon häufig mit Pater Werenfried getroffen. Hast du ihm einmal von dieser Begebenheit erzählt?

Ja, ich habe es ihm erzählt und er hat diese Geschichte in seiner Zeitschrift *Echo der Liebe*[13] aufgeschrieben.

Oftmals war ich bei Pater Werenfried zu Hause und später irgendwann bat er mich sogar, das Büro von *Kirche in Not* in Brasilien zu leiten und weiterzuentwickeln.

Als ich einmal als junger Priester bei ihm war, fragte ich ihn: „Pater Werenfried, Sie haben oftmals den Personen, die Sie um Hilfe baten, versprochen zu helfen. Sie antworteten, dass Sie ihnen helfen würden, obwohl kein Geld da war. Wie haben Sie das psychisch ausgehalten? Ich selber werde gleich unruhig, wenn ich ein paar Schulden habe und ich nicht weiß, ob und wann ich sie bezahlen kann."

---

13 Die Zeitschrift Echo der Liebe ist eine monatlich erscheinende Veröffentlichung des Hilfswerks Kirche in Not, die vom Wort Gottes erzählt und eine spirituelle monatliche Orientierung gibt. Außerdem werden darin Projekte veröffentlicht, die aktuell unterstützt werden.

Er lachte, nahm mich mit zur Kapelle und sagte: „Frei Hans, wenn ich predige oder die Briefe erhalte von Priestern, Ordensschwestern oder anderen, die mich um Hilfe bitten, spüre ich, dass es Jesus ist, der da weint, dass er derjenige ist, der Hilfe braucht. Ich möchte seine Tränen trocknen, deswegen antworte ich denjenigen, die mich aufsuchen: ‚Ich werde euch helfen. Betet und ich werde euch helfen.‘ Wenn ich dann abends nach Hause zurückkehre, gehe ich in die Kapelle und bete: ‚Jesus, ich weiß, dass du der allmächtige Gott bist, der Schöpfer des Himmels und der Erde. Ich bitte dich, dass du mir hilfst, denen zu helfen, die arm und mittellos sind, die vor Ausweglosigkeit weinen, denn in ihnen sehe ich dein Gesicht, in ihnen sehe ich dich weinen.‘"

Und zum Abschluss sagte er mir: „Gott hat mich noch nie im Stich gelassen, niemals!"

Das prägte sich sehr stark in meine Seele ein. Unzählige Male machte ich es genau wie Pater Werenfried und ich erlebte immer dasselbe. Ich kann bestätigen, dass Pater Werenfried recht hat: Gott lässt sich an Großzügigkeit nicht überbieten!

Nach deinem Schulabschluss hast du eine Ausbildung gemacht. War es dir wichtig, in die Arbeitswelt einzutreten? Wie alt warst du zu diesem Zeitpunkt und welche Erfahrungen hast du in der Ausbildung und danach gemacht?

Als ich die Schule mit 14 Jahren beendete, begann ich eine Buchbinderlehre. Das war sehr wichtig für mich, zum einen, um Disziplin zu lernen, und zum anderen, um auch etwas zu produzieren und mich nicht nur mit mir selbst zu beschäftigen. Es verlangt uns auf den Fazendas viel ab, unseren Jugendlichen beizubringen, dass sich zu beschäftigen eine Sache ist, und etwas zu produzieren eine andere Sache. Es sind zwei verschiedene Dinge.

Ich erinnere mich gut an meinen ersten Ausbildungstag. Am 1. April 1961 begann ich meine Lehre als Buchbinder beim Bonifatius Verlag in Paderborn. Mit Eifer traf ich im Verlag ein, zog meine Arbeitskleidung an und mein Meister gab mir Arbeit. Er zeigte mir, wie sie gemacht werden sollte. Den ganzen Tag strengte ich mich an, denn ich wollte die Arbeit gut machen. Vor dem Feierabend kam der Meister und zählte die Teile, die ich angefertigt hatte. Dann sagte er: „Herzlichen Glückwunsch, du hast es geschafft!" Während die anderen Arbeiter an die viertausendfünfhundert Teile gefertigt hatten, hatte ich mit all meiner Anstrengung nicht mal zweitausend Stück geschafft. Ich war traurig an diesem Abend und konnte nicht mal zu Abend essen. Ich dachte mir, dass ich nie so viele Teile schaffen würde.

Am nächsten Tag fing ich dann mit neuem Eifer an zu arbeiten. Ich ging nicht zur Toilette, ich trank zwischendurch nicht mal einen Kaffee, sondern ich arbeitete und arbeitete. Ich fertigte ein bisschen mehr als dreitausend Teile an. Der Meister kam und beglückwünschte mich wieder, aber ich dachte wieder nur, dass ich es nicht schaffen würde. Ich hatte schon fast keine Lust mehr, aber der Meister sagte zu mir: „Keine Sorge, morgen schicke ich dir jemand, der dir helfen wird."

Am anderen Tag stellte sich jemand hinter mich, der alles beobachtete, was ich tat, und mir dabei Tipps gab: „Wenn du es auf diese Art machst, gewinnst du zwei Sekunden, hier kannst du eine Sekunde einsparen, hier kannst du es auf diese Weise machen …"

Er blieb eine Woche mit mir zusammen und erklärte mir, wie ich auf die beste Weise die Zeit nutzen konnte. Am Ende fertigte ich viertausendfünfhundert Teile, konnte zwischendurch auf die Toilette gehen und es blieb sogar Zeit, um Kaffee zu trinken und sich ein bisschen zu unterhalten.

Es ist doch mit allen Dingen so: Es gibt Regeln. Manchmal muss man einfach bestimmte Dinge erledigen und schaffen. Und wenn man sieht, dass andere es schaffen und nicht an sich zweifelt, kann man es auch schaffen.

Alles in allem war es für mich sehr wichtig, Disziplin zu lernen, Dinge gut zu machen, mein eigenes Geld zu verdienen und es gut zu verwalten. Ich lernte, zu Hause zu helfen, nichts umsonst auszugeben und meine eigenen Dinge zu kaufen. Ich habe es geschafft und war nicht mehr von meinem Vater abhängig. Das war wirklich sehr toll!

Die Lehre im Bonifatius Verlag war für mich eine Erfahrung, von der ich bis heute profitiere, denn in der Arbeit, die ich heute mache, haben wir viele Dinge zu erledigen, und wenn du einmal einen fordernden Beruf erlernt hast, dann hat man eine andere, bessere Sicht auf den ganzen Rest. Das hilft sehr. Meine Lehre dauerte drei Jahre. Nach der bestandenen Abschlussprüfung blieb ich noch neun Monate beim Bonifatius Verlag. Danach begann die Zeit im Clemensheim in Bad Driburg.

Hast du irgendwann wieder davon geträumt, Priester zu werden? Welcher Wunsch war stärker: Priester oder Missionar zu sein?

Missionar zu sein kam für mich an zweiter Stelle. Aber ich konnte mir vorstellen, Gemeindepfarrer zu werden und Jugendarbeit zu machen, dennoch waren da Zweifel und ich hatte Angst, dass ich es nicht schaffen würde.

Als Jugendlicher im Nachkriegsdeutschland

Als ich ins Spätberufenenseminar nach Bad Driburg ging, war ich voller Erwartungen. Ich dachte immer, dass es dort sehr harmonisch sei, alles liebevoll, noch besser als bei mir zu Hause. Ich hatte zu viel erwartet, daher war meine Enttäuschung groß: Wie viel Menschlichkeit gab es hier! Ich stürzte in eine große Krise. Ich kritisierte alles und urteilte über die anderen. Das betraf sogar das Essen; auch hier hatte ich etwas zu nörgeln. Wenn der Rektor im Unterricht etwas sagte, hatte ich immer eine gegenteilige Meinung, bis er eines Tages zu mir sagte: „Das nächste Mal, wenn du in meinem Unterricht den Mund aufmachst, schicke ich dich nach Hause."

Das traf mich wie ein Schlag und ich dachte: „Wenn der mich wegschickt, ist alles vorbei!"

Mein Glück war, dass es im Clemensheim einen Spiritual gab. Insgesamt gab es vier Priester: zwei Präfekte, einen Rektor und einen Spiritual. Dieser Spiritual, Hans Heilkenbrinker, verstand meine Situation und lud mich als seinen Fahrer zu einer Reise ein. Ich habe schon oft von diesem Erlebnis erzählt, aber es ist so wichtig für mich, weil ich Hans Heilkenbrinker während der Reise alles sagen konnte, was mich bedrückte. Er stellte mir Fragen und ich konnte reden. Er hörte mir zu, und nach und nach wurde ich innerlich immer ruhiger. Hans Heilkenbrinker spürte, dass ich nach etwas Großem in meinem Leben suchte und es nicht fand.

In Berlin angekommen, stellte er mich einer Familie vor, die mich freundlich aufnahm. Am Abend kamen die Familienmitglieder zusammen und erzählten einander von Erfahrungen mit einem Wort aus dem Evangelium, das sie während des Tages versucht hatten, in die Tat umzusetzen. In dieser Familie spürte ich eine unbeschreibliche Atmosphäre. Noch nie hatte ich jemanden darüber sprechen hören, wie er das Evangelium lebte.

Meine Eltern, meine ganze Familie und ich waren katholisch, ich war bei den Pfadfindern, aber zum ersten Mal hörte ich davon, dass ich die Worte aus dem Evangelium leben konnte.

Am nächsten Tag suchte sich die Familie wieder ein Wort aus, das es zu leben galt. Ich lebte es den ganzen Tag. Ich fühlte mich wie ein Kind. Alles war neu! Am Abend konnte ich es kaum erwarten, dass die Familienmitglieder ihre Erfahrungen austauschten. Als Erster erzählte ich meine konkreten Erfahrungen und Erlebnisse. Eine unvergessliche Freude erfüllte mich.

Ich hatte an diesem Tag den Schatz gefunden, die Perle, von dem das Evangelium spricht, für die es sich lohnt, den gesamten Rest zu verkaufen.[14]

Und so war es von da an in meinem Leben: Ich habe nie wieder aufgehört, das Wort Gottes zu leben.

Auf der Rückreise fragte ich den Priester tausend Dinge. Ich wollte wissen, warum er so lebte. Er erzählte mir von seinen Erfahrungen als Mitglied der Fokolar-Bewegung[15] und von Chiara Lubich[16], der Gründerin. Es interessierte mich alles sehr, und kurz bevor wir im Clemensheim ankamen, fragte ich ihn, ob wir uns von jetzt an immer abends treffen könnten, um unsere Erfahrungen mit dem Wort Gottes auszutauschen. Der Spiritual willigte ein. Die Zeit nach diesem Treffen war einfach unbeschreiblich.

---

14 Matthäus 13,44-46: „Mit dem Himmelreich ist es wie mit einem Schatz, der in einem Acker vergraben war. Ein Mann entdeckte ihn und grub ihn wieder ein. Und in seiner Freude ging er hin, verkaufte alles, was er besaß, und kaufte den Acker. Auch ist es mit dem Himmelreich wie mit einem Kaufmann, der schöne Perlen suchte. Als er eine besonders wertvolle Perle fand, ging er hin, verkaufte alles, was er besaß, und kaufte sie."

15 Die Fokolar-Bewegung (aus dem Italienischen; focolare bedeutet „Feuerstelle") ist eine Laienbewegung der Katholischen Kirche, die 1943 in Trient, Norditalien, von Chiara Lubich gegründet wurde. Über die Bewegung sagte Papst Franziskus, dass das „Charisma der Einheit eine Gnade für unsere Zeit ist" (https://www.fokolar-bewegung.de).

16 Chiara Lubich (1920–2008), geboren als Silvia Lubich, war die Gründerin der Fokolar-Bewegung, die auf der ganzen Welt verbreitet ist (https://www.fokolar-bewegung.de/seite/chiara-lubich).

Ich sage immer, dass diese Zeit damals so war, als hätte ich mich in einer Universität eingeschrieben. In ihr war Jesus der Meister, der Professor, und er begann mich zu lehren. Sein Wort war alles für mich, denn ich begann zu verstehen, was es bedeutet hat, dass Jesus vom Himmel als das Wort hier auf die Erde gekommen war. Er hatte die Dreifaltigkeit verlassen, sein Zusammenleben mit dem Vater und dem Heiligen Geist, um unter uns zu leben. Von seinen 33 Lebensjahren lebte er 30 Jahre ganz einfach mit seiner Familie und während der anderen drei Jahre lehrte er. Jedes Wort, das Jesus sprach, hat also einen unermesslichen Wert. Er ist nicht gekommen, um Probleme zu lösen – die gehen weiter: Hunger, Prostitution, Kriege. Aber Jesus hat uns sein Wort hinterlassen und das ist der Weg, den wir gehen können, um glücklich zu sein. Wenn wir das Wort leben, bekommen wir Licht für alle Situationen.

Das zu erkennen, war sehr wichtig für mich. Mit meinem Zwillingsbruder Paul ging ich nach Afrika. Damals gab es den Bürgerkrieg in Nigeria-Biafra[17]. Wir reisten ab mit der Absicht, zu helfen, denn Jesus selbst sagte, dass wir alles, was wir für die Armen tun, für Ihn tun, und an diesem Ort starben Menschen vor Hunger. Wir starteten eine Kampagne und brachten ein Flugzeug voll mit Medikamenten und Lebensmitteln Richtung Biafra.

Während dieser Zeit entstand in mir der Wunsch, in die Mission zu gehen. Es war klar, dass das Volk in Europa sich nach dem Zweiten Weltkrieg wieder erholte. In Afrika spürte ich hingegen, dass die Menschen mehr benötigten als Lebensmittel; es brauchte Missionare, die ihnen in ihrer Situation halfen.

Schließlich bin ich dann aber doch nach Brasilien gegangen.

---

17 Der Biafra-Krieg war ein nigerianischer Bürgerkrieg von 1967 bis 1970 mit dem Ziel einer Loslösung des nigerianischen Gebietes Biafra mit der Hauptstadt Enugu im Süd-Osten des Staates der Bundesrepublik Nigeria. (https://de.wikipedia.org/wiki/Biafra-Krieg).

Also hattest du in Afrika das erste Mal Kontakt mit Elend, Leid und Not? Wie alt wart du und dein Bruder, als ihr nach Biafra gegangen seid?

Mein Bruder Paul und ich waren 23 Jahre alt. Es war wirklich der erste Kontakt mit Menschen, die vor Hunger, durch Krieg und Gewalt starben. Ich habe noch nie so viel Elend gesehen, wie es dort gab. Es hinterließ einen tiefen Eindruck in mir. Es waren so viele tote Kinder, dass ich plötzlich viele Fragen hatte; es war fast eine Anklage Gott gegenüber: „Die Kinder haben keine Schuld! Warum lässt du, Gott, also die Bomben fallen? Warum lässt du zu, dass sie Hunger leiden oder sterben? Sie sind unschuldig, und wenn die Menschen Kriege führen wollen, dann ist das ihr Problem, aber warum müssen die Kinder leiden?"

Diese Anklage, diese innere Aufruhr wurde immer stärker in mir und ich betete: „Gott, wenn du die Liebe bist, warum lässt du das zu? Kannst du nicht die Bomben in die Wildnis fallen lassen oder zumindest die Kinder nicht leiden lassen?" Für lange Zeit waren meine Gebete eher ein Kampf mit Gott als ein echtes Gebet.

Eines Tages jedoch war es, als ob Gott eine Frage in mein Herz legte: „Wo sind diese Kinder?" In diesem Moment fiel bei mir der Groschen. Es war, als öffneten sich meine Augen, und ich verstand: Die Kinder waren bei Gott, es ging ihnen besser als uns.

Ich lernte damals, dass man Gott nur versteht, wenn man über das Leben hinausschaut, über den Tod. Wenn man nur auf dieses Leben schaut, auf die Welt, dann lehnt sich in uns alles auf. Wenn wir auf Gott schauen, der die Liebe ist, verstehen wir, dass Jesus für uns gestorben ist, damit der Tod nicht mehr das letzte Wort hat. Er starb, um uns das Leben nach dem Tod zu eröffnen.

Das zu verstehen, half mir auch sehr viel in Brasilien, wo ich viel Ungerechtigkeit und viel Ungleichheit erlebte und immer noch erlebe. Ich stelle mir immer wieder die Frage, warum Gott das alles zulässt. Einige haben viel und andere haben wirklich nichts. Manche wissen nicht, was sie mit so viel Geld machen sollen – das denke ich zum Beispiel, wenn ich im Fernsehen höre, dass ein Fußballspieler 1,5 Millionen Reais[18] im Monat verdient –, während viele Väter und Mütter den ganzen Monat arbeiten, aber weniger als einen Mindestlohn[19] verdienen. Das ist eine unglaubliche Ungerechtigkeit! Um Frieden in solch inneren Spannungen zu finden, muss man an den Tod denken. Er macht uns alle gleich. Hier geschieht die göttliche Gerechtigkeit. Derjenige, der stirbt – vielleicht erschöpft, ermordet –, trifft auf das Paradies.

In solchen Stunden, in denen mir die Ungerechtigkeit der Welt vor Augen gehalten wird, erinnere ich mich immer an den Reichen und den armen Lazarus. Als Kind hat diese Geschichte des Evangeliums immer besonders mein Herz berührt. Oft fragte ich meine Mutter: „Wie ist es möglich, dass ein Reicher den Lazarus vor Hunger sterben lässt? Die Hunde leckten seine Wunden und er konnte noch nicht mal die Reste, die vom Tisch fielen, essen. Wie ist das möglich?" Ich hatte sehr viel Mitleid mit Lazarus – als Kind fühlt man stärker –, heute empfinde ich kein Mitleid mehr mit ihm, sondern mit dem Reichen. Obwohl Lazarus viele Jahre gelitten hat, wird er für alle Ewigkeit glücklich sein, weil wir glauben, dass er zusammen mit Abraham sein wird. Und der Reiche …?

---

18 Umgerechnet ca. 240.000 Euro.
19 Der brasilianische Mindestlohn ist für 2021 mit R$ 1.100 (ca. 161 Euro) im Monat festgelegt worden.

Bis heute hilft mir dieser Blick über den Tod hinaus sehr, und die Erlebnisse in Biafra haben mir die Augen geöffnet; sie haben mich frei gemacht.

Es war sehr wichtig für mich zu verstehen, dass Gott uns unendlich liebt, nicht nur hier auf der Erde, sondern in der gesamten Ewigkeit.

Trotz dieser schlimmen Ereignisse in Biafra, die man ohne Zweifel als großes Unglück, als „UN-Gnade" bezeichnen kann, wusste Gott, wie er durch dich wirken kann. Du „musstest" dort sein, wo so viel Not und Leid waren. Was bedeutet es, zum Missionar berufen zu sein? Wie war es für dich, deine Heimat zu verlassen, um anderen Völkern zu begegnen, die vielleicht mehr von Gottes Liebe brauchen?

Ich habe während dieser vielen Jahre – nun schon mit grauen Haaren – gelernt, dass Leid und Unglück unsere Seele formen, uns etwas zu verstehen geben. Sie machen dem Menschen die Liebe Gottes verständlich.

Ich mag sehr gerne die Geschichte der Heiligen Bakhita[20]. Als sie Kind war, wurde sie gefangen und die Sklavenhändler sagten zu ihr: „Vergiss, dass du ein Kind bist, denn von jetzt an bist du eine Sklavin."

Sie machte unvorstellbares Leid durch und hatte viele Schmerzen. Ihre Herrin ritzte ihren gesamten Körper ein und streute Salz in die Wunden, um zu sehen, ob sie standhielt und so verkauft werden und nach Europa reisen konnte, ohne zu sterben. Irgendwann kam sie als Sklavin zu einem katholischen

---

20 Josephine Margaret Bakhita (1869–1947) war eine italienische Ordensschwester sudanesischer Abstammung. Sie wird in der römisch-katholischen Kirche als Heilige verehrt.

Italiener. Als sie im Haus dieses Mannes ein Kreuz an der Wand sah, fragte sie: „Wer ist das?" Er erklärte ihr, dass es Jesus war. Schließlich sagte sie: „Er hat mehr gelitten als ich."

Bakhita wurde getauft, empfing die Heilige Kommunion und wurde Ordensschwester. Der italienische Mann ließ sie frei, damit sie in einen Konvent eintreten konnte. Bis zum Ende ihres Lebens dankte sie Gott, dass sie durch die Sklaverei die Möglichkeit hatte, Ihn kennenzulernen. Die Liebe Gottes erfahren zu haben, war für sie so wichtig, dass all ihr erlebtes Leid weniger zählte als die daraus hervorgegangene Entdeckung. Sie sagte immer: „In Afrika hätte ich Gott niemals kennengelernt." Das heißt nicht, dass die Sklaverei gut ist oder das Unglück, das Leid. Nein! Aber Gott kann dem Menschen, der dieses Leid erlebt, durch all diese Irrungen begegnen.

Demzufolge nutzt Gott tausend Wege, damit wir ihm und seiner Liebe begegnen können. Er ist am Kreuz gestorben, um uns diese Brücke zu bauen, durch die wir die Liebe des Vaters kennenlernen können.

Ich möchte noch einmal auf deine Jugendzeit zurückkommen. Bevor du ins Seminar eingetreten bist und bevor du Priester wurdest, hast du nie daran gedacht, zu heiraten? Hattest du keine Freundin oder gab es nicht eine Frau, in die du verliebt warst?

Wenn man jung ist, gehört es dazu, sich zu verlieben, zu flirten. Aber zu jener Zeit war es nicht wie heute; alles war anders. Mein Bruder und ich unternahmen viel, oft nahmen wir unsere Schwestern mit. In der Gemeinde gab es einen Tanzkurs und meine Eltern ließen uns zusammen mit unseren Schwestern dort hingehen. Und klar, mit dem Tanzen kamen auch die ersten Gefühle auf, aber es war eine schöne, reine Angelegenheit.

Sicher gab es mal ein Mädchen, dass ich mehr als die anderen mochte, aber der Wunsch zu heiraten war nicht sonderlich stark. Mal hielt ich Ausschau, ja, aber ich kann nicht sagen, dass ich mich ernster mit dem Gedanken ans Heiraten beschäftigt hätte. Ich hatte immer einen sehr großen Respekt vor der Ehe. Bis heute bewundere ich sehr die Ehe meiner Eltern. Es macht mich glücklich, wenn ich glückliche Familien sehe. Mit sehr viel Freude feiere ich immer Hochzeiten oder Gold- oder Diamantene Hochzeiten!

Ich glaube, dass all das sehr schön ist, aber ein ganzes Leben mit einer Ehefrau und Kindern zu leben, so spürte ich damals, war nichts für mich. Schon immer wollte ich alle Menschen lieben, ich hatte immer eine große Leidenschaft, Jugendlichen, Kindern, Menschen in Not zu helfen! Etwas rief mich hin zu allen Menschen.

Wenn du, der du viele Jugendliche auf den Fazendas begleitest, dir die heutige Jugend anschaust und an die Jugend von vor 40 Jahren denkst, welche Unterschiede bemerkst du? Welche Herausforderungen müssen die Jugendlichen von heute bewältigen? Du hattest damals nicht die Möglichkeiten, die die Jugendlichen heute haben – das Internet, die Möglichkeit, mit jemandem zu kommunizieren, der in Australien oder Afrika ist. Haben die heutigen Jugendlichen mit so vielen Möglichkeiten mehr Schwierigkeiten als du früher?

Ohne Zweifel! Als wir mit Fazenda da Esperança 1983 anfingen, war es eine ganz andere Generation als die aktuelle, denn viele hatten noch Familie, hatten Großeltern, hatten einen Bezugspunkt. Heutzutage kommen viele Jugendliche zu uns, deren Eltern getrennt sind, oder solche, die Missbrauch in ihrer Kindheit durch Onkel, Cousins, Nachbarn und leider auch durch Ordensleute erlebt haben – das ist die andere große Herausforderung.

All das bringt viele Probleme mit sich. Aber die größte Herausforderung sind aus meiner Sicht die Kinder, die noch nicht geboren sind und schon ein Handy oder Tablet als Geschenk bekommen, um damit zu spielen. Die Eltern sind glücklich, wenn das Kind alles über das Internet lernt, aber sie sehen leider nicht die Gefahr, die es für den Heranwachsenden darstellt. Viele Kinder und Jugendliche haben durch Neugierde den freien Zugang zu einer großen Menge von Pornografie. Aber nicht nur das, es existiert auch die Gefahr einer Abhängigkeit. Durch fehlende Grenzen und die Benutzung dieser Apparate über mehrere Stunden – manchmal mehr als vier, fünf Stunden pro Tag – können die Gesundheit und die Psyche geschädigt werden.[21]

Aktuell begehen immer mehr Jugendliche Selbstmord, weil sie absolut von der Welt isoliert sind. Sie haben den Eindruck, durch die Kommunikationsmittel mit Tausenden von Menschen in Kommunikation zu stehen, aber das ist eine große Illusion. Im Tiefsten ihres Innern sind sie allein!

Wäre ich noch jünger, würde ich eine Fazenda für Mediensüchtige eröffnen, um den jungen Leuten zu helfen, von dieser Sucht loszukommen. Wir hatten schon mit einigen medien-

---

21 Eine Erhebung unter den Nutzern der elterlichen Control App Guardian zeigt, dass die Kinder im Durchschnitt etwa 5,7 Stunden täglich während der Woche am Handy verbringen. An Samstagen und Sonntagen steigt diese Zahl um mehr als 20 Prozent. ... Auf dem Handy ist YouTube die meistgenutzte App bei den Internetnutzern zwischen fünf und fünfzehn Jahren; die Nutzungszeit liegt wöchentlich bei 25 Stunden (vgl. https://www.meioemensagem.com.br/home/midia/2019/07/25/criancas-passam-57-horas-no-celular-em-media-segundo-estudo.html).

süchtigen Jugendlichen zu tun. In den Unterhaltungen mit ihnen spüre ich, dass es schwerer ist, sich von dieser Sucht zu befreien als von den Drogen, denn sie haben durch die Medien Umgang mit anderen, bilden Gruppen, planen und machen Sachen zusammen, das heißt, sie erleben Gemeinschaft.

Die Mediensüchtigen leben in einer riesigen Einsamkeit, sie schaffen es nicht, sich mit anderen in Kontakt zu bringen. Das ist unnatürlich! Wir sind nach dem Abbild und der Ähnlichkeit Gottes geschaffen worden, der dreieinig ist; wir sind für die Beziehung gemacht, für das „Du" und nicht für das „Ich". Wir verwirklichen uns in dem Maße, wie wir auf andere treffen. Das Internet isoliert uns auf eine Weise, dass wir keine Freude mehr am Leben haben. Dadurch entsteht Einsamkeit. Es ist kaum zu fassen, welchen Schaden diese Technologie provoziert.

Andererseits ist mir bewusst, dass zum Beispiel das Werk der Fazenda heute ohne diese Kommunikationsmittel schwierig zu leiten wäre. Mit ihnen machen wir Telekonferenzen und schaffen es, mit den Fazendas der ganzen Welt zu kommunizieren.

Ich sehe die „Schönheit" und wie viele gute Sachen man mit dieser Technologie machen kann, aber ich sehe auch, wie sehr sie unseren Jugendlichen schaden kann. Deswegen müssen wir die Kinder und Jugendlichen so erziehen, dass sie wissen, wie sie sie auf gute Weise nutzen, und ihnen Grenzen setzen.

Ich möchte noch einmal auf deine Jugendzeit zu sprechen kommen. Du warst körperlich aktiv, bist viel gelaufen oder mit dem Fahrrad in eine andere Stadt gefahren. Heute verbringen junge Leute viel Zeit in ihrer Wohnung bzw. in ihrem Zimmer. Sie brauchen nicht „raus", die Welt kommt „rein"! Der Zugang zur Welt, zum Wissen, zur Information ist viel leichter geworden. Dennoch

scheint es so, als wäre dies kein Fortschritt, sondern als wäre der Mensch einen Schritt zurückgegangen. Was denkst du darüber?

Ohne Zweifel, wenig Bewegung beeinträchtigt vieles, vor allem die Gesundheit, denn junge Leute bewegen sich fast nicht mehr. Häufig bleiben sie von morgens früh in ein und derselben Position und starren auf die Geräte. Das ist furchtbar schädlich.

Einerseits haben wir die Wissenschaft, die sich weiterentwickelt – Menschen sind auf dem Mond gelandet, das Telefon, das Internet, die Windenergie und vieles mehr sind schon entwickelt worden –, und ein Kind hat bei seiner Geburt dies alles schon zur Verfügung und muss nicht mehr lernen, auf dem Mond zu landen und sich die Erfindungen unserer Zeit ausdenken, weil die vorangegangenen Generationen diese Entwicklungsschritte bereits gemacht haben. Das ist großartig.

Und doch fängt ein Kind auch wiederum bei null an, wenn es auf die Welt kommt; es muss lernen zu spielen, zu verzeihen, neu anzufangen und vieles mehr. Es muss reifen, eine Person werden. Gleichzeitig und schon viel zu früh bekommt es all diese Technologie in seine Hände, was ein großes Ungleichgewicht hervorruft, und dies schädigt sehr seine Entwicklung, wenn es keine Begleitung gibt.

Viele Jugendliche und Heranwachsende, die ihre Sexualität[22] entdecken, werden oftmals damit von ihren Familien alleingelassen

---

22 Die Sexualität ist Teil einer jeden Person, es ist ein Grundbedürfnis und ein Aspekt des Menschen, der nicht von anderen Aspekten des Lebens getrennt werden kann. Sexualität ist kein Synonym für Geschlechtsverkehr. Sexualität ist viel mehr als das; es ist die Energie, die dazu bewegt, Liebe, Kontakt und Intimität zu finden, und drückt sich in Form von Gefühlen aus, in den Bewegungen der Personen und wie diese berühren und berührt werden. Die Sexualität be-

und bekommen keine Orientierungshilfen. So treten sie in eine unbekannte Welt und es passiert, dass sie von all dem, was ihnen begegnet, überrollt werden. Wie kann ein Jugendlicher oder eine Jugendliche sich schützen? Es ist eine so wichtige Zeit, aber sie kann auch junge Menschen in schwierige Situationen bringen bis zu dem Punkt, dass sie ihr Leben zerstören. Was rätst du Jugendlichen und ihren Familien, die ihre Kinder in dieser Phase begleiten?

Das ist ein Punkt, den ich in den vielen Jahren, in denen ich junge Leute begleitet habe, beobachten konnte. In vielen Dingen werden sie angeleitet – wenn ein Kind in die Küche geht und ein Messer nehmen will, sagen die Eltern gleich, dass es das nicht darf; wenn es mit Feuer spielen will, wird es ermahnt; wenn es anfängt, aggressiv zu sein, wird es zurechtgewiesen. Die Eltern erziehen und orientieren, aber wenn die Kinder in das Alter kommen, in dem sie die Sexualität entdecken, sind sie ganz allein.

Die wenigsten Eltern oder Verantwortlichen haben den Mut, offen über dieses Thema zu sprechen und über alles, was in dieser Zeit passiert, über die Veränderungen im Körper und über die sexuelle Orientierung[23]. Und wo werden die meis-

---

einflusst Gedanken, Gefühle, Aktionen und Interaktionen und sowohl die körperliche als auch die mentale Gesundheit. Wenn Gesundheit ein fundamentales Menschenrecht ist, sollte auch die sexuelle Gesundheit ein grundlegendes Menschenrecht sein (vgl. Konzept der Weltgesundheitsorganisation, Who Technical Reports Series, 1975).

23 Sexuelle Orientierung bedeutet: Man versucht, Sexualität als etwas dem Leben und der Gesundheit Innewohnendes zu betrachten, was sich im Menschen ausdrückt, von Geburt an bis zum Tod. Es hängt mit dem Recht auf Genuss und die Ausübung der Sexualität mit Verantwortung zusammen. Es umfasst die Beziehungen der Geschlechter, den Respekt für sich selbst und den anderen und für die Diversität der Glaubensrichtungen, Werte und existierende kulturelle Ausdrucksformen in einer demokratischen und pluralistischen Gesellschaft. Es schließt die Wichtigkeit der Prävention der sexuell übertragbaren Krankheiten/Aids ein, der ungewünschten Schwangerschaft in der Adoleszenz und andere kontroverse Themen (vgl. http://basenacionalcomum.mec.gov.br/images/pcn/orientacao.pdf).

ten diese Dinge lernen? Für gewöhnlich auf der Straße, mit Freunden, Kollegen, Gleichaltrigen. Oftmals spielen Jungs mit anderen Jungs und die ersten sexuellen Erfahrungen passieren am Ende zwischen ihnen. Genau hier fängt ein großer Irrtum an. Einige denken – und sagen es mir –, dass sie sich von anderen Jungs angezogen fühlen, weil ihre erste sexuelle Erfahrung, die sie hatten, mit jemandem des gleichen Geschlechts war. Und da kommt die Frage auf: „Bin ich homosexuell oder nicht?"

Bei Einkehrtagen, die ich oftmals für Seminaristen gehalten habe, ist mir diese Frage häufig begegnet, verbunden mit der Angst vor falschen Gefühlen. Viele haben nicht den Mut, mit ihren Verantwortlichen im Priesterseminar zu sprechen, weil sie befürchten, nach Hause geschickt zu werden. Dadurch bleiben Situationen ungeklärt und unausgesprochen.

Durch die Skandale, die überall passieren – auch in der Kirche –, führt der Papst nach und nach eine Kultur des Hörens ein, sodass jeder zu Wort kommen und um Hilfe bitten kann. Auch Kinder, die missbraucht wurden.

Ich hoffe, dass wir lernen, mit unserer Jugend zu sprechen, dass wir ehrlich sind, dass wir die Schönheit der Sexualität, die von Gott geschaffen wurde, zeigen können und nicht nur ihre hässliche Seite: die Ausbeutung des Sex und die Prostitution. Dieses Thema muss mit sehr viel Klarheit und Offenheit, aber auch mit viel Liebe behandelt werden, damit es am Ende möglich ist, immer das herauszufinden, was Gott sich dachte, als er den Menschen schuf.

Die Sexualität ist für mich ein Aspekt des Lebens, ein Weg für die Menschen, sich zu lieben, Verpflichtungen einzugehen und Leben zu zeugen. Durch die Sexualität wird neues Leben geboren. Das ist schön.

Durch viele Unterhaltungen und Begleitungsgespräche habe ich verstanden, dass es oftmals einfacher ist, persönlich mit jemandem über dieses Thema zu sprechen als mit einer größeren Gruppe, auch weil jeder in einer anderen Phase ist.

In der letzten Zeit habe ich mich viele Male mit den Jugendlichen unserer Familien der Fazendaverantwortlichen getroffen, die in der Pubertät sind. Es ist schwierig, zu ihnen zu sprechen, weil nicht alle in derselben Situation sind. Für einige ist die Sache schon ganz klar. Sie haben viele Informationen aus dem Internet, einige sind sogar schon süchtig nach Pornografie; andere sind noch ganz unschuldig und brauchen deshalb eine persönliche Begleitung.

Es sollte auch ein offeneres Angebot für Verlobte vor der Hochzeit geben, damit sie die Wichtigkeit der Schwangerschaft verstehen, damit sie lernen, das Kind, das geboren wird, zu lieben, sich mit ihm zu unterhalten, es zu respektieren. Das Kind nimmt auch Anteil daran, wie die Eltern die Sexualität leben. Die Art, wie die Eltern sprechen, wie sie leben, wie sie sich in Beziehung setzen, formt auch die Sicht des Kindes.

Es ist ein weites Feld, das auf allen Ebenen sehr ernst genommen werden sollte: in den Ehen, in den Vorbereitungskursen für Brautpaare, in der Katechese oder in Jugendgruppen. Wir sollten dieses Thema auf all diesen Ebenen ohne Angst behandeln.

Nelson[24] ist einer der Teilnehmer an der päpstlichen Kommission für den Schutz von Minderjährigen[25]. Im Grunde ist auch das ein

---

24 Damit ist Nelson Giovanelli Rosendo dos Santos, Mitbegründer der Fazenda da Esperança, gemeint.

25 Am 22. März 2014 richtete Papst Franziskus die Kommission mit Sitz in der Vatikanstadt ein. Sie soll mit der Kongregation für die Glaubenslehre kooperieren. Erster Vorsitzende wurde der Bostoner Erzbischof, Kardinal Seán Patrick O'Malley OFMCap. Die Kommission ist berechtigt, Berichte über die Wirksamkeit von Kinderschutzmaßnahmen anzufordern und mit Zweidrittelmehrheit Vorschläge an den Papst zu richten. Ihr können maximal 18 Personen

Ergebnis all dessen, was du erwähnt hast: die fehlende Reife im Umgang mit der Sexualität, der fehlende Mut, über dieses Thema zu sprechen. Was sind deine Erfahrungen im Austausch mit Nelson über diese Arbeit?

Als Nelson eingeladen wurde – und der Vatikan ihn fragte, ob er der Einladung folgen würde –, ist mir eine Sache klargeworden: Der Papst kennt uns sehr gut und sieht, dass hier auf der Fazenda da Esperança diese Offenheit vorhanden ist, eine Haltung des Hörens im Bezug auf viele Opfer, insbesondere denjenigen, die sexuellen Missbrauch in ihrer Kindheit[26] erlebt haben, zu praktizieren. Und der sexuelle Missbrauch war für viele Betroffene der Eintritt in die Welt der Drogen.

Der Papst sieht, dass auf der Fazenda da Esperança nicht nur Personen mit dieser Problematik aufgenommen werden – inklusive Priester –, sondern dass es auch ein Mittel gibt, diese Wunden zu heilen: durch die Erfahrung mit dem Wort Gottes oder durch die ADI[27]. Meiner Meinung nach hat der Papst Nelson wegen dieses Charismas der Hoffnung ausgesucht, damit diese Hoffnung auch in dieser Angelegenheit ein Licht ist, eine Antwort gibt.

Während ich Nelson begleite, sehe ich, wie er in der Kommission eine besondere Mission hat: Er soll die Hoffnung auch

---

als Mitglieder angehören; mit Stand vom 8. Mai 2015 waren es 17 Personen, darunter Psychotherapeuten, Sozialarbeiter, Missbrauchsopfer, Theologen und Rechtsexperten. Nelson Giovanelli Rosendo dos Santos, Mitbegründer der Fazenda da Esperança, wurde durch Papst Franziskus am 17.02.2018 dazu berufen, in dieser Gruppe mitzuarbeiten. (https://de.wikipedia.org/wiki/Päpstliche_Kommission_für_den_Schutz_von_Minderjährigen).

26 Die Fazenda da Esperança eignete sich im Verlauf ihres Bestehens eine reiche Erfahrung im Zuhören von Opfern sexuellen Missbrauchs an. Unter den Männern sind es ca. 50 % und unter den Frauen auf den Frauenfazendas haben 80 % die schmerzhafte Erfahrung eines sexuellen Missbrauchs in der Kindheit gemacht. In einem günstigen Umfeld, wie den Fazendas, schaffen es viele, zum ersten Mal im Leben über diese Geschehnisse zu sprechen und so in einen Prozess der Heilung einzutreten.

27 Vgl. Fußnote 10.

in diese schmerzhafte Situation der Kirche – die sexuellen Missbräuche und die Pädophilie – hineinbringen. Es ist nicht einfach, so viel menschliches Leid im Klerus, einschließlich Bischöfen und Kardinälen, einzugestehen. Es ist ein großer Schmerz, daran habe ich keinen Zweifel. Aber ich bin hoffnungsvoll, denn ich sehe, wie die in Nelsons Arbeitsgruppe vereinten Personen eine neue Kultur des Dialogs, des Zuhörens und des tiefen Wunsches, die Wunden der Opfer und der Kirche zu heilen, mitbringen. Außerdem erledigt Nelson diese Arbeit mit viel Einsatz und ist sehr aktiv und engagiert dabei.

2020 war Pater Hans Zöllner[28] auf der Fazenda da Esperança in Pedrinhas/Brasilien zusammen mit Mitgliedern der päpstlichen Kommission für den Schutz von Minderjährigen, damit wir gemeinsam häufiger Seminare machen können mit der Absicht, eine neue Generation auszubilden, um diese Angst auszuräumen und um die Sexualität nicht zu einem zu großen Mysterium zu machen. Sie soll kein siebenköpfiger Drache sein, sondern eine göttliche Kraft, mit der Gott uns beschenkt hat.

Sexualität ist schön, sie muss für das Gute verwendet werden. Jeder Einzelne muss Wege finden, damit gut umzugehen und sich nicht durch die Sexualität unterkriegen zu lassen. Wir sind die Autoren unserer Geschichte, wir sind die Gestalter unseres Lebens und sollten uns nicht durch Süchte wie Drogen, Alkohol oder Zigaretten manipulieren lassen und auch nicht vom Sex, der für viele auch zu einer Sucht geworden ist. Es ist notwendig, sich zu befreien, um Freude zu leben, einschließlich die Freude der Sexualität.

---

28 Pater Hans Zöllner, deutscher Jesuit (*1966), Theologe und Psychologe, Professor an der gregorianischen Universität seit 2003, wird als einer der führenden kirchlichen Experten auf dem Gebiet des Schutzes Minderjähriger gegen sexuellen Missbrauch angesehen, besonders in der Katholischen Kirche (vgl. https://de.wikipedia.org/wiki/Hans_Zollner_(Geistlicher)).

Die Familie

Erzähle uns ein bisschen von deiner Familie, von deinem Vater Franz und deiner Mutter Else, von deinen Schwestern Mechthild und Gerda, die die Jüngste ist, und von Paul, deinem Zwillingsbruder.

Wenn ich an meine Familie denke, merke ich, dass jeder seine ganz besondere Art hatte. Mein Vater war ein sehr korrekter Mann. Während des Zweiten Weltkrieges wurde er nach Russland geschickt, dort verletzt und war zeitlebens davon und von den Leiden des Krieges sehr gekennzeichnet. Gleichzeitig besaß er eine große Gutmütigkeit! In unserem Haus fehlte es an allem. Im Winter hatten wir noch nicht einmal Material, um zu heizen, und wir konnten auch nichts kaufen. Schließlich bekamen die Familien die Erlaubnis, eine kleine Menge an Essen und an Brennmaterial zum Heizen des Hauses zu erwerben. Mein Vater arbeitete in einer Holzmöbelfabrik, in der jeder Arbeiter einmal pro Woche einen Sack mit kleinen, dünnen „Holzresten" mit nach Hause nehmen konnte. Diese Holzreste bewahrte er im Keller unseres Hauses auf. Eines Tages rief er mich und bat mich, ihm zu helfen. Ich sollte einen Sack offen halten, während er die

Holzreste einfüllte. Ich war noch sehr klein und fragte ihn, warum er das mache. Er antwortete mir, dass es für unsere Tante sei.

Ich sagte: „Vater! Wir haben nicht einmal Holz für unseren eigenen Ofen und unser Haus ist immer kalt." Er antwortete: „Das stimmt, aber deine Tante hat noch weniger, weil ihr Ehemann, dein Onkel, nicht aus dem Krieg zurückgekommen ist und sie hat nichts, also werden wir teilen."

Ich verstand das damals nicht, denn wir waren so arm, wir hatten so wenig. Mein Vater sagte nochmals zu mir: „Wir müssen teilen!"

Das ist ein Beispiel, das ich mit ihm erlebt habe, aber erst später habe ich angefangen, ihn zu verstehen.

Eine andere Begebenheit, die meinen Vater gut beschreibt, ereignete sich, als er mich hier in Brasilien besuchte. Er blieb zusammen mit meiner Mutter ungefähr acht Monate bei mir im Pfarrhaus und war mit all den Menschen um ihn herum in Kontakt.

Im selben Jahr oder ein Jahr zuvor hatte mein Vater eine Kriegsentschädigung erhalten. Er hatte eine Ingenieursschule besucht und musste seine Ausbildung wegen des Krieges unterbrechen. Als er aus dem Krieg verletzt zurückkam, musste er einen anderen Beruf erlernen. Das beeinträchtigte sein Leben sehr. Der Staat entschädigte nun diejenigen, die Schaden erlitten hatten, und mit diesem Geld konnte unser Vater diese große Reise nach Brasilien unternehmen. Als er nach Deutschland zurückkehrte – er hatte in Brasilien viele Arme gesehen –, sprach er mit seinen anderen Kindern, meinen Geschwistern, und fragte sie, ob sie einverstanden seien, wenn er die erhaltene Summe mir gebe, damit ich den Armen hier in Brasilien helfen könne. Alle waren einverstanden und er schickte mir das Geld, das ich kurz vor seinem Tod erhielt. Ich war sehr glücklich, dass er das Wenige, das er am Ende seines Lebens erhalten hatte, spendete. Er hielt nicht daran fest. Er gab es frei, er war frei. Diese Großherzigkeit war eine sehr starke Eigenschaft meines Vaters und half mir, selbst eine Haltung wie die seine einzunehmen.

Dein Vater war während des Zweiten Weltkrieges in Russland und empfand später eine große Dankbarkeit gegenüber dem russischen Volk. Kannst du uns davon ein bisschen erzählen?

Als die deutschen Soldaten ankamen, nahm das russische Volk diese ganz herzlich auf, denn sie hatten die Hoffnung, dass sie ihnen die Freiheit brachten und sie nicht länger leiden müssten. Als mein Vater verletzt wurde, erhielt er viel Hilfe von den Russen. Nach einiger Zeit bemerkte das russische Volk allerdings, dass Hitler leider andere Absichten hatte.

Mein Vater sprach immer gut von diesem Volk. Deswegen war es für mich eine große Freude, als wir in Brasilien auf der Fazenda einige russische Drogenabhängige aufnehmen konnten. Und die Tatsache, dass es heute eine Fazenda in Russland gibt, macht mich glücklich, denn so kann ich dem russischen Volk zumindest ein bisschen Danke sagen für alles, was sie meinem Vater Gutes getan haben.

Meine Mutter war im tiefsten Sinne des Wortes eine echte „Hausfrau". Sie kümmerte sich mit großer Liebe um häusliche Angelegenheiten. Sie wusste zu sparen und nutzte alles, was wir hatten; sie konnte kochen und wir lernten viele Dinge von ihr. Meine Mutter war immer zu Hause, immer zu erreichen und oftmals, wenn uns etwas passierte und wir traurig oder verzweifelt ankamen, hörte sie uns zu. Sie hatte eine enorme Geduld. Dennoch war sie streng in unserer Erziehung, sie war wirklich außergewöhnlich!

Als wir studierten, erlaubte sie stets, dass wir unsere Kommilitonen mit nach Hause bringen durften. Die Tür war immer offen für unsere Mitstudenten. Als wir noch Kinder waren, durften wir bei Regen immer andere Kinder mitbringen, um bei uns zu Hause zu spielen. Meine Mutter war gastfreundlich und machte sich nie Sorgen, dass etwas im Haus kaputt gehen könnte oder wir Dreck ins Haus brächten. Im Gegenteil, sie hatte es lieber, dass andere Kinder zum Spielen zu uns nach Hause kamen, denn so – sagte sie später – wusste sie immer, was wir gerade taten. Diese Offenheit, die sie uns gegenüber hatte, war sehr gut für uns.

Meine Mutter war eine sehr gläubige Person. Bevor sie meinen Vater heiratete, arbeitete sie Jahre bei Propst Simon am Dom zu Paderborn und kümmerte sich um dessen Haushalt. Dieser Priester, ein bekannter Professor, bekam viel Besuch, auch von Bischöfen, und es war meine Mutter, die das Essen kochte; sie kümmerte sich einfach um alles.

Zur Zeit der Nazis wurde dieser Priester sehr verfolgt, es gab Hausdurchsuchungen, Beobachtungen etc.! In dieser Situation war meine Mutter immer im Haus und ihre Haltung und ihre Geduld halfen dem Priester in dieser Situation sehr.

In Bezug auf meinen Zwillingsbruder kann ich nur sagen, dass wir alles gemeinsam taten. Sogar im Aussehen ähnelten wir uns sehr. Wir passten gut zusammen. Wir machten alles gemeinsam bis zu dem Tag, als ich nach Brasilien ging; da mussten wir uns trennen. Wir zogen uns gleich an, sodass uns die Leute verwechselten, denn niemand konnte uns auseinanderhalten.

Es war sehr schön, einen Bruder zu haben, mit dem ich alles gemeinsam machen und mit dem ich alle Entdeckungen gemeinsam erleben konnte – das war wirklich eine Gnade!

Zu meinen Schwestern hatte ich ebenso ein gutes Verhältnis. Mechthild war zwei Jahre jünger als ich, wir machten viele Dinge gemeinsam – wir verbrachten auch zusammen die Ferien. Wie ich schon erzählte, tanzten wir sogar zusammen. Um Gerda, unser Nesthäkchen, sorgten wir uns viel. Sie war sechs Jahre jünger als wir und wir versuchten immer, sie zu beschützen. Sie war ganz besonders und half unserer Mutter viel im Haushalt.

Unter uns Geschwistern haben wir bis heute ein gutes Verhältnis, eine Verbindung, wir sind eine sehr starke Einheit! Natürlich gab es zu Kinderzeiten auch mal Streit, aber das ist Teil des Lernens, des Großwerdens.

Die gegenseitige Liebe und der Respekt unter uns waren immer sehr groß, und so ist es heute noch. Wir lernen viel vom anderen, und das war und ist eine herausragende Sache!

Du und dein Bruder Paul seid in Geseke geboren, denn Paderborn war durch den Krieg zerstört. In materieller Hinsicht hattet ihr nichts, wie du erzählt hast. Habt ihr zu Hause gemeinsam gebetet? Habt ihr besondere Familienmomente erlebt? Was habt ihr zu Hause gemacht?

Wir wohnten in Geseke, bis Paul und ich zwei Jahre alt waren. Danach zogen wir nach Paderborn um und mieteten eine sehr kleine Wohnung mit zwei Zimmern. Wenn möglich, aßen wir gemeinsam. Wir gingen zusammen zur Messe und danach frühstückten wir gemeinsam und aßen Mittag und Abend zusammen.

Die Gebete und die Messen waren heilig, und selbst wenn mein Vater viel arbeiten musste und müde war, gingen mein Bruder und ich mit ihm oder Mutter dorthin. Wir saßen neben ihm und während der Predigt – zu dieser Zeit sprach der Priester zwanzig Minuten oder eine halbe Stunde – schlief Vater ein und fing an zu schnarchen. Wir zwei stießen ihn dann an, um ihn aufzuwecken, und er sagte uns, dass er meditiert habe. Und wir antworteten ihm: „Aber Vater, du hast geschnarcht!"

Trotz allem gingen wir immer in die Messe; es war heilig für uns, zu den Prozessionen, zu den religiösen Festen zu gehen. Es gehörte einfach dazu, daran teilzunehmen!

In unserer Familie wurde nicht viel über Religion gesprochen in dem Sinne, dass man anderen eine Predigt gehalten hätte. Wir lebten die Religion. Ich erinnere mich nicht daran, dass meine Eltern viel von Gott sprachen, aber sie lebten ihre Haltungen vor.

Meine Mutter diente stillschweigend allen, liebte alle, war immer für uns da. Sie war immer die Erste, die aufstand, und am Abend die Letzte, die schlafen ging. Sie verrichtete alle Arbeiten. Sie musste viel arbeiten, aber das tat sie immer mit großer Zufriedenheit und viel Freude. Sie dachte nie an sich selbst, sondern immer an uns.

Der Glaube meiner Eltern war sehr konkret und sehr stark; sie waren treu in den kleinen Dingen, die sie lebten.

Was bedeutet es, einen Zwillingsbruder zu haben?

Es ist eine Herausforderung, weil du alles teilen musst. Du teilst bereits den Bauch deiner Mutter und alle Aufmerksamkeit, wenn du klein bist. Obwohl du das als Baby erst nicht merkst, hast du den Schoß der Mutter nicht nur für dich, denn es sind immer zwei Kinder und später kann die Mutter nicht beide zur selben Zeit verpflegen. Du lernst, dem anderen den Vorrang zu lassen, du lernst zu teilen, zu spielen, zu streiten und danach dich zu vertragen. Es ist schön, einen Zwillingsbruder zu haben, weil du immer mit ihm zusammen bist – in der Schule und bei allem anderen. So kannst du die Freuden und Leiden des jeweils anderen teilen und daran Anteil nehmen. Es ist nicht einfach, das zu erklären, aber es ist so, als wärest du abhängig vom anderen.

Ich konnte mir nicht vorstellen, ohne meinen Bruder Ferien zu machen. Und so unternahmen wir alles gemeinsam und erlebten zusammen alle Abenteuer. Es war so natürlich und sehr schön.

Deswegen war es ein großer Kummer, als wir nicht gemeinsam nach Brasilien gehen durften, obwohl wir es so gerne wollten. Damals trafen wir alle nötigen Vorbereitungen, und als wir die ärztlichen Untersuchungen machten, die für das Visum benötigt wurden, sagte der Arzt zu meinem Bruder, dass er nicht in ein tropisches Land verreisen könne, weil er in Biafra/Afrika Gelbfieber bekommen hatte und deswegen nicht nach Brasilien einreisen durfte.

Nach dieser Nachricht lebten wir in einer Zeit der Stille, die viele Tage andauerte und in der jeder von uns wusste, was der andere dachte: „Verreise ich oder verreise ich nicht? Bleibe ich auch hier?"

Ich litt sehr beim Nachdenken darüber, was ich tun sollte. Paul und ich waren es gewohnt, das Evangelium zu leben. In mir hörte ich immer wieder diesen einen Satz des Evangeliums: *„Keiner, der die Hand an den Pflug gelegt hat und nochmals zurückblickt, taugt für das Reich Gottes"* (Lukas 9,62).

Eines Tages fragte mich Paul, was ich über unsere Situation dachte, als wenn er mir sagen wollte: „Bleibst du auch?" Da sagte ich ihm, dass ich nicht wusste, was ich machen sollte, aber dass in meinem Herzen immer jener Bibelvers nachklang. Also sagte mein Bruder zu mir, dass ich gehen solle. Und da trennten wir uns.

Es ist nicht einfach zu erklären, wie ich diese Trennung empfand. Ich werde sie aber nie vergessen. Damals reiste man mit dem Schiff nach Brasilien. Die ganze Familie brachte mich mit dem großen Koffer, den Kisten und allem zum Hafen. Das Schiff ist nicht wie ein Flugzeug, es fährt ganz langsam ab, du siehst deine Familie dort am Kai im Hafen stehen, wie sie immer kleiner wird, bis sie ganz klein ist. Das war für mich ein sehr berührender Moment.

Ich wusste nicht, wann ich zurückkommen würde. In jener Zeit kam man nur zurück, nachdem man das Studium beendet hatte, was in diesem Fall sieben Jahre bedeutete. Ich wusste nicht, was mich dort erwartete, ich musste alles zurücklassen, was ich kannte.

Die Reise dauerte lange, es waren vierzehn Tage. Das war letztlich aber gut, denn so konnte ich nachdenken und mich auf das „Neue" vorbereiten, es schaffen, alles loszulassen, was ich bisher kannte. Das zu erreichen war nicht leicht.

Doch diese Trennung führte nicht dazu, dass mein Bruder und ich uns auseinandergelebt hätten. Bis heute sind wir eng verbunden.

Viele Jahre später wurde mein Bruder als Fidei-Donum-Priester[29] für Brasilien freigestellt. Er arbeitete fünfzehn Jahre im Nordosten, in Maranhão. Dort entstand die zweite Fazenda da Esperança. Heute lebt er als pensionierter Priester auf einer Fazenda in Deutschland und begleitet zusammen mit mir die Geschehnisse der Fazenda auf der ganzen Welt.

Zwischen uns zwei existiert eine tief gründende Einheit in allem, selbst in der Gesundheit. Viele der Krankheiten, die ich hier hatte, viele der Unglücke, die mir passierten, erlitt oder spürte er dort auch. Es gibt eine sehr starke Verbindung zwischen uns bis zu dem Punkt, dass, wenn einer merkt, dass es

---

29 Mit der Missionsenzyklika *Fidei Donum* vom 21. April 1957 rief Papst Pius XII. dazu auf, Priester nach Afrika, Asien und Südamerika zu entsenden, um den dortigen Priestermangel zu beheben. Fidei Donum ist lateinisch und bedeutet „Geschenk des Glaubens" (https://de.wikipedia.org/wiki/Fidei_donum).

dem anderen nicht gut geht, wir gemeinsam leiden. Das gilt auch für unsere Freuden, sie sind immer doppelt! Das ist schön!

Das, was man heutzutage unter dem Begriff „Familie" versteht oder sich vorstellt, scheint im Wandel zu sein. Was würdest du einem Paar raten, das gern einen gemeinsamen Weg gehen möchte? Was ist wichtig zu beachten?

Ich sage immer zu den Jugendlichen: „Wenn du heiraten willst, dann bist du für das Glück des anderen verantwortlich, du musst ihn glücklich machen. Versuche nicht, den anderen zu ändern, ihn zu jemandem machen zu wollen, wie du es willst. Mach das niemals! Versuche, den anderen so zu lieben, wie er ist, versuche, ihn glücklich zu machen, denn wenn du liebst, kommt das Glück."

Diese Liebe sorgt dafür, dass das Paar sich trifft, sich gegenseitig korrigiert und wächst. Die Liebe ist wie eine Pflanze, die Pflege benötigt, um zu wachsen.

Ich erinnere mich, als ich einmal den 70. Hochzeitstag eines Paares feierte. Nach der Messe bat ich die beiden, ein Wort zu sagen, und der Mann meinte sofort: „Ganz sicher kann ich euch sagen, dass ich meine Ehefrau heute noch mehr liebe als an dem Tag unserer Hochzeit."

Und ich dachte: „Die beiden sind schon alt, es gibt keine körperliche Anziehung mehr und sie lieben sich noch mehr, warum?" Weil die Liebe zwischen ihnen gewachsen ist!

Es ist notwendig, dass ein Paar immer einen Weg des Wachstums sucht, dass es die Fähigkeit hat, sich zu lieben, ohne an sich selbst zu denken, aber so, dass jeder das Glück des anderen sucht. Das ist ein Abenteuer, es ist sehr gut und es lohnt sich zu leben!

Die Kirche, der Papst und die Religiosität

In den letzten fünfzig Jahren hat die Kirche sich reformiert, sich restauriert, sich sehr gewandelt. Früher war es „normal", katholisch zu sein und am Leben der Kirche teilzunehmen. Du hast aus dieser Quelle getrunken und das hat dein Leben tief beeinflusst und dir eine Struktur gegeben. Die Familie lebte das Kirchenjahr, die Fastenzeit, Ostern, die Prozessionen. Im Grunde war das Jahr durch diese Feste geprägt. Was hat sich seitdem verändert?

Nach dem Krieg und dem Leid, das die Menschen durchgemacht hatten, wurde Gott für alle sehr wichtig. Die Priesterseminare waren überfüllt, es gab fast keinen Platz für alle Seminaristen, die Priester werden wollten, und die Kirchen waren zu klein. Es wurden viele neue und große Pfarreien gegründet.

Ich erinnere mich gut an die Fronleichnamsprozession in Paderborn; sie war Kilometer lang und schien gar kein Ende zu nehmen. Die Feier begann am Morgen und war erst gegen 14

Uhr zu Ende. Es waren große Feste und beeindruckende religiöse Kundgebungen.

Es war normal, dass alle aus unserer großen Familie daran teilnahmen. Ich erinnere mich nicht an einen aus der Verwandtschaft, der nicht in die Kirche gegangen wäre, der nicht an den Messen teilgenommen hätte. Das war undenkbar.

Mit der Zeit, ganz langsam, breitete sich der Wohlstand aus. Die Menschen fingen an, sich von der Kirche zu entfernen, und gingen anderen Verpflichtungen nach. In den Ferien verreiste man nun, und ohne dass man sich dessen bewusst wurde, entfernte man sich von all dem Kirchlichen.

Und sicherlich haben sich die Dinge auch geändert. Ich erinnere mich an Papst Pius XII. mit seiner Art, in die Kirche einzuziehen, sich zu kleiden. Er hatte eine gewisse Macht, er war distanziert, wir bewunderten ihn. Nach ihm änderte sich alles.

Papst Johannes XXIII. war beliebter, er eröffnete das Konzil[30], brachte Veränderungen. Jedoch führte das auch dazu, dass nach dem Konzil viel Unsicherheit herrschte und viele Priester und Ordensleute die Kirche verließen.

Es schien, als wenn all das, was vorher eine Struktur gegeben hatte, nach und nach menschlicher würde. Vorher war die Kirche sehr distanziert, etwas Göttliches, ohne Sünde, etwas, was man nicht berühren durfte, und jetzt wurde sie nahbarer. So begann man, ihre Fehler zu sehen, ihre Struktur, ihre Grenzen.

Danach kam Papst Paul VI. mit seiner Stille, mit seiner Fähigkeit, das Kreuz leidend zu umarmen, aber mit einer großen Offenheit und Liebe. Die Kirche wandelte sich immer mehr

---

30 Ein Konzil ist eine Versammlung von kirchlichen Autoritäten mit dem Ziel, über pastorale, doktrinäre, Glaubens- und moralische Angelegenheiten zu diskutieren und zu beraten. Die Konzile können ökumenisch, Vollversammlungen, national, provinzial oder diözesan sein, je nach Umfang, den sie abdecken.

und die Säkularisierung veränderte zunehmend ihre Strukturen. Und ich erlebte es bei mir selber. Ich wurde älter, ich war Seminarist, später Priester und ich kannte mich immer besser aus in der Kirche und sah ihre Defizite. Mit dieser Menschlichkeit umzugehen und gleichzeitig das Göttliche und die Größe der Kirche zu sehen, war nicht sehr einfach.

Mit Papst Johannes Paul II. gab es die große Öffnung. Einen ausländischen, nicht italienischen Papst wollten die Kardinäle schon nach Paul VI. wählen. Doch war erst noch Johannes Paul I. nötig. Er war gewählt worden und war ganz wichtig, auch wenn er nur 33 Tage Papst war.

Johannes Paul II., gebürtiger Pole, mit einem starken Charakter, war imstande, die Kirche noch einmal zu einer weltweiten Anerkennung zu führen. Er erlangte sogar eine gewisse Popularität bei den Massen und gewann den Kampf gegen den Kommunismus. In Polen stürzte er den Kommunismus und trug zum Fall der Berliner Mauer bei. All das hatte einen starken Einfluss, aber gleichzeitig hielt die Säkularisierung zunehmend Einzug in die Kirche und in all ihre Glieder. Man wandte sich vom Evangelium und dem, was Jesus gelehrt hatte, ab und das kann nur zu schwierigen Zeiten führen.

Am Ende seines Lebens, gezeichnet durch Krankheit, Alter und die Last des Amtes, konnte Johannes Paul II. nicht mehr das begleiten, und viele Dinge, die geschahen, standen in Distanz zum Evangelium.

Danach kam Papst Benedikt XVI. mit seiner großen Weisheit. Er wusste um vieles, was in der Kirche im Argen lag, er packte Dinge an und sprach mutig von den Problemen und versuchte sie zu lösen. Das brachte viel in Bewegung und gleichzeitig waren viele von dem, was da zum Vorschein kam, tief bewegt und beschämt. So auch ich.

Ich hatte die Möglichkeit, Papst Benedikt XVI. auf der Fazenda in Brasilien zu empfangen. Ich durfte immer mehr Kontakte in die Kirche und auch in der Hierarchie knüpfen und nahm an verschiedenen Treffen teil. Auf der einen Seite sah ich die Größe Gottes, die hinter allem steht, aber ich sah auch viel Menschlichkeit. Vor allem jetzt, mit allem, was man hört, mit so vielen Skandalen. Niemals hätte ich mir in meiner Jugend vorstellen können, dass irgendein Kardinal sich in den Missbrauch von Minderjährigen und Schutzbedürftigen verwickeln könnte und dass deswegen ein Priester, Bischof oder Kardinal verhaftet würde. Dies widerspricht der Berufung, die sie angenommen haben. Gleichzeitig provoziert es die Kirche, authentischer zu werden und näher zu den Menschen zu kommen.

Jetzt haben wir Papst Franziskus, der uns alle einlädt, hinauszugehen, unsere Bequemlichkeiten und Sicherheiten zu verlassen. Ihm ist eine „verbeulte" Kirche, die verletzt und beschmutzt ist, weil sie auf die Straße gegangen ist, lieber als eine kranke, in sich verschlossene Kirche.[IV]

Das ist eine andere, engagiertere Kirche, und ich spüre sie lebendiger und dem Evangelium näher. Und der Papst versucht dem Klerus zu helfen und provoziert somit auch eine Reinigung. Ich träume davon, dass wir eines Tages eine ehrlichere Kirche haben, die ihre Sünden anerkennt, nichts verbirgt, demütig ist, um Vergebung bittet und für mehr Glaubwürdigkeit kämpft. Ich bin sehr hoffnungsvoll!

Der Prozess, der in der Kirche momentan geschieht, auch das Leid um die Missbräuche, eröffnet einen Weg, damit die Gesellschaft wahrnimmt und erkennt, dass trotz vieler Skandale jetzt auch eine Chance der Heilung besteht. Es ist möglich, wachsamer zu sein, damit solche Fehler nicht wiederkehren.

Die schlimmste Phase ist, wenn die Sachen verheimlicht werden. Jetzt, wo alles an die Oberfläche kommt, haben wir die Offenheit, die Opfer zu hören, um zu verstehen! Das ist so, wie wenn jemand eine Krankheit hat und sie noch nicht entdeckt wurde. Der Moment der Diagnostik ist schmerzhaft, aber es ist möglich, den Heilungsprozess zu beginnen. Im Moment werden viele der Krankheiten, die in der Kirche existieren, aufgedeckt, aber wir haben jetzt auch die Möglichkeit, sie zu heilen. Das ist der Prozess, indem sich die Kirche momentan befindet.

Ich erinnere mich, dass einmal Bischof Klaus Hemmerle[31] sagte: „Wenn man mich fragen würde, was ich am meisten in der Welt liebe, was mir das Kostbarste in der Welt ist, könnte ich wirklich nichts anderes sagen als: die Kirche! Und wenn mich jemand fragen würde, was mich am meisten leiden lässt, so müsste ich sagen: die Kirche." Nachdem du in den vergangenen Jahren die Päpste begleiten konntest, weißt du um das wunderbare Geschenk, das die Kirche ist, aber auch, dass sie menschlich, gebrechlich ist, Grenzen hat. Vor fünfzig Jahren, 1972, bist du nach Brasilien gegangen und bist dabei auf eine Kirche gestoßen, die in gewissem Maße aufgrund der Militärdiktatur gefährdet war. Es gab die Theologie der Befreiung[32], bei der deine Kommilitonen, mit denen du studiert und deinen Abschluss erworben hast, mitmachten. Die Inspiration, die die Theologie der Befreiung ins Le-

---

31 Klaus Hemmerle (1929–1994) war von 1975 bis 1994 Bischof von Aachen. Er ist einer der großen Theologen und Religionsphilosoph, er wird als Mitbegründer der Fokolar-Bewegung gesehen.
32 Theologie der Befreiung: Ab 1971 ist es eine christlich-theologische Strömung aus Lateinamerika, nach dem Zweiten Vatikanischen Konzil und der Konferenz von Medellín. Sie geht davon aus, dass das Evangelium eine Option für die Armen fordert. Dahingehend muss die Theologie zukünftig Erkenntnisse der Human- und Sozialwissenschaften mit im Blick haben.

ben gerufen hat – der bevorzugte Dienst an den Armen –, war sehr gut. Aber so wie sie sich in eine Ideologie verwandelt hat, scheint es, als wenn sie sich von der inspirierenden Quelle, von ihrer eigentlichen Herkunft, entfernt hat. Du hast während deiner Zeit in Brasilien viele Dinge erlebt, zum Beispiel haben die Pfingstkirchen stark zugenommen. Wie siehst du das alles?

Als ich in Brasilien ankam, war diese Theologie fast so etwas wie eine fixe Idee in unserem Studium. Einer der Professoren – bekannt in der Befreiungstheologie – war mein Mitbruder. Es gab also nichts anderes, nur die Befreiungstheologie! Sicher, ich sah, dass in ihr etwas sehr Tiefes, etwas Schönes verborgen war.

Im Konzil gab es eine Gruppe von Priestern und Bischöfen, die einen Pakt in den Katakomben[33] schlossen, damit sie authentischer, bescheidener seien. Bischof Hélder Câmara[34] und etliche andere nahmen daran teil und kämpften, aber nicht alle schafften es, so authentisch zu leben, wie sie es sollten. Für einige wurde das zu einer Ideologie, es gab eine Entzweiung, es kamen Vergleiche zwischen dem einen und dem anderen auf und Vorurteile. Schließlich verursachte es einen Konflikt der lateinamerikanischen Kirche mit Rom.

Dieses Samenkorn, das ich so schön fand, wurde fast getötet. Es wurde zu einer Ideologie, die am Ende ins Nichts verlief. Viele drehten der Theologie der Befreiung den Rücken zu und

---

33 Der Katakomben-Pakt in den bekannten Grabstätten der ersten Christen war ein aufgesetztes und unterschriebenes Dokument von vierzig teilnehmenden Priestern des Zweiten Vatikanischen Konzils – unter ihnen viele lateinamerikanische und brasilianische Bischöfe. Am 16. November 1965, kurz vor Ende des Konzils, wurde dieses Dokument nach einer Messfeier in der Domitilla-Katakombe unterschrieben.

34 Hélder Pessoa Câmara (1909–1999) war ein katholischer Bischof, emeritierter Erzbischof von Olinda und Recife (Pernambuco). Er war einer der Gründer der Nationalen Brasilianischen Bischofskonferenz und großer Verteidiger der Menschenrechte während der Militärdiktatur in Brasilien. Er predigte über eine einfache Kirche, hingewendet zu den Armen, und über Gewaltlosigkeit.

brachten diese neue Theologie nicht bis zum Ende. Das alles erzeugte viel Leiden in der brasilianischen Kirche.

Gleichzeitig entwickelte sich die Politik in dieselbe Richtung und wurde ebenfalls zu einer Ideologie von marxistischen und kommunistischen Ideen. All das brachte viel Unfrieden und Uneinigkeit hervor. Was mir wehtut, ist die Aufsplitterung und Trennung der Befreiungstheologie.

Gleich darauf entstanden andere Bewegungen und Gruppen: die charismatische Erneuerung, andere Richtungen von Spiritualität und neue geistliche Gemeinschaften. Sie versuchten, Oppositionen zu bilden, fast so wie eine Gruppe gegen eine politische Richtung. Aber sich für das „Dagegen" zu entscheiden, wird nie konstruktiv sein, sondern immer etwas zerstören und weitere Trennung bringen. Und Trennung ist nicht positiv, im Gegenteil, sie ist immer negativ. Es ist so schwer, mit den Unterschieden leben zu lernen, aber es ist der einzige Weg.

Ich denke, es ist nicht nötig, dass die Kirche gleich denkt, denn diese Institution ist groß und es gibt sie auf den verschiedenen Kontinenten; sie hat unterschiedliche Glaubensausdrücke. Afrika zum Beispiel ist anders als Asien, Europa oder Amerika und folglich sollten wir zulassen, dass sie unterschiedlich sind. Wir sollten es als eine Schönheit ansehen, als einen Reichtum und nicht als Bedrohung. Auch wenn es schwierig ist.

In der Politik kann und sollte die Demokratie ebenso verschiedene Parteien und unterschiedliche Ideen haben, dennoch sollte es gegenseitigen Respekt geben und im demokratischen Stil sollten beide Seiten miteinander leben können. Die Kirche hat sich, genauso wie die Politik in Brasilien, radikalisiert und das hat zur Spaltung geführt. Bis heute hat der Klerus – inklusive der Bischöfe – eine gewisse Einheit, aber sie ist etwas oberflächlich. Im Grunde fehlt diese radikale Einheit im positiven Sinne, und auch in der Politik gab es eine gewisse Radikalisierung.

Ich erinnere mich sehr gut an die Einweihung der Fazenda da Esperança im Kloster Mörmter in Xanten, als der Bischof von Münster, Felix Genn[35], etwas sehr Wichtiges sagte: „Die Fazenda ist Kirche und die Kirche muss auch Fazenda sein, ein Ort, der alle aufnimmt. Das ist eine Gegenseitigkeit." Für dich, der du viele Jahre Erfahrung hast, was lässt dich für diese Kirche schwärmen? Die Kirche ist ja nicht statisch, sondern dynamisch. Was ist dieses „Benzin, das deinen Motor antreibt" und dich vorwärtsbringt, dich glauben lässt, dich kämpfen lässt, um an der Kirche mitzubauen?

Auf der Fazenda kannst du wirklich sehen, fühlen und erfahren, wie die Urkirche war. Es gibt ein gegenseitiges Versprechen: alles miteinander zu teilen und jede und jeder lebt für den anderen. In Deutschland haben wir zum Beispiel wenig junge Leute auf den Fazendas, weil der Staat ein System mit vielen alternativen Therapien für sie hat. Unsere Therapie ist sehr fordernd, denn die Jugendlichen müssen arbeiten, dürfen nicht rauchen, haben keinen Zugang zum Internet und Telefon und dürfen die ersten drei Monate keinen Besuch empfangen. Unser Weg ist anspruchsvoll, damit sie ganz von den Süchten frei werden. Deswegen haben wir vielleicht nicht so viele Jugendliche auf der Fazenda.

Es ist interessant, dass es trotzdem auf allen Fazendas eine große Gruppe an Personen gibt – an Freiwilligen, Freunden,

---

35 Felix Genn (*1950) ist seit 2009 Bischof von Münster.

Förderern –, die ständig anwesend sind. Sie helfen beim Hofcafé, im Büro und Stall, sie nehmen an den Messfeiern teil und helfen bei den Festen. Das ist eine sehr beeindruckende Sache. Für mich erklärt sich dies so, dass sie auf der Fazenda eine, wie ich es bezeichnen möchte, marianische Kirche erfahren, eine engagierte, konkrete und fröhliche Kirche, in der Gott konkret sichtbar wird und nicht nur dem Anschein nach. Und das spüren die Menschen!

Ich erinnere mich, dass der Bischof Franz-Josef Bode[36] mir einmal sagte: „Ich habe gedacht, es sei selbstverständlich, dass bei einer Einweihung der Fazenda viele Menschen anwesend sind, aber nach einem Jahr habe ich bemerkt, dass es immer mehr Menschen werden, die zur Fazenda kommen, es ist immer voll." Er dachte, es wäre nur am Anfang so und dass später ein gewisser Alltag einkehren würde, so wie es in vielen Gemeinden irgendwann immer leerer wird.

Auf der Fazenda passiert das Gegenteil und das ist sehr interessant. Gerade dieses Engagement für die Not des anderen verbindet und provoziert diese lebendige Kirche, die mich immer wieder neu begeistert.

Du hattest das Glück, Chiara Lubich begegnen zu können. Du hast sie oft erlebt, sie gehört und hast an den ersten Momenten der Fokolar-Bewegung teilgenommen. Was bedeutete es für dich, an diesem pfingstähnlichen Ereignis von Kirche, diesem Aufbruch, teilgenommen zu haben?

Wie bereits gesagt, lernte ich im Clemensheim in Bad Driburg durch einen Priester die Fokolar-Bewegung und ihre Spirituali-

36 Franz-Josef Bode (*1951) ist seit 1995 Bischof von Osnabrück.

tät kennen. Ich lebte intensiv diese aus dem Evangelium erwachsene Spiritualität. Ich war begeistert. Später dann traf ich Chiara Lubich und lernte die Fokolar-Bewegung noch besser kennen.

Was mich an Chiara Lubich faszinierte, war ihre große Radikalität, mit der sie lebte. Jedes Mal, wenn ich sie traf, hatte ich anschließend den Wunsch, in die Kapelle zu gehen und mein Leben ganz neu Gott zu schenken, ihn mein Alles in meinem Leben sein zu lassen.

Chiara Lubich führte uns zu Gott, ihre Anwesenheit provozierte die Gegenwart Jesu unter uns und das war sehr stark. Besonders geprägt hat mich ihre Einstellung, den gegenwärtigen Moment zu leben, nicht von der Zukunft zu träumen und nicht der Vergangenheit nachzuweinen, sondern jeden Augenblick zu leben, als wäre dieser einzigartig. Dieser Lebensstil hilft mir bis heute, weil manchmal tausend Dinge gleichzeitig passieren. Jede einzelne Angelegenheit gut zu machen, als wenn es die Einzige wäre, ohne an etwas anderes zu denken, gibt Gleichgewicht und hilft enorm. Oder wie Chiara Lubich uns beigebracht hat: das Wort Gottes in die Tat umzusetzen. Wie viele Früchte erlebte ich auf diese Weise in meinem Leben. Es ist die Lösung!

Als ich zum Beispiel während des Theologiestudiums Schwierigkeiten mit einem der Professoren hatte oder Uneinheit, ja sogar Spaltung an der theologischen Fakultät erlebte, brachte mich das Wort Gottes wieder ins Gleichgewicht. Oder wenn ein Professor etwas gegen die Kirche sagte, dachte ich: „Aber was sagt das Evangelium? ,*Wer euch hört, der hört mich*' (Lukas 10,16). Also kann ich mich wegen dieses Wortes nicht gegen die Bischöfe und die Kirche stellen." Oder das Wort: „*Richtet nicht, damit ihr nicht gerichtet werdet*" (Matthäus 7,1) half mir als Student, innerlich ausgeglichen zu bleiben und eine Entscheidung zu treffen. Das Wort machte mich innerlich stark.

Ich lernte noch eine andere Sache von Chiara: das Kreuz zu umarmen.[37] Ich muss das Kreuz nicht als etwas Negatives ansehen, sondern ich kann Jesus selbst in jedem Schmerz erkennen. Jesus ist auf der anderen Seite meiner „Kreuze", wenn ich sie umarme, wenn ich Ja zum Kreuz sage. Wie sehr hat mir das geholfen! Das veränderte meine komplette Sichtweise. Ich konnte Jesus zum Beispiel beim Autounfall erkennen, den ich damals hatte, in meiner Krebserkrankung vor drei Jahren und in so vielen anderen Momenten. Auch wenn die Kirche leidet oder wenn ich traurige Nachrichten höre, sage ich immer: „Das bist du, das bist du!" Hinter diesen Kreuzen ist Jesus, wir treffen uns mit ihm.

Durch Chiara Lubich habe ich auch die Eucharistie stärker lieben gelernt. All diese Hinweise und Hilfen, die Chiara uns im Laufe der Jahre gab, haben mich völlig anders werden lassen.

Heute nehme ich die Krise wahr, durch die die Fokolar-Bewegung nach dem Tod Chiaras geht. Es fehlen Berufungen und Fokolare werden geschlossen. Das ist ein Prozess, den jede Kongregation, jede Bewegung, jede Gruppe nach dem Tod des Gründers durchmachen muss, aber mich hat sie sehr geformt. Ich bin dankbar, Chiara kennengelernt zu haben.

2020 wäre Chiara Lubich hundert Jahre alt geworden. Bei diesem hundertjährigen Jubiläum wurde an die Spiritualität dieser Mystikerin erinnert. Sie hat eine Fülle an Weisheit hinterlassen. Sich ganz auf den Willen Gottes einzulassen, sich an den verlassenen Jesus zu halten, das Wort der Heiligen Schrift mit Nachdruck zu

---

37 Typischer Ausdruck, der in der Spiritualität der Fokolar-Bewegung benutzt wird, wenn eine Person vor einer schmerz- und leidvollen Situation nicht zurückweicht, sondern sie innerlich annimmt und „umarmt". Frei Hans gibt uns im Laufe dieser Unterhaltung viele Beispiele, in denen er diese Haltung eingenommen hat, und beschreibt sie näher.

leben und auf die Gegenwart Jesu unter den Seinen zu vertrauen, um nur einige Punkte der Spiritualität zu nennen. Sie hatte auch den Wunsch, die Einheit zu verwirklichen und dass alle Menschen sich zu einer einzigen Menschheitsfamilie zusammenfinden. Welche sind für dich die stärksten Punkte dieser Spiritualität?

Das größte Geschenk in meinem Leben war, Chiara Lubich kennenzulernen. Die Begegnung mit ihr hat mein Leben verändert, meinen Glauben gestärkt und mich näher zu Gott gebracht.

Ich erinnere mich, dass sie bei einem unserer ersten Treffen in Rom über den verlassenen Jesus sprach. Das war für mich eine absolute Neuigkeit. In diesem Vortrag sprach sie viele Aspekte an, aber ich erinnere mich an zwei, die für mich persönlich bezeichnend waren: Der erste betrifft den verlassenen Jesus. Er ist eine Person, etwas Konkretes und kein abstrakter Schmerz. In jedem Schmerz, auf den ich in meinem Leben treffe, kann ich dieser Person begegnen: dem verlassenen Jesus.

Der zweite ist eine Bezeichnung, die sie immer wieder wählte: „Ich habe nur einen Bräutigam auf der Erde: den gekreuzigten und verlassenen Jesus; ich habe keinen anderen Gott außer ihm. In ihm ist der ganze Himmel mit der Dreifaltigkeit und die ganze Erde mit der Menschheit."[V] Chiara Lubich hat es so gelebt. Sie hat ihre Seele mit Jesus dem Verlassenen vermählt.

Diese beiden Dinge haben sich in meine Seele eingebrannt. Am Anfang als eine einfache Idee, aber über die Jahre ist es zu meinem Leben geworden. Ich kann mir ein Leben nicht mehr ohne diese Leidenschaft für den verlassenen Jesus vorstellen. Er ist eine Person, die mich kennt, eine Person, mit der ich meine „geistige Vermählung" vollziehen kann. Wenn man sich mit dem Schmerz vereint und ihn umarmt, bringt man Leben hervor.

Wenn jemand die Fazenda da Esperança, die Familie der Hoffnung, verstehen möchte, muss er den verlassenen Jesus kennenlernen. Er ist unser Partner. Wir umarmen ihn und versuchen immer, alle Schmerzen, die auftauchen, in Liebe zu verwandeln. Es geht darum, in jedem Kreuz Jesus zu sehen.

Ein anderer sehr starker Punkt ist aus dem Wort erwachsen: *„Wo zwei oder drei in meinem Namen versammelt sind, da bin ich mitten unter ihnen"* (Matthäus 18,20). Chiara Lubich erschließt uns hier, dass diese Gegenwart Jesu in der Mitte ebenfalls nicht nur eine Idee ist, sondern es ist eine Person, es ist Jesus, der unter uns gegenwärtig wird, wenn wir uns in der gegenseitigen Liebe begegnen. Dass er gegenwärtig ist, bedeutet, dass wir ihn spüren, ihn wahrnehmen, denn Jesus bringt uns Freude, Licht, Frieden, er schenkt seine Weisheit und macht all das, was er tat, als er hier auf der Erde war. Er heilt, vermehrt Brote, weckt Tote auf, ruft Menschen, ihm zu folgen, und gibt unserem Leben neuen Sinn. Hunderte von Erfahrungen könnte ich dazu erzählen.

Wenn jemand unser Werk verstehen möchte, muss er Jesus in der Mitte verstehen, denn mit ihm wurde alles aufgebaut und ohne ihn hat all das, was ist, keinen Sinn, geht nichts vorwärts. Er ist der eigentliche Verantwortliche, verborgen in unserer Mitte.

Demzufolge dürfen wir niemals diese Leidenschaft für den verlassenen Jesus und die gegenseitige Liebe, die seine Gegenwart unter uns hervorbringt, aufgeben. All das habe ich von Chiara Lubich gelernt.

Würdest du Chiara Lubich als eine Heilige oder eine Prophetin der modernen Zeit bezeichnen?

Für mich war sie all das: eine Heilige, eine Prophetin, aber auch eine Kirchenlehrerin. Sie war sehr begabt. Sie hat der Kirche ein spirituelles Erbe hinterlassen, und es wird noch Jahre dauern, um es in seiner ganzen Tiefe und Weite auszuloten. Sie ist eine moderne Mystikerin.

Ihr Kanonisationsprozess läuft, er steht noch am Anfang. Das ist normal, wenn eine Person viel geschrieben hat und ein großes geistiges Erbe zu erschließen ist. Ich habe jedoch keine Zweifel, dass sie eine Heilige der Kirche ist.

Am 12. Mai 2007 hat Papst Benedikt XVI. die Fazenda besucht und sich mit den Jugendlichen getroffen. Wie hast du diesen Besuch erlebt?

Von Chiara Lubich hatte ich gelernt, den gegenwärtigen Augenblick zu leben und offen zu sein für das, was Gott will. Das sollte mich auch jetzt leiten. Als Papst Benedikt XVI. entschied, nach Brasilien zu kommen und die Stadt Aparecida[38] zu besuchen, dachte ich: „Gott, was bedeutet das für uns? Was willst du, Gott? Wäre es nicht gut, wenn der Papst die Fazenda besucht?" Also habe ich gebetet und versucht zu verstehen, was Gott sagen wollte. Ich habe gespürt: „Ja, lade den Papst ein, die Fazenda kennenzulernen, denn es ist eine Chance."

Danach habe ich mit Nelson gesprochen und er sah das auch so. Im Anschluss sprach ich mit Bischof Dino[39] und mit einigen

---

38 Aparecida ist der größte Marienwallfahrtsort Brasiliens und war 2007 Ort der Bischofskonferenz der Bischöfe Lateinamerikas und der Karibik. Papst Benedikt hatte entschieden, diese außerordentliche Versammlung der Bischöfe zu eröffnen. Aparecida liegt acht Kilometer von Guaratinguetá, dem Entstehungsort der Fazenda da Esperança, entfernt und ist deren Bischofssitz.
39 Dom Bernardino Marchió (*1943) war von 1993 bis 2002 Bischof von Pesqueira (Pernambuco, Brasilien) und von 2002 bis 2019 Bischof von Caruarú (Pernambuco, Brasilien). Er gilt als Mitbegründer der Fazenda da Esperança und der Familie der Hoffnung.

anderen Bischöfen, die uns begleiteten, und alle empfanden es genauso.

Aber wie bringt man einen Papst dazu, auf die Fazenda zu kommen? Wie konnte ich ihn erreichen? Da dachte ich mir: „Ich bin nichts, ein unbedeutender Franziskaner. Ideal wäre es, wenn die Bischöfe, die die Fazenda kennen, ihn einladen." Ich sprach mit einigen unserer Bischöfe, Kardinäle und dem Nuntius und bat sie, einen Brief an den Papst zu schreiben. Ich sammelte achtzig Briefe, in denen Papst Benedikt XVI. gebeten wurde, bei seinem Besuch in Aparecida/Brasilien die Fazenda da Esperança zu besuchen. Es werde sich lohnen, weil dies ein Werk der Kirche sei. Aber wie sollten die Briefe nun zum Papst kommen?

Kurze Zeit später wurde ich vom Kardinal Paul-Josef Cordes[40] in den Vatikan eingeladen. In diesem Moment verstand ich, dass, wenn Gott etwas möchte, er auch die Wege ebnet. Kardinal Paul-Josef Cordes war mein Präfekt in Bad Driburg gewesen, wir kannten uns noch aus dem Bistum Paderborn. Er lud mich ein, bei einem Kongress zur Erscheinung der ersten Papstenzyklika von Benedikt, *Deus Caritas est*, im Dezember 2005 von meinen Erfahrungen mit den Drogenabhängigen auf den Höfen der Hoffnung zu erzählen. Am Ende wurden alle Redner, die gesprochen hatten, vom Papst persönlich empfangen. Das war die Gelegenheit für mich, den Papst auf die Fazenda einzuladen und ihm die achtzig Briefe zu übergeben. Also sagte ich zu ihm: „Heiliger Vater, Sie kommen nach Brasilien. Ich bin dort Franziskaner. Ganz in der Nähe von Aparecida lebe ich mit Drogenabhängigen, Straftätern und anderen Süchtigen. Sie werden frei von ihren Süchten durch das Leben nach dem

---

40 Kardinal Paul Josef Cordes (*1934) ist ein deutscher Kardinal und emeritierter Präsident des Päpstlichen Rates Cor Unum im Vatikan, Italien.

Wort Gottes. Wollen Sie als Pastor diese ‚verlorenen Töchter und Söhne' nicht besuchen, sie umarmen, wie Jesus uns das in der Geschichte vom verlorenen Sohn erzählt?"

Er antwortete: „Jawohl[41]."

Und ich fragte ihn nochmals: „Kann ich auf Ihre Anwesenheit unter den Frauen und Männern der Fazenda zählen?"

Und er antwortete: „Jawohl."

Ich flog zurück nach Brasilien, glaubte an das Wort des Papstes und begann alles zu tun, was getan werden musste, um so einen Besuch vorzubereiten. Wir bauten und gaben Geld aus, das wir gar nicht hatten. Wir entschieden uns, eine Kirche zu bauen, wir renovierten Gebäude, pflasterten Wege etc. Wir bereiteten uns vor, als hätten wir schon die offizielle Entscheidung des Papstes erhalten. Doch das ist noch mal eine ganz andere Geschichte. Nach einiger Zeit bekamen wir die offizielle Bestätigung, dass der Papst uns tatsächlich besuchen werde, und Gott sei Dank waren wir zu diesem Zeitpunkt mit allen Vorbereitungen schon weit fortgeschritten.

Der Tag des Besuches war unbeschreiblich. Die Gegenwart all unserer jungen Leute aller Höfe aus der ganzen Welt schaffte eine festliche Atmosphäre voller Freude und natürlich auch voller Erwartungen. Es war ein zutiefst göttlicher Moment, gleichzeitig aber auch dank des Papstes in seiner Einfachheit und dank seiner demütigen Person ein ganz menschlicher.

Die Gruppe, die für die Sicherheit des Papstes zuständig war, hatte uns einige Tage vor dem Besuch gesagt, dass der Papst die Bühne nicht verlassen werde. Unser Wunsch und natürlich auch der der Jugendlichen war es, Begegnungsmöglichkeiten zu

---

41 Aus der Antwort des Papstes „Jawohl" ist ein Buch der Fazenda mit selbigem Titel entstanden. Es erzählt die außerordentliche Beziehung der Fazenda da Esperança mit Papst Benedikt XVI. Alle Briefwechsel, Ansprachen und Impulse des Papstes sind darin enthalten. Das Buch erschien im Verlag Esperança in Brasilien und in spanischer Übersetzung.

schaffen. Es wurde uns untersagt. Ich versuchte auf jegliche Art zu argumentieren, aber die Antwort war immer „Nein". Es hatten sich ein General der Luftwaffe, jemand vom Militär und ein Verantwortlicher des Außenministeriums versammelt und alle sagten Nein. Nein, nein und nochmals nein. Und sie drohten sogar: „Sollte der Papst doch von der Bühne gehen, werden wir ihn isolieren, damit ihn niemand berührt. Die Sicherheit des Papstes ist unsere Aufgabe."

Ich sagte zu ihnen: „Alles klar, ich weiß, dass Sie nichts vom Papst verstehen, aber Sie sitzen am längeren Hebel. Was sollte ich schon tun?" Mich zerriss es innerlich, denn die Jugendlichen hatten den tiefen Wunsch, dem Papst zu begegnen. Sie hatten ein Jahr lang dafür gebetet, sich mit Papst Benedikt XVI. treffen zu können.

Nachdem der Papst angekommen und den Klarissen begegnet war, nahm ich ihn beiseite und sagte auf Deutsch, sodass es niemand im Umfeld verstand: „Heiliger Vater, ich habe ein Problem."

Er fragte mich: „Welches?"

Und ich sagte: „Die jungen Leute der Fazendas haben ein Jahr für diesen Moment Ihres Besuches gebetet. Sie warten auf Ihre väterliche Umarmung, darauf, dass Sie die Bühne hinuntergehen und Sie Ihnen die Würde zurückgeben, wie es der barmherzige Vater getan hat."

„Ja, wir gehen zusammen."

Und ich sagte zu ihm: „Aber die Sicherheitsleute verbieten das."

Er beendete das Gespräch mit den Worten: „Die übertreiben immer. Zusammen gehen wir; wir gehen."

Diese menschliche Seite an ihm zu erfahren, machte mich sehr froh. Ich nahm das Mikrofon und moderierte diese wunderbare Begegnung. Die einzelnen Ehrengäste rief ich auf die

Bühne, wie zum Beispiel die Gruppe aus Afrika mit ihrem Bischof, Padre Haroldo SJ und den Paderborner Weihbischof Grothe. Einer Gruppe von Kindern überreichte der Papst zusammen mit dem Präsidenten des Kindermissionswerk Sternsinger Aktion und von „Kirche in Not" die Kinderbibel. Ein wunderschönes, unvergessliches Foto entstand, auf dem der Papst diese fünf Kinder umarmt! Alles verlief in Harmonie und der Papst war glücklich.

Als wir dann von der Bühne heruntergingen, konnten die Sicherheitsleute nichts machen; so war dieses Fest einfach! So hatte ich es mir vorgestellt: überschäumende brasilianische Freude, tränenüberströmte Gesichter der verlorenen Töchter und Söhne, die dem barmherzigen Vater begegneten. Diese Fotos gingen um die Welt.

Jedes Mal, wenn wir uns nach diesem Fest mit Papst Benedikt trafen – es waren viele Male –, erinnerte er sich immer an die Begegnungen mit den Jugendlichen. Er war sehr tief von dieser Atmosphäre berührt, von dieser Begegnung; es war ein historischer Moment.

Beim Jahresrückblick, den der Papst immer vor den Kardinälen hält, sprach er ausführlich über den Besuch auf der Fazenda und reflektierte in großartiger Weise diese Begegnung.

Der Papstbesuch machte die Fazenda da Esperança weltweit bekannt. Zu jenem Zeitpunkt hatten wir 43 Fazendas und schon nach kurzer Zeit hatte sich diese Zahl mehr als verdoppelt: Heute haben wir mehr als 160. Gott nutzte diesen Besuch, damit sich die Fazendas ausbreiteten und die ganze Welt erreichten und so immer mehr junge Menschen wieder Hoffnung fanden.

Man kann sich gar nicht vorstellen, was es bedeutet, einen Papstbesuch vorzubereiten. Es dauerte Monate. Jeden Tag, ohne Ausnahme, kamen Journalisten aus der ganzen Welt. Es war eine unglaubliche Sache. Der Besuch prägt unsere Geschichte bis heute! Uns wurden viele Fazendas geschenkt und die Menschen sagten uns: „Ich habe den Besuch des Papstes auf der Fazenda gesehen." Viele Bischöfe der ganzen Welt sagten: „Ah, ich habe den Papstbesuch über das Fernsehen verfolgt." Und es nahmen auch sehr viele Politiker an dem Besuch teil. Es war fantastisch!

Salopp gesagt könnte man den Besuch als „Trick Gottes" bezeichnen, um das Charisma der Hoffnung bekannt zu machen und in die Welt zu tragen. Eines wurde uns immer bewusster: „Wir sind im Herzen der Kirche angekommen." Auch verstanden wir, dass dieses Charisma nicht nur Drogenabhängigen und Alkoholikern gilt, sondern es soll allen Menschen Hoffnung bringen. Deswegen steht das Werk der Fazenda noch am Anfang, es ist jung und wird noch viel wachsen. Wir müssen wachsen, denn die Probleme sind groß.

Viele in dieser Welt sind verzweifelt, nicht nur die jungen Leute, sondern auch die Erwachsenen und selbst Priester und Ordensleute. Die Hoffnung, die Gott ist, muss in den Herzen der Menschheit ankommen.

Was den Besuch des Papstes Benedikt XVI. angeht, war einer deiner Wünsche, dem brasilianischen Volk, der brasilianischen Kirche zu zeigen, dass derjenige, der Brasilien besuchte, nicht mehr der Kardinal Ratzinger war, dessen vorherige Funktion darin bestand, die Befreiungstheologie zu reglementieren, zu korrigieren. Jetzt füllte er eine neue Rolle in der Kirche aus, ein neues Amt: „Hirte zu sein, der Vater zu sein, der liebevoll auf seine Töchter und Söhne zugeht". Glaubst du, es ist gelungen, dieses Bild zu vermitteln und die Sicht auf ihn zu verändern?

Ich kannte Joseph Ratzinger nicht persönlich. Es gab lediglich während meiner Studentenzeit eine kurze Begegnung auf dem Petersplatz. Ich stellte mich damals vor und sagte: „Ich bin ein Deutscher, der in Brasilien, in Petrópolis, bei Leonardo Boff[42] studiert." Er stellte mir einige Fragen, die mich schon zu jener Zeit überraschten, und sagte dann: „Helfen Sie mir, Ihren Mitbruder zu verstehen." Ich sah seine Liebe, wie sehr er verstehen wollte, und mit seiner ruhigen, lieblichen Stimme erklärte er mir die Probleme. Wir unterhielten uns lange und es war das einzige Mal, das ich ihn traf, bevor er Papst wurde. Er begegnete mir mit seiner einfachen, bescheidenen und tief von seinem Intellekt durchdrungenen Art.

Ich erinnere mich, dass wir bereits als Studenten in Deutschland nach dem Konzil begeistert alle Dokumente lasen, die Joseph Ratzinger veröffentlichte. Es gab keine Universität, die ausreichend große Hörsäle für die Zahl der Studierenden hatte, die ihn hören wollten. Oftmals setzten sie sich auf die Treppen und hörten durch ein kleines Radio die Vorträge dieses besonderen Professors, durch den man die Weisheit berührte!

Durch die Auseinandersetzung mit der Befreiungstheologie als Präfekt der Glaubenskongregation wurde hier in Brasilien ein sehr negatives Bild von Papst Benedikt XVI. gezeichnet, das so nicht stimmte. Ich litt darunter, weil ich immer den Wunsch nach Wahrheit hatte. Für mich war es immer wichtig, dass die Wahrheit gesagt wurde, und ich wünschte mir, die Menschen könnten erleben, dass er nicht dieser „harte Typ" war, sondern in seiner Art ein feiner und taktvoller Mensch.

---

42 Leonardo Boff (*1938), Pseudonym für Genézio Darci Boff, ist brasilianischer Theologe, Schriftsteller, Philosoph und Universitätsprofessor, international bekannt durch die Verteidigung der Rechte der Armen und Ausgeschlossenen.

Als Joseph Ratzinger Professor in Münster war, hatte er einen Berater, der ein bisschen hart war. Ratzinger schaffte es nicht, ihn zu entlassen. Also bat er um seine Versetzung an eine andere Universität und ging nach Tübingen.

Er war auch als Papst taktvoll, niemals hart. Deswegen sind viele Dinge passiert – Dinge, die nicht mal er sich vorstellen konnte. Seine Gutmütigkeit ist sehr groß. Bei uns auf der Fazenda konnte er sich als dieser „barmherzige Vater" zeigen und der Blick auf ihn veränderte sich dadurch. Das machte mich glücklich, denn ich wollte immer, dass die Menschen ihn so sahen, wie er wirklich ist: ein großer Papst, der in die Geschichte eingehen wird.

Die Demut von Papst Benedikt XVI. hatte mit seinem Rücktritt ihren Höhepunkt. Seit über 500 Jahren war kein Papst mehr zurückgetreten. Er musste sehr demütig sein, um mit all seiner Weisheit noch die Kraft zu haben, diesen Schritt zu machen.

Schauen wir uns die Heilige Dreifaltigkeit an: der Vater, der immer gegenwärtig ist, der Schöpfer ist, der behütet. Der Sohn, in dem uns der menschgewordene Gott in Jesus Christus begegnet. Der Heilige Geist, der Paraklet[43], die Dynamik, die alles neu macht. Welche der drei Personen der Dreifaltigkeit steht dir am nächsten? Mit welcher der drei Personen hast du den engsten Kontakt? Und hat sich das im Laufe deines Lebens, seit deiner Kindheit bzw. Jugendzeit, gewandelt?

---

43 Paraklet (griechisch: παράκλητος – paráklētos; lateinisch: paracletus) bedeutet „derjenige, der beruhigt oder tröstet; derjenige, der ermutigt und wiederbelebt; derjenige, der wiederaufleben lässt; derjenige, der für uns eintritt wie ein Verteidiger in einem Gericht". Im Christentum wird der Begriff für den Heiligen Geist verwendet. Der Begriff war Objekt einer langen Debatte zwischen den Theologen mit unterschiedlichsten Theorien.

Ohne Zweifel! Als ich Kind war, mochte ich Jesus sehr gerne. Meine Mutter erzählte mir von ihm, ich hörte von ihm in der Katechese, in den Geschichten. In all dem erschien Jesus so konkret.

Als ich älter wurde, habe ich den Vater als wichtige Person erfahren. Sicher half dabei mein eigener Vater, der ein sehr guter Vater war. Vater kümmerte sich sehr um uns, zog uns groß, war ein Vorbild für uns. Das war sehr wichtig für mich, sicher auch im Hinblick auf mein Gottesbild.

Später als junger Priester gab es eine Phase, in der der Heilige Geist einen ganz besonderen Platz in meinem Leben hatte, besonders seit der Entstehung der charismatischen Erneuerung in Brasilien.

Wenn man mich heute fragt, so erlebe ich es so, dass eine der Personen der Dreifaltigkeit nicht ohne den anderen existieren kann. Diese Art der Beziehung zwischen dem Vater, Sohn und Heiligen Geist ist es, die mich begeistert und die ich versuche, heute ganz konkret zu leben. Manchmal muss ich die Rolle des Vaters übernehmen, andere Male bin ich Sohn und dann wieder muss ich mich auf eher stille Art als Instrument für die Einheit zur Verfügung stellen. Deswegen ist heute mein Leben ein trinitarisches Leben, denn unser aller Leben ist Gemeinschaft und diese Gemeinschaft soll eine trinitarische Dimension haben.

Ich finde es sehr schön, wenn ich zum Beispiel bei einer Versammlung, bei der ich die Leitung inne habe, die Rolle des Vaters einnehme, Entscheidungen treffe und oftmals das letzte Wort spreche. In vielen anderen Gelegenheiten bin ich Sohn, wie es bei den Versammlungen mit der Kirche der Fall ist, mit den Bischöfen oder mit anderen Personen, denen ich zuhöre, denen ich folge. In anderen Situationen übernehme ich eher die Rolle des Heiligen Geistes, der vereint, der versöhnt, der heiligt, der dem anderen hilft, weiterzugehen und Schritte zu machen.

Für mich ist heute das trinitarische Leben – dieses Leben in Beziehung – grundlegend. Wenn die Kirche heutzutage viele Probleme hat, Ordensgemeinschaften eine Krise haben oder viele das geistliche Leben aufgeben, dann ist aus meiner Sicht die fehlende Beziehung der Grund dafür. Sie leben nicht den Geist der Dreifaltigkeit.

Lass uns über das Beten reden. Du betest ja viel; gibt es ein Gebet, das du sehr magst und das dich begleitet, zum Beispiel beim Aufstehen oder beim Schlafengehen? Hast du ein bestimmtes Ritual?

Ja. Jeden Morgen beten wir den Rosenkranz, machen eine Betrachtung zum Tagesevangelium oder zur Lesung und lesen den Kommentar des täglichen Wortes, wie es auf allen Höfen der Hoffnung geschieht. Dann feiern wir täglich die Messe, entweder in unserer Hauskapelle oder auf einem der Höfe.

Ich persönlich bin ständig mit Gott im Gespräch. Ich weiß nicht, wie ich das erklären soll. Ich habe zum Beispiel Schwierigkeiten, allein das Brevier[44] zu beten. Das Stundengebet ist für die Gemeinschaft gemacht. Ich mag es, das Stundengebet gemeinsam mit anderen Brüdern zu beten, und tue es dann auch mit Freude, aber allein unterhalte ich mich mit Gott eher direkt und spontan. Wenn ich morgens aufwache, bedanke mich sofort für die gute Nacht, und während ich dusche, danke ich Gott für die Möglichkeit, Wasser zu haben. Alles erfreut mich; ich danke Gott für das Leben, für die Gesundheit und dass es mir gut geht.

Unablässig frage ich ihn: „Gott, was möchtest du heute von mir? Was kann ich heute für dich tun? Wie?" Diese Fragen stelle

---

44 Officium Divinum oder das Stundengebet ist Teil der Liturgie der Katholischen Kirche.

ich Gott öfter am Tag. Gerade während dieses Interviews habe ich gebetet: „Gott, was möchtest du, dass ich sage? Hilf mir, bleibe bei mir, denn ich möchte nicht von ‚meinem' Leben sprechen oder von ‚meinen' Ideen, sondern sagen, was du denkst."

Demzufolge ist Gott für mich ein Freund, der mich begleitet, mit dem ich zusammenlebe, mit dem ich mich verständige, an den ich mich wende, vor allem in schwierigen Momenten, in denen ich wichtige Entscheidungen treffen muss. Ich frage ihn in der Stille: „Was möchtest du? Was würdest du an meiner Stelle sagen?" Ich weiß nicht, wie ich das besser erklären soll.

Der Höhepunkt am Tag ist die Messe. Ich werde nicht müde, die Messe zu feiern, ich versuche immer Zeit zu haben, um mich mit Gott zu unterhalten. Wenn ich den Altar küsse, sage ich: „Ich bin hier, um dich zu lieben." Ich mache mir nicht so viele Gedanken um die Menschen, sondern darum, ihn zu lieben, und ich bitte Gott immer, dass er diese Menschen liebt, sodass auch er in der Messe sichtbar wird und dass alle seine göttliche Gegenwart spüren. Und wenn er gegenwärtig ist, spüre ich oft stark seine Gegenwart. Manchmal kommen mir sogar die Tränen und die Emotionen überwältigen mich. Gottes Gegenwärtigkeit ist das Einzige, was mich auf diese Weise berührt. Manchmal ist es schwer, die Tränen zurückzuhalten, denn es ist so ein besonderer Moment, wenn er unter uns ist!

Was bedeutet es für dich heute, „Kirche zu sein"?

Für mich ist Kirche nicht das Gebäude, es geht nicht um die Strukturen. Kirche ist die Botschaft, die Jesus gebracht hat: das Wort zu leben und wirklich diese Liebe zu sein. Es geht darum, sein Leben für den anderen hinzugeben.

Kirche zu sein bedeutet, Jesus in jedem Menschen zu sehen, daran zu glauben, dass Jesus für uns gestorben ist, dass er alle liebt und dass wir darum kämpfen sollten, dasselbe zu tun.

Die Kirche ist ein Lebensstil, der über alle Strukturen, Gebäude etc. hinausgeht. In der Kirche gibt es den Papst, die Bischöfe, die Diözesen, die Gemeinden, es existiert eine Struktur. Dennoch ist Gottes Kirche viel mehr als all das. Sie ist Leben; Kirche zu sein bedeutet, Jünger Jesu zu sein, so zu leben, wie er gelebt hat.

Es ist beeindruckend zu sehen, wie du kämpfst, träumst und für die Einheit lebst. Dein Wunsch nach Einheit ist durch die Fokolar-Bewegung entstanden. Es geht um Einheit innerhalb der Gemeinschaft der Familie der Hoffnung, Einheit innerhalb der katholischen Kirche und der Konfessionen, zwischen den verschiedenen Charismen und um das Streben nach Einheit mit allen Menschen. Einheit ist der Wunsch Jesu. In seinem hohepriesterlichen Gebet drückt er es so aus: „Alle sollen eins sein, (…) damit die Welt glaubt" (Johannes 17,21). Ein Ausdruck dieses Lebens der Einheit in der katholischen Kirche ist ein Stück Land in Fortaleza, im Nordosten Brasiliens. Es heißt im Portugiesischen „Condomínio Espiritual Uirapuru"[45]. Die Anfangsbuchstaben CEU bedeuten im Portugiesischen so viel wie „Himmel". Dieses Projekt ist etwas Einzigartiges auf der Welt, tatsächlich ein Stück Himmel, und du hast eine Schlüsselrolle in diesem Projekt. Wie fing dieses

---

45 Condomínio Espiritual Uirapuru (CEU) ist ein geistliches Dorf Uirapuru, das im Jahr 2000 durch den Traum ins Leben gerufen wurde, im Herzen der Millionenstadt Fortaleza ein sichtbares Zeichen der Gegenwart Gottes zu setzten. Dieser Traum begann mit der Schenkung der Fazenda Uirapuru durch die Familie Craveiro de Macêdo an die Fazenda da Esperança. Das Zeugnis der Einheit in der Vielfalt der Charismen macht aus CEU ein weltweit einzigartiges Projekt (https://ceufortaleza.org.br und institutionelles Video: https://youtu.be/jds-Z40Stf8).

Projekt an und wie wichtig war die großzügige Schenkung der Familie Macêdo?

Wenn ich zurückschaue, sehe ich, wie Gott eine einzigartige Art hat, die Dinge so geschehen zu lassen, wie er es möchte.

In diesem Fall nahm alles seinen Anfang mit einem Fernsehinterview. Nelson und ich gaben es dem Bischof Antônio Mucciolo[46]. Er moderierte eine Sendung, die sich *Frente a Frente* („Von Angesicht zu Angesicht") nannte, und lud uns zu einem Interview ein, bei dem er viele Fragen stellte. Wir erzählten ein bisschen über die Fazenda da Esperança.

Kurze Zeit später besuchte uns ein Herr namens Alexandre[47], der sagte, dass seine Mutter gerne mit uns in Fortaleza sprechen würde. Daraufhin gab er uns zwei Flugtickets, damit wir dorthin kämen. Wir flogen nach Fortaleza und trafen uns mit Luce Macêdo, der Witwe des Unternehmers Benedito Macêdo. Sie zeigte uns ein Landgut, das 110 Hektar groß war und mitten im geografischen Zentrum der Stadt lag, neben dem Flughafen und dem Fußballstadion Castelão. Das Grundstück hatte einen sehr hohen Wert und lag an einem sehr zentralen Ort. Ich dachte: „Hier kann man keine Kühe weiden lassen, hier kann auch keine Fazenda entstehen mit jungen Leuten, die von den Drogen loskommen wollen. Drum herum gibt es viele Häuser und es liegt mitten in der Metropole. Was willst du damit machen, Gott?"

Während wir in Fortaleza waren, lud uns der Ministerpräsident des Bundeslandes ein und bot uns ein Landgut an, das eine

---

46 Dom Antônio Maria Mucciolo (1929–2012), von 1977 bis 1989 Bischof von Barretos (São Paulo, Brasilien) und von 1989 bis 2000 Erzbischof von Botucatu, war ein bekannter Kommentator und Begründer der Rede Vida des Fernsehens gemeinsam mit João Monteiro de Barros Filho. Er führte das Amt des Präsidenten von Rede Vida seit seiner Gründung aus und bewahrte sich ein Interviewprogramm namens Frente a Frente com Dom Antônio („Von Angesicht zu Angesicht mit Bischof Antônio").

47 Alexandre Craveiro de Macêdo aus Fortaleza.

Agrarschule war. Es stand leer und dort war alles bereit, um eine Fazenda da Esperança aufzubauen. Also fingen wir an.

Aber Luce Macêdo war damit nicht zufrieden. Sie rief uns wieder an und sagte: „Ich war es, die euch nach Fortaleza eingeladen hat, nicht der Ministerpräsident. Ich möchte, dass ihr hier die Verantwortung übernehmt. Als ich euch im Fernsehen sprechen hörte, wurde mein Herz so tief berührt und ich spürte, dass Gott möchte, dass ihr die Verantwortung für diesen Ort übernehmt."

Bevor Luce Macêdo diese Bitte ausgesprochen hatte, ging mir der Gedanke durch den Kopf: „Wenn Gott will, wird er einen Plan haben. Welcher ist der Plan Gottes?"

Wir luden ein paar andere Personen ein, um gemeinsam über dieses „Projekt Gottes" zu meditieren. Es kamen einige Gründer von Gemeinschaften mit mir und dem Bischof von Fortaleza zusammen: Moisés von der Gemeinschaft Shalom, Pater Jonas von Canção Nova, Pater Renato vom Casa do Menor und der Erzbischof José Antônio Aparecido Tosi Marques von Fortaleza. Gemeinsam überlegten wir und sprachen darüber, was der Plan Gottes für diesen Ort sein könnte. Wir spürten, dass an diesem Platz sozusagen eine „geistige Lunge" für die ganze Stadt entstehen könnte. Zu diesem Zeitpunkt gab es schon ein Karmel, die Benediktinerinnen und das Kloster der Dorotheenschwestern. Alle gemeinsam trafen wir die Entscheidung, einen geistlichen Ort entstehen zu lassen, der wie ein Dorf mit verschiedenen Gemeinschaften von Menschen, die für Gott lebten, sein sollte. Wir teilten das Land in kleinere Grundstücke auf, es entstand ein Haus für Aidskranke, eines für junge Frauen, die einen Weg aus der Prostitution finden wollten, ein Haus für ehemalige Strafgefangene, ein Haus, in dem sich die Mitarbeiter um Kinder kümmerten, und viele andere Charismen. Heute hat jeder seinen Platz und es sind viele Gemeinschaften, die versuchen, gemeinsam dort zu leben wie die ersten Christen, die alles gemeinsam hatten. Es ist wirklich etwas sehr Schönes, etwas Prophetisches, eine neue Form, Kirche zu leben. Heute sind es 23 Gemeinschaften, Charismen und Institutionen.

Gemeinsam haben wir eine sehr schöne Kirche gebaut. Wir wollten eine Kirche, die das Zentrum der Einheit für alle ist, sie sollte aber auch offen für alle Menschen sein, für die Personen von außerhalb, damit sie hierhin kommen und beten können. Wir wollten nichts Geschlossenes, sondern etwas Offenes.

Dieser Ort ist inzwischen in ganz Brasilien bekannt geworden. Wenn zum Beispiel die Gemeinschaft *Shalom* ihren jährlichen Event *HALLELUYA*[48] veranstaltet, kommt eine beeindruckende Menge an Menschen! Die Stadt wird präsent an diesem Ort und so versuchen wir zu bezeugen, was es bedeutet, Christ zu sein, Katholik zu sein, Bürger zu sein.

Diese Öffnung für alle zieht auch Menschen aus verschiedenen Ländern an: Aus Rom sind schon verschiedene Kardinäle gekommen, um uns zu besuchen, der Nuntius und verschiedene Bischöfe haben ebenfalls unsere Gemeinschaft besucht. Alle drücken Freude und Bewunderung aus, weil sie sehen, dass es möglich ist, mit unterschiedlichen Gemeinschaften und Charismen zusammenzuleben und Zeugnis von der Liebe, die Gott auf die Erde gebracht hat, zu geben.

Aber natürlich ist es nicht immer so harmonisch! Wie kann man die Einheit aufbauen? Sogar innerhalb einer Gemeinschaft ist dies schwierig. Und wie schwer ist es erst, eine solche Einheit aufzubauen zwischen Menschen, die so verschiedene Wurzeln

---

48 Es ist eines der größten Festivals in Brasilien. Es bringt nationale und internationale katholische Künstler zusammen und die Veranstaltung wird von der katholischen Gemeinschaft Shalom durchgeführt und bietet eine Begegnung mit der Person des auferstandenen Jesus Christus durch Kunst, Sport und Unterhaltung an.

und Charismen haben. Jeder Einzelne muss zuerst auf den Kern seiner eigenen Berufung stoßen. Unser aller Berufung ist es, zu lieben. Wir haben die Möglichkeit, das Kreuz zu umarmen, wenn es schwierig wird, und das Kreuz ist Jesus selbst.

Wenn man diese Leidenschaft für den verlassenen Jesus lebt, schafft man es auch, für den anderen zu leben, den anderen zu umarmen und nicht zu verlangen, dass er perfekt sein muss. Es ist eine Übung, den anderen er selbst sein zu lassen und ihn einfach zu lieben, weil er die Gegenwart Jesu ist.

Wichtig ist, dass jede und jeder täglich zu seinem innersten Kern durchstößt. Nur diese tiefe Wirklichkeit schafft es, uns zu einen und vereint zu lassen. Wenn wir im Oberflächlichen bleiben, dann achten wir darauf, was der andere anzieht, was er macht oder welchen Lebensstil er hat. Dann werden wir tausend Fehler finden und unser Zusammenleben wird schwerer und schwerer. Aber wenn wir verstehen, dass wir alle dieselbe Berufung haben – die Kreuze der Menschheit zu umarmen und den Schmerz in Liebe zu verwandeln –, und wenn wir uns daran erinnern, dass wir dieselbe Mission haben, nämlich Jesus im anderen zu sehen, dann wird Zusammenleben möglich. Geben wir dem, was keinen Wert hat, nicht zu viel Beachtung.

Bei den Einkehrtagen des CEU ist es sehr schön zu sehen, wie wir immer neu miteinander anfangen, den anderen mit neuen Augen zu sehen, und dann weitergehen, Neuland unter den Pflug nehmen. Manchmal dachte ich schon, ob das alles so richtig war, was wir da gemacht haben. Aber wenn ich dann an den Beginn denke, an die Landschenkung, daran, wie ein um die andere Gruppierung hinzugekommen ist, an all die Freude, an die Früchte, die entstanden sind, dann denke ich: Das Einzige, was zählt, ist, dass wir Jesu Gegenwart unter uns haben, und er wird uns helfen, immer voranzugehen, der Einheit entgegen.

CEU ist heute ein großer Leuchtturm für die brasilianische Kirche.

Vielleicht ist dies auch eine Vision von Kirche: Einheit in Vielfalt. Denkst du, dass vielleicht an anderen Orten auch Gemeinschaften ähnlich wie der CEU entstehen könnten, sogar mit ökumenischem Charakter oder mit anderen Religionen?

Es wäre sehr gut, wenn so etwas geschehen würde. Ich spüre, dass die heutige Welt sichtbare Orte braucht, wo Menschen hinkommen können und sagen: „Seht, wie sie einander lieben." Und sie werden diese Art zu leben verstehen.

Die neuen Gemeinschaften, die Bewegungen, die Gott hervorgebracht hat, haben alle ihre Zentren. Doch dort ist jeder für sich. Die Fokolar-Bewegung hat in der ganzen Welt ihre Siedlungen; Gemeinschaften wie Novo Horizonte, die Gemeinschaft Emanuel, Shalom und viel andere mehr haben ebenfalls diese Orte. Es sind schöne Orte, besondere Orte, und auch dort erfährt man, wie Menschen im Geiste Jesu zusammenleben können.

Im CEU in Fortaleza haben wir etwas ganz Besonderes. Alte und neue Charismen gehen hier gemeinsam einen Weg. Sicher ist es eine größere Herausforderung, aber ich träume davon, dass es in Zukunft überall auf der Welt solche Orte gibt. Orte, wo man zusammen lebt und lernt, zusammenzuleben. Denn es ist ja heute schwieriger denn je, als Christ zu leben. Es heißt ja, in der Welt zu sein, ohne von der Welt zu sein (vgl. Johannes 17,11-19). Man muss heute sehr vereint sein; es ist notwendig, Gemeinschaft zu haben, allein ist es sehr schwierig. Wenn wir wieder lernen, miteinander zu leben, wird das Leben in Gemeinschaft die Lösung für viele unserer Fragen und Probleme sein. Das Leben der Kirche hat mehr Kraft, leuchtet mehr und wird wieder anerkannt, wenn wir wirklich als Jünger Jesu leben und uns einander lieben (vgl. Johannes 13,35). Wir sollten auf der Erde schon wie im Himmel leben und müssen diese Orte hervorbringen, sie anderen Menschen zeigen und sie einladen, Gott zu erfahren.

Guaratinguetá

Dein Leben als Pfarrer der Gemeinde Nossa Senhora da Glória in Guaratinguetá von 1979 bis 1991 beinhaltet eine Fülle an Erfahrungen. Damals entstanden Freundschaften, die bis heute andauern, und du hast viele Projekte angestoßen. Dennoch wurdest du in dieser Zeit auch bestohlen und verleumdet. Wenn du auf diese Zeit zurückblickst, gibt es trotzdem Dinge, über die du dich freust? Was würdest du gerne den Priestern sagen, die heute in den Pfarreien leben und in Gemeinden Dienst tun?

Alles, an was ich mich bezüglich der Pfarrei erinnere, erfüllt mich mit großer Freude und innerer Genugtuung. Es war Gottes Güte, dass ich dort arbeiten durfte. Eigentlich wollte ich nicht in den Südosten Brasiliens gehen. Das war mir zu europäisch. Als mein Provinzial uns junge Priester fragte, wo wir arbeiten wollten, sagte ich ihm, dass es mein Traum sei, in Rio de Janeiro zu bleiben oder in den Nordosten zu gehen. Er antwortete mir: „Ich verstehe, dass du das Herz eines Missionars hast. Du wünschst dir den Gegensatz zu dem, was du in Deutschland hattest, und der Süden Brasiliens ähnelt Europa. Mache dir keine Sorgen, ich brauche Brüder im Raum Rio de Janeiro."

Mir ging es sehr gut in der Pastoral in Realengo[49], wo ich an den Wochenenden arbeitete. Ich war begeistert von diesen Menschen aus Rio genauso wie von dem Chaos dieser Stadt. Es gefiel mir einfach.

Der Provinzial jedoch wurde nach Rom gerufen, um am Generalkapitel teilzunehmen, und sein Stellvertreter übernahm die Provinz. Da ein Mitbruder in Guaratinguetá erkrankt war, schrieb er mir einen Brief, in dem stand, dass ich aus der Not heraus dorthin versetzt wurde. Ich sollte so schnell wie möglich kommen, denn um die Gesundheit des Pfarrers war es sehr schlecht bestellt. Ohne mit mir zu sprechen, ohne es gemeinsam zu überlegen, war ich versetzt worden. Ich verstand nichts mehr und fragte mich, wie so etwas möglich war. Das war einfach respektlos. Der Provinzial hatte es mir versprochen. Was mich rettete, war ein Wort aus dem Evangelium: *„Wer euch hört, der hört mich"* (Lukas 10,16). Jesus sagte damals dieses Wort zu seinen Jüngern, die von seiner Gnade, von ihm als „Vorgesetzten" abhängig waren. Jetzt war ich derjenige, der durch den Stellvertreter des Provinzials aufgefordert war, zu hören. Er hatte die Gnade. Ihm war sie in Abwesenheit des Provinzials übergeben worden. Innerlich war mir das klar. Trotzdem ging ich unter Tränen nach Guaratinguetá. Und wieder einmal war es so, dass Gott die Dinge besser einfädeln kann als wir Menschen. Er sieht weiter, tiefer und klarer. Meine Sicht war begrenzt. Gottes Plan war ein anderer.

In meiner neuen Gemeinde in Guaratinguetá traf ich auf aufgeweckte junge Leute. Unter ihnen waren Nelson, Iraci und so viele andere. Ich hatte viele Gelegenheiten, konkret die Liebe zu leben. Es war meine erste Gemeinde, aber selbst ohne große pastorale Erfahrung konnte ich das Evangelium leben. Sonntags in der Predigt erzählte ich von meinen Erfahrungen

49 Realengo ist ein Stadtteil von Rio de Janeiro.

mit dem Wort Gottes und lud die Menschen ein, ebenso das Evangelium zu leben. Es passierten so viele Dinge, die menschlich gesehen negativ waren, und dennoch verwandelten sie sich in Positives. Selbst bei schwierigen Angelegenheiten wie Unverständnis, Verleumdung oder Diebstahl, der mich persönlich traf, gab es doch immer Chancen, um die echte Liebe Jesu zu praktizieren.

Mein Unfall[50] war nur eine weitere Chance, zu lieben und das Evangelium zu leben. Die Menschen erkannten dies und nahmen immer mehr Anteil an diesem neuen Leben. Das war die Basis, damit in dieser Stadt und in dieser Gemeinde die Fazenda da Esperança und später das Charisma der Hoffnung entstehen konnte. Heute sind die Fazendas in der ganzen Welt verbreitet. Viele Gemeindemitglieder machten mit und sind heute in unterschiedlichen Ländern der Welt tätig, auf den Philippinen, in Deutschland, in Afrika, in Italien, in Latein- und Mittelamerika. Sechsundzwanzig junge Menschen aus der Pfarrei stellten sich ganz in die Nachfolge Jesu im zölibatären Leben.

Ich danke Gott für diese Zeit. Es waren zwölf Jahre, in denen viele Dinge realisiert werden konnten, und ich sehr glücklich war. Ich konnte viele junge Leute in mein Pfarrhaus aufnehmen, denn ich hatte verstanden, dass die Kirche offen sein muss. Ich durfte mich nicht im Pfarrhaus verkriechen. Junge Leute aus Europa und anderen Teilen der Welt arbeiteten als freiwillige Helfer mit. Wir lebten zusammen und viele fanden ihre Berufung. Einer von ihnen war Johannes Bahlmann, heute Bischof Bernardo[51]. Viele

---

50 Mit dem Unfall meint Frei Hans einen schweren Verkehrsunfall, der 1997 passierte. Er erzählt im Buch *Wir haben einfach angefangen und es hat sich ausgebreitet* davon. Dieses Buch ist in deutscher Übersetzung auf den Höfen der Hoffnung im deutschsprachigen Raum erhältlich.
51 Dom Bernardo Johannes Bahlmann, OFM (*1960 in Viskbek, Kreis Vechta), ist seit 2009 Bischof von Óbidos (Para) in Brasilien.

andere sind heute verheiratet oder leben als Fokolare oder Ordensleute. Was für eine Freude war diese Zeit.

Ich sprach mit den Menschen nicht über Berufung oder machte Berufungspastoral. Ich sagte: „Wir müssen das Evangelium leben, die Liebe leben" und lud die jungen Menschen und alle anderen Gemeindemitglieder ein, dies konkret zu tun. Wir besuchten Arme, nahmen verlassene Kinder auf und versuchten, alles, was wir taten, mit dieser Haltung der Liebe zu tun. Dabei wurde mir neuerlich klar, dass das stimmt, was Jesus sagt: *„Wer mich liebt, dem werde ich mich offenbaren"* (vgl. Johannes 14,21). Vielen dieser jungen Menschen wie Nelson oder Iraci, die liebten, hat Gott sich offenbart und sie zu einem neuen Charisma berufen, das sich heute in der Welt verbreitet.

Nun zum anderen Teil deiner Frage. Das Erste, was ich einem jungen Priester sagen würde, ist: „Werde nicht zum Eigentümer der Pfarrgemeinde. Lass Gott wirklich Gott sein. Liebe die Menschen in der Gemeinde. Lebe ruhig und gelassen. Halte dich nicht für jemand Besseren. Sei ein Mensch unter Menschen. Sei human. Nimm teil am Leid und an der Freude der Menschen. Besuche die Kranken. Geh zu den Beerdigungen. Lebe den Glauben, lebe das Wort der Heiligen Schrift und teile mit den Menschen dein Leben. Es ist nicht schwer, Pfarrer zu sein – im Gegenteil, wenn du echtes Menschsein lebst, sind die Leute glücklich, dankbar und nehmen teil am Leben der Gemeinde. Mach aus der Liturgie kein Theater, sondern lass die Liturgie zu einer Begegnung mit Gott werden. Lass jede Messe zu einer echten Begegnung mit dem großen Geheimnis der Erlösung werden, mit Gott selbst, der zur Nahrung wird. Nimm an allem teil und zelebriere in Einfachheit."

Sind wir nicht alle Geschwister? Wenn das nicht stimmt, können wir das Vaterunser nicht beten, ohne zu lügen. Wir sollten nicht denken, dass wir besser sind, sondern im Gegenteil: Wer dazu berufen ist, Priester zu sein, hat die Berufung, alle zu lieben, ohne Ausnahme. Deswegen ist es wichtig, einfach zu leben. Es ist nicht schwer, Pfarrer zu sein, es ist sehr einfach – es reicht, zu lieben.

In den letzten Monaten haben hier in Guaratinguetá, wo du den Großteil deines Lebens verbracht hast, viele Personen, Gemeindemitglieder, Freunde – es gibt Familien, die du seit drei Generationen kennst – Krankheiten bekommen, einige sind verstorben. Du stehst diesen Familien sehr nah und versicherst ihnen deine Einheit, dein Gebet und deine Liebe. Langjährige Freunde verabschieden sich. Ich finde es sehr schön, wie du all deine Arbeit liegen lässt, um im Krankenhaus jemanden zu besuchen. Es scheint, als wenn du in diesen Momenten den Willen Gottes lebst, dich verabschiedest, dich bedankst. Was geschieht in solchen Momenten in deiner Seele? Wie lebst du diese Zeit?

Es ist wirklich Dankbarkeit, die ich mit jedem Einzelnen leben möchte. Denn viele von ihnen haben mit mir während dieser vierzig Jahre zusammengearbeitet und wir haben vieles gemeinsam aufgebaut.

Jetzt leiden sie. Ich möchte ihnen sagen: „Danke! Wir sind verbunden – auch im Schmerz!" Ich möchte ihnen auch Mut machen, keine Angst zu haben, wenn sie in das andere Leben hinübertreten. Das Leben hier ist für alle vergänglich. Wir menschliche Wesen wissen von Geburt an, dass wir sterben werden. Wenn die Stunde schlägt, machen wir alle dieselbe Erfahrung: Man muss alles loslassen – man nimmt nichts mit –, man lässt die Freunde, das eigene Leben, einfach alles zurück.

Ich möchte jedem Einzelnen Mut machen und sage: „Geh in Frieden, bald werden wir uns treffen, du bist auf der Durchreise." Es ist so, als würden wir eine Reise machen, und ich werde später diese Reise auch machen, und die anderen machen sie ebenso. Im Himmel werden wir uns wiedertreffen.

Mein Wunsch ist es, jedem Einzelnen auf diesem Weg zu helfen. Klar, dieser Weg ist ein bisschen unsicher, denn wir sind ihn noch nie gegangen und es ist der Moment, in dem du alles zurücklässt. Ich möchte ebenso den Familienangehörigen in dieser Situation helfen. Wichtig ist, aus dem Tod kein Drama zu machen. Sie sagen: „Er ist gestorben!" Natürlich, aber wir alle müssen sterben. Was ich ihnen sagen möchte: „Schaut mit Freude auf eure Verwandten, Freunde, Ehepartner. Sie sind nun im Himmel." Sie müssen nicht traurig sein, denn sie werden denen begegnen, die ihnen vorausgegangen sind. Und außerdem sage ich ihnen: „Denkt daran, dass Gott jeden Tag mehr als 200.000 Menschen zu sich rufen muss, denn die Menschheit erneuert sich alle 80 bis 90 Jahre."

Und oftmals bete ich: „Gott, wie kannst du so viel Schmerz aushalten, wenn ich schon mit dem Tod nur einer Person so leide?" Und es ist, als würde er zu mir sagen: „Ich weiß, wohin ich sie rufe."

Mit dem Blick des Glaubens, mit einem österlichen Blick müssen wir darauf schauen, was in der Stunde des Todes passiert. Es ist nicht nur die Trauer um jemanden, den du umarmt hast, mit dem du dich unterhalten hast und der auf einmal nicht mehr mit dir spricht. Es ist nicht nur das! Mit österlichem Blick siehst du ihn in der Auferstehung, erlöst von Sünden, von Schmerzen, von Krankheiten, frei von so vielen Süchten. Du siehst ihn einfach glücklich. Daran müssen wir uns gegenseitig erinnern.

Guaratinguetá

Mir tut es gut, Beerdigungen zu zelebrieren und mich daran zu erinnern: Eines Tages werde auch ich hier im Sarg liegen, eines Tages werde ich es sein. Demnach gilt das, was ich zu den anderen sage, genauso für mich – das ist wichtig. Ich mag es, realistisch zu sein.

Der heilige Franziskus hat den Tod immer als Schwester bezeichnet. Zunächst fiel es mir schwer, das zu verstehen. Heute sehe ich, dass er recht hatte, denn der Tod braucht eine sehr schöne Sprache, er wird sehr konkret. Er sagt uns: Du bist nichts, du bist Staub, der wieder zu Staub wird, und das ist wahr. Und er sagt noch mehr: Warum sammelst du so viele Dinge, wenn du nichts mitnehmen kannst?

Der Tod sagt uns auch, dass wir alle gleich sind. Ein Beispiel: Oftmals bauen einige auf den Friedhöfen große Kapellen aus Marmor, um zu zeigen, dass dort eine wichtige Person liegt. Wenn du allerdings unter die Erde schaust, wirst du merken, dass wir alle gleich sind! Mich freut diese Gerechtigkeit. Alle sind gleich!

Die Welt macht so viele Unterschiede. Viele denken, sie seien wichtiger, weil sie ein Juwel haben. Sogar der Klerus denkt, er sei wichtiger als die Laien. Und ich sage: Du brauchst dich nicht zu verkleiden, um zu sagen, dass du wichtiger bist. Wir sind alle Schwestern und Brüder, wir haben nur einen Vater im Himmel und er liebt alle gleichermaßen. Das ist so schön! Der Tod erinnert uns daran, wer wir wirklich sind!

Du lebst schon seit so vielen Jahren in Brasilien. Was hast du von den Brasilianern gelernt? Was ist deiner Meinung nach am brasilianischen Volk bacana, um mal einen brasilianischen Ausdruck

zu verwenden, der so viel wie „einzigartig schön" bedeutet? Was ist typisch für sie?

Ich lebe seit 1972 in Brasilien, ein halbes Jahrhundert. Ich habe gelernt, dieses Volk zu lieben, denn sie haben mir etwas gegeben, was ich durch meine Kultur nicht hatte: Offenheit, Freiheit, Akzeptanz der Vielfalt von Kulturen, also Menschen so zu akzeptieren, wie sie sind, die Freude zu leben, sich zu umarmen und das Haus immer für die Feste zu öffnen, die mit großer Natürlichkeit gefeiert werden. Das ist sehr schön. Ich sage immer, dass mich das brasilianische Volk von den vielen inneren Zwängen befreit hat, die ich aufgrund meiner Herkunft hatte. Ich habe erlebt, dass die deutsche Kultur verbunden mit der brasilianischen Kultur eine gute Kombination ergibt. Man erfährt einen großen Reichtum.

Und heute sehe ich, dass die so wichtigen Werte meiner Nation wie Pünktlichkeit, Verantwortung, Standhaftigkeit, Ehrlichkeit und Einsatzbereitschaft zusammen mit dieser Freiheit, dieser konkreten Liebe für den anderen, der Vielfältigkeit, auf die ich hier gestoßen bin, aus mir einen sehr freien, offenen und überglücklichen Menschen gemacht haben.

Zweifellos lässt uns die menschliche Wärme des brasilianischen Volkes aufeinander zugehen. Siehst du trotzdem etwas im Land, was dich leiden lässt? Wie blickst du als Ausländer auf die heutige Situation Brasiliens? Was möchtest du den Brasilianern gern ans Herz legen? Was möchtest du ihnen sagen?

Was mir als Erstes sehr weh tut und ich innerlich nur schwer verarbeiten kann, ist die Korruption. Sie ist so sehr in Brasilien verwurzelt, dass man meinen könnte, es sei ganz normal und sie gehöre dazu. Ich kann mich nicht daran gewöhnen. Deswegen kämpfe ich immer dagegen an. Ich sage allen, dass man das, was einem nicht gehört, nicht nehmen darf. Man muss den anderen achten und das scheint etwas zu sein, was manch einer in Brasilien nicht verstehen will.

Wenn ich in Deutschland zu Besuch bin, fragen mich die Leute: „Du sprichst so gut von Brasilien und sagst, es sei ein so offenes Volk, hilfsbereit, verständnisvoll. Viele machen Freiwilligendienste und helfen sich gegenseitig, aber gleichzeitig gibt es so viel Korruption, es wird gestohlen, was das Zeug hält, und man lässt die Leute in den Krankenhäusern sterben. Wie passt das zusammen?"

Es ist wirklich schwer zu verstehen, wie jemand, der viel hat und niemals alles brauchen wird, was er hat, noch mehr stiehlt und alles tut, um den anderen zu betrügen und sich zu nehmen, was ihm nicht gehört.

Was mir auch schwerfällt zu verstehen, ist die Respektlosigkeit gegenüber der Natur. Wenn ich an all den Müll denke, der an die Landstraßen, auf die Plätze und vor die Häuser geworfen wird – selbst an den schönsten Orten –, tut mir das sehr weh. Genauso geht es mir, wenn ich an die Region des Amazonas denke. Wie viel wird dort verbrannt und wie respektlos wird die Natur behandelt! Das sind Dinge, an die ich mich niemals gewöhnen werde, an die ich mich nicht gewöhnen möchte und über die ich sprechen werde, solange ich lebe, und darum bitte, dieses Verhalten nochmals zu überdenken. Ich lebe in der Hoffnung, dass auch hier die Personen sich verändern und langsam eine Kultur der Gemeinschaft entsteht.

In der Pfarrei in Guaratinguetá entstand ein Projekt, das den Wunsch widerspiegelt, Respekt vor der Schöpfung zu haben und

aktiv Umweltschutz zu leisten. Das Projekt nannte sich im Portugiesischen „O luxo do lixo" (Der Luxus des Mülls)[52]. Wie kam dieses Projekt zustande und wovon handelt es? Und wie können wir heute den Menschen die Wichtigkeit des Umweltschutzes bewusst machen? Müsste dieses Bewusstsein nicht bereits in der Kindheit geschaffen werden? Müsste man den Kleinsten nicht schon beibringen, den Müll zu trennen und Respekt vor der Umwelt haben?

Ich erinnere mich ganz lebendig an den Beginn des Projektes. Es war eine schreckliche Zeit in der Stadt mit hoher Arbeitslosigkeit. Viele Familienväter suchten mich auf, weil sie nicht genug hatten, um sich zu versorgen. Es waren Personen, die es nicht gewohnt waren, um Almosen zu bitten, denn sie hatten Arbeit. Aber plötzlich waren sie arbeitslos.

Ich überlegte, wie ich ihnen helfen könnte. Ihnen ewig unter die Arme zu greifen, wäre unmöglich. Also entstand die Idee, alles zu nutzen, was wir hatten. Wir nutzten unsere Intelligenz, um Arbeit für diese Leute zu finden. Wir bauten verschiedene Dinge in der Gemeinde auf: eine kleine Druckerei, eine Schlosserei. Und dann dachten wir an den Müll. Auch der ist ja ein gewisser Reichtum. Deswegen nannten wir das Projekt „Den Luxus des Mülls". Wir organisierten uns und holten in den Häusern der Leute die Dinge ab, die sie getrennt hatten: vor allem Papier, Plastik und Glas. Das eingesammelte Plastik schmolzen wir ein und verarbeiteten es zu Granulat. Damals ergab es einen großen Gewinn, denn dieses Produkt gab es nicht auf dem Markt. Das Glas trennten wir nach Farben und ver-

---

52 Das Projekt „o Luxo do Lixo" (deutsch: „Der Luxus des Mülls") sammelte Plastikmüll in Guaratinguetá (São Paulo, Brasilien) und recycelte ihn. Bis heute existiert noch die Produktion von Recyclingkunststoff im Männerzentrum der Fazenda da Esperança in Guaratinguetá im Stadtteil Santa Edwiges.

kauften es, ebenso das Papier. Auf diese Weise gaben wir nicht nur vielen Menschen Arbeit, sondern es gelang uns auch, mit dem erzielten Gewinn die soziale Arbeit zu unterstützen.

Bald wurde uns die Schönheit dieses Projektes bewusst! Diese Arbeit schaffte nicht nur eine neue Mentalität innerhalb der Familien, nämlich ihren Wegwerfmüll zu trennen und nicht alles in dieselbe Tonne zu schmeißen, sondern wir bekamen auch Unterstützung vom Bürgermeister der Stadt, der sehr sensibel für die Umwelt und auch die soziale Frage war. Ihm gefiel unsere Idee und er unterstützte uns, indem er uns für die LKW, die den Recyclingmüll einsammelten, den Kraftstoff und einen Fahrer bezahlte.

So ist die ganze Sache gewachsen. Aber wie es manchmal in der Politik geschieht, kamen mit der Zeit Politiker, die andere Akzente haben, und so erstarb das Projekt auf kommunaler Ebene. Aber bis heute haben wir auf der Männerfazenda in Guaratinguetá eine große Maschine für Recyclingkunststoff. Sie wurde damals durch Hilfe aus Deutschland finanziert und produziert bis heute.

Trotz allem ist in meinem Herzen weiterhin sehr stark der Wunsch, dass das gesamte Land seinen Müll trennt und ihn nutzt, recycelt und in etwas Neues verwandelt.

Doch dieser Prozess braucht viel Zeit; gleichzeitig spüre ich, dass in der Bevölkerung schon ein größeres Bewusstsein existiert. Man kann schon mehr darüber sprechen und einige Städte haben schon gute Müllrecycling-Programme entwickelt. Die Dinge ändern sich bereits, aber wir müssen dranbleiben, wir müssen mehr darüber sprechen und unseren Teil tun, damit unsere Welt ins Gleichgewicht findet.

Pfarrer und Priester sein

Über 40 Jahre bist du Priester. Wie schaffst du es, bis heute leidenschaftlich deine Berufung zu leben? Was bedeutet es für dich, Priester zu sein?

Es war interessant, dass einige Leute irgendwann zu mir kamen und sagten: „Du bist jetzt seit vierzig Jahren Priester!" Ich stimmte dem zu, fragte mich aber insgeheim, wie das durchgesickert war, denn ich habe nie von diesem Datum gesprochen oder große Feste gefeiert. Für mich ist es ein Tag, den ich allein mit Gott verbringen möchte und an dem ich mich für die Berufung bedanken will, die er mir geschenkt hat. Ich habe immer gescherzt: „Wenn ich das Goldene Priesterjubiläum schaffe, dann können wir feiern."

Warum ich so leidenschaftlich Priester bin? Ich habe eine tiefe Einheit mit Gott im Gebet und in der Messe. Wenn ich den Altar küsse, bete ich: „Hier bin ich, um dich zu lieben, und du liebst die Menschen durch mich." Ich zelebriere die Messe nicht um der Messe willen, ich zelebriere sie, um Jesus zu lieben. Es ist ein Zeichen meiner persönlichen Liebe zu Jesus. Ich bete und unterhalte mich mit ihm während der Messe und genauso versuche ich, ihn konkret in jedem Menschen zu lieben, weil der andere Jesus ist.

Als ich noch ein junger Priester war, kam Nelson zu mir und erzählte von all dem Leid, das er mit seinem Vater erlebte. Er war Alkoholiker und stritt deswegen oftmals mit der Mutter. Nelson sprach nicht mit seinem Vater, denn er wollte, dass dieser sich erst bekehrte, bevor er mit ihm sprechen konnte. Ich sagte zu ihm: „Nelson, das Problem ist nicht dein Vater. Das Problem bist du. Hast du schon die Gegenwart Jesu in deinem Vater gesehen?" Er fragte mich: „Aber wie soll das gehen? Wenn er trinkt, ist dann auch Jesus in ihm?" Und ich antwortete: „Klar, Jesus ist in jedem Menschen. Es gibt die menschliche Seite eines jeden, aber es gibt auch die DNA Gottes, die Gott in jeden Menschen hineingelegt hat. Wir sind sein Abbild, wir sind nach seinem Abbild geschaffen."

Nelson ist sehr konsequent, und so ging er nach diesem Gespräch nach Hause und machte Jesus, der ja in seinem Vater lebt, einen Kaffee. Einige Zeit später fragte Nelson seinen Vater, ob er ihn bei seinem Spaziergang begleiten dürfe. Und so begann ein Weg mit Jesus in Nelsons Vater. Auf diese Weise entstand eine neue Beziehung zwischen ihnen. Nelson erkannte all den Reichtum, den es in seinem Vater gab. Das war der erste Schritt. Und so hörte Nelsons Vater irgendwann auf zu trinken und gründete später das Haus Sol Nascente[53], in dem er für die Aidskranken arbeitete und sein Leben für das Sozialwerk einsetzte.

Wichtig ist also, Jesus im anderen zu lieben. Wenn wir das ganz konkret schaffen, brennt das Feuer, die Leidenschaft in uns für Jesus und sein Reich immer weiter.

---

53 Die vier Häuser „Sol Nascente" (dt.: „Häuser der aufgehenden Sonne") nehmen Aidskranke im Endstadium ihrer Erkrankung auf, um sie auf humane und würdige Weise zu begleiten. Diese Häuser gehören zum Sozialwerk Nossa Senhora da Gloria.

Ich kann nachvollziehen, was der Papst meint, wenn er davon spricht, dass wir eine Kirche sein sollen, die hinausgeht, dass wir etwas riskieren und auf die Armen zugehen sollen. So nämlich wächst unsere Berufung.

Würdest du dich noch einmal entscheiden, diesen Weg zu gehen?

Zweifellos! Klar, es gibt auch Momente der Dürre im Glauben, in denen du nichts fühlst, aber das gehört dazu. Ich dachte aber nie, dass es eine falsche Entscheidung war. Ich würde es immer wieder so machen, und zwar mit großer Freude! Oft sage ich zu den jungen Leuten: „Habt keine Angst, ihr könnt euch verschenken, euch hineinstürzen in ein göttliches Abenteuer. Gott lässt sich an Großzügigkeit nicht übertreffen, und wenn ihr großzügig ihm gegenüber seid, wie viel mehr wird er es mit euch sein."

Was würdest du zu einem jungen Mann sagen, der den Wunsch hat, Jesus durch das Priestertum zu folgen, der aber Angst hat, auf diese Berufung zu antworten? Wie kann man seine Berufung erkennen?

Es reicht, zu lieben und sich ins Abenteuer hineinzuwerfen. Wie Jesus sagt: *„Wenn nun ihr, die ihr böse seid, euren Kindern gute Gaben zu geben wisst, wie viel mehr wird euer Vater im Himmel denen Gutes geben, die ihn bitten"* (Matthäus 7,11).

Selbst wenn du als Priester durch schwere Zeiten gehst und leidest, geschieht das nicht, weil Gott dich straft, sondern weil er möchte, dass du heilig wirst. Das Leid reinigt dich, es bringt dich näher zu ihm. Alles, was Gott in deinem Leben zulässt, ist für deine Heiligung, damit du näher zu ihm kommst. Wir sollten keine Angst haben.

Einige sagen: „Es ist alles so schlimm in der Welt, beginnt jetzt wohl die Endzeit?" Nein, wir sollten keine Angst haben, das Gute wird siegen. Jede Liebestat ist für die Ewigkeit und geht in den Himmel, das Schlechte hat keinen Wert, es bleibt auf der Erde, denn es ist Teil unseres „alten Menschen". Deswegen ist Jesus gestorben und hat uns gerettet, uns verwandelt. Jetzt ist jede Liebestat ewig und die Liebe siegt immer. Die Spreu wird verbrannt und der Weizen wird geerntet. Wenn es zufällig im Feuer etwas mehr oder etwas weniger brennt, ist es trotzdem schnell vorbei. Auf den Weizen kommt es an.

Wenn ich dieser Idee treu bin – ich möchte andere Menschen lieben, ich will Weizen sein, ich lasse meinen Egoismus hinter mir und begegne dem Nächsten –, dann werde ich diese Freude Gottes haben.

Heute sind viele in den Priesterseminaren, in den Konventen und in den Pfarrhäusern verunsichert, weil es eine große Herausforderung ist, Priester zu sein und in dieser komplexen Welt zu leben. Viele Jugendliche, Seminaristen und Priester schaffen es nicht, den Forderungen der Welt gerecht zu werden, und suchen Zuflucht in Beziehungen, im Glücksspiel, im Internet oder im Alkohol. Sie haben Depressionen oder flüchten sich nur in die Liturgie. Wie können die Menschen sich diesen Herausforderungen stellen, die anders sind als vor vierzig Jahren?

Die jungen Leute kommen heute verletzt in die Priesterseminare, sie haben gelitten. Hier in Brasilien wurden viele junge Männer sexuell missbraucht, wiederum andere haben keine Orientierung hinsichtlich ihrer Sexualität erhalten. Wenn junge Männer dann zum Priesterseminar kommen, sind sie verletzt, haben gelitten und sind oftmals süchtig, entweder durch die Masturbation oder durch die Pornografie, sie haben tausend Probleme und „Flausen im Kopf", wie man so sagt. Andere sagen: „Ich bin homosexuell, denn ich hatte Sex mit Männern."

Es fehlt ein angstfreier Raum, um darüber zu sprechen und angehört zu werden; es gibt kaum Vertrauen. Es existiert Angst: Jeder lebt so, als trüge er eine Maske, er versteckt sich, bleibt allein mit seinen Problemen. Obwohl das Problem sehr groß ist, schaffen es manche jungen Männer, es zu verstecken, und werden Priester. Dennoch wird das Problem, wenn es Alkoholismus oder Sex betrifft, früher oder später auffallen, wie wir jetzt bei den ganzen Skandalen sehen, die veröffentlicht werden.

Wir müssen lernen, dass unser Gott ein dreifaltiger Gott ist, kein individualistischer. Es muss in die Priesterseminare eine Spiritualität der Gemeinschaft, des Vertrauens einziehen. Ich danke Chiara Lubich, denn bei ihr habe ich den „Seelenaustausch" kennengelernt. Damit ist ein Treffen gemeint, bei dem man sich gegenseitig seine Erfahrungen erzählt und über sich selbst spricht.

In den Priesterseminaren und den Konventen lernen wir, über alles zu sprechen: über Politik, über Bischöfe, schlecht über andere, aber wir reden wenig über uns selbst und das wird zu einem Problem. Dieses Problem bleibt in uns und verletzt uns, lässt uns depressiv, krank und vielleicht sogar abhängig werden. Es ist notwendig, das wir offen sein können. Wir müssen den Seminaristen zuhören und sie sprechen lassen, ohne dass sie Angst haben müssen, weggeschickt zu werden. Dafür ist es wiederum auch nötig, dass wir reife Ausbilder haben, die den Schrei dieser jungen, verletzten Menschen, die geheilt werden können, hören.

Gott sei Dank gibt es hier bei uns schon seit vielen Jahren die ADI[54], in der diejenigen, die Hilfe suchen, in ihrem Unbewussten den Prozess verstehen können, heilen und ein freieres und fröhlicheres Leben beginnen können.

Die Kirche muss weitergehen, und dieses Leid, diese Skandale, die passieren, sind im Grunde ein Schrei, der uns aufhorchen lassen sollte: „Leute, die Ausbildung muss sich verändern, ihr müsst eine neue Art des Zusammenlebens von Priestern finden, damit sie zu Brüdern werden."

Niemand wird geboren, um einsam zu sein und allein im Pfarrhaus zu leben, allein ein ganzes Leben. Man muss sehr heilig sein, um das auszuhalten.

Wir werden geboren, um Gemeinschaft zu sein, und deswegen erwarte ich, dass dieses Leiden das Herz vieler öffnet und es auch die Art unserer Ausbildung verändert.

Frei, du hast schon oftmals von der ADI gesprochen. Wenn ich von dieser Methode spreche, sage ich gerne, dass es wie eine Begegnung mit meiner eigenen „Essenz" ist. Die Therapeuten sagen: Es ist eine Begegnung mit meinem persönlichen Ich. Wie und wann hast du zum ersten Mal diese Methode kennengelernt, die Dr. Renate Jost de Moraes entwickelt hat?

Die ADI ist ein großes Geschenk, das Gott mir auch ganz persönlich in meinem Leben zugesprochen hat.

---

54 Vgl. Fußnote 10.

Ich erinnere mich, dass am Ende eines Einkehrtages für Ordensschwestern in Deutschland die Generaloberin mich aufsuchte und mir erzählte, dass sie Probleme mit einer Schwester habe, die sich nachts im Gesicht und an den Armen selbst verletze. Die Oberin sagte mir, dass sie versucht hätten, ihr auf viele Arten zu helfen, mit Psychologen, Psychiatern und Ärzten, es aber nicht geschafft hätten. Sie fragte mich: „Frei, weißt du etwas, womit wir dieser Schwester helfen können? Sie steht nämlich kurz vor den ewigen Gelübden und ich kann sie so nicht aufnehmen. Was kann ich tun?" Ich sagte zu ihr in meiner Naivität: „Schwester, wenn Sie möchten und Sie für ein Jahr befreien können, kann sie mit nach Brasilien kommen, ich werde mich um sie kümmern." Ich dachte, dass ich ihr in diesem Land voller Sonne und mit diesen fröhlichen Menschen helfen könnte. Und so kam die Schwester mit. Aber anstatt, dass es besser wurde, verschlechterte sich die Lage. Ich verzweifelte, denn ich hatte ja nur ein Jahr. Ich wollte dieser Schwester helfen, denn sie war ein sehr guter Mensch, lebte das Wort, sie setzte sich ein und alle mochten sie.

Ich hörte von Dr. Renate Jost de Moraes und ihrer Arbeit und dachte, dass das ein Ausweg für diese Schwester sein könnte. Ich nahm also Kontakt zu Dr. Renate auf, erzählte ihr die ganze Situation der Schwester und erhielt folgende Antwort: „Aber das ist ganz einfach, man muss nur in ihr Unbewusstes schauen und herausfinden, warum sie sich verletzt." Ich antwortete: „Das ist ja das Problem, denn seit zwei Jahren versuchen verschiedene Fachleute, eine Erklärung zu finden, und niemand hat sie gefunden." Dr. Renate antwortete: „Diese Fachleute kennen diese Methode noch nicht. Das Unbewusste kommt bei dieser Therapie helfend hinzu."

Ich war sehr interessiert. Dr. Renate sagte mir, dass sie zwanzig Tage bräuchte, um die Schwester zu behandeln und sie ihr in dieser Zeit sicherlich helfen könnte. Also versuchte ich, die Schwester zu dieser Behandlung zu bewegen, aber sie hatte keine große Lust, denn sie war es leid, sich mit Psychologen und Psychiatern zu treffen und ihnen ihre Geschichte zu erzählen. Doch irgendwann willigte sie ein.

Als die Ordensschwester durch Formen von Entspannungs- und Atemtechniken das erste Mal in ihr Unbewusstes eintrat, sah sie sich im Bauch der Mutter. Sie fand heraus, dass sie schon dort die Entscheidung getroffen hatte, Ordensschwester zu werden – viele Personen treffen Entscheidungen noch im Mutterleib –, und sie war sehr glücklich.

Am zweiten Tag sah sie, dass ihr Onkel sie im Alter von sechs Monaten sexuell bedrängt hatte, und deswegen registrierte sie Folgendes in ihrem Unbewussten: „Ich muss hässlich aussehen, damit kein Mann mich will, denn ich bin Ordensfrau, ich gehöre Gott."

Alles, was sie tat, war in ihrem Unbewussten gespeichert, und als sie es jetzt in der Therapie herausgefunden hatte, erkannte sie, dass sie sich nicht mehr hässlich machen brauchte, aber trotzdem ihre Berufung leben und auf andere, neue Weise pflegen und schützen könnte. Seit diesem Tag hat sie sich nie wieder verletzt.

An einem anderen Tag versuchte sie herauszufinden, warum ihr Onkel so etwas getan hatte. Sie entdeckte, dass auch er als Kind missbraucht wurde. Später konnte sie auch ihm helfen.

Als ich von der ADI hörte, spürte ich, dass dort etwas Neues war, etwas sehr Tiefgründiges, das mich anzog, denn viele unserer jungen Leute hatten eine tiefe Unsicherheit, sie waren sehr unruhig. Manchmal waren sie liebesbedürftig und oftmals wusste ich nicht, wie ich ihnen helfen sollte, aber jetzt mit dieser außerordentlichen Methode hatte ich einen Weg gefunden! Diejenigen, die von ihren Eltern verlassen wurden oder die Adoptivkinder waren, konnten durch die ADI eine Antwort auf ihre Frage finden, wer ihre Eltern waren – sie suchen immer nach dieser Antwort. Oder diejenigen, die Probleme hatten und nicht wussten, wie sie diese lösen sollten, konnten in ihrem Unbewussten diese lösen.

Mithilfe der ADI entdecken wir auch, dass wir aus Gott stammen und sein Ebenbild in uns tragen. Wir stammen aus einem Licht und spüren, wie kostbar unsere Existenz ist.

Nach einer Weile entschied auch ich mich dazu, die Therapie der ADI zu machen. Bevor die Eltern uns zeugen, spüren wir schon, dass wir existieren. Dieses persönliche Ich – als Ordensmann sage ich dazu „Seele" – existiert bereits. Diese Entdeckung war für mich etwas ganz Außergewöhnliches, etwas Tiefgründiges existiert in uns und es ist für die Ewigkeit, es stirbt nicht.

Mich begeistert ebenfalls, dass wir durch die Therapie die Gaben entdecken können, die wir von Gott bekommen haben. Zu spüren, dass Gott mir diese Talente gegeben hat, bringt mich dazu, sie in Fülle auszuleben. Das ist wunderschön.

Im Laufe der Zeit bemühte ich mich darum, ein Zentrum auf der Fazenda für die ADI-Therapie zu haben. Heute gibt es jeden Monat verschiedene Kurse für Ordensleute, Priester und Seminaristen, die sich dieser Methode unterziehen möchten. Auch unsere Jugendlichen machen diese Erfahrung und sie hilft allen.

ADI ist eine große Gnade Gottes, die er uns gegeben hat. Sie ist für unsere Arbeit ein Segen, denn sie hilft enorm, dass die jungen Leute ihren Lebensinhalt finden.

Kann man sagen, dass es eine perfekte Verbindung zwischen ADI und der Spiritualität der Fazenda da Esperança gibt?

Zweifelsfrei können wir das bestätigen, denn wir möchten den jungen Leuten das Gefühl zurückgeben, dass sie neue Menschen sind. Wir möchten ihnen helfen, ihre Probleme zu überwinden. Viele von ihnen fühlten sich blockiert, weil sie es zum Beispiel nicht schafften, zu verzeihen und Vergebung zu leben. Sie schafften es nicht, auf dem Weg der Rekuperation voranzukommen. Dank der ADI entdeckten sie in ihrem Unbewussten den Grund für die Blockade, das heißt die Motive, weshalb sie auf die eine oder andere Art reagierten. Durch diese Erkenntnisse werden sie frei und schaffen es, neue Schritte zu gehen. Uns wurde jedoch eine Sache sehr klar: Es reicht nicht, sich nur das Unbewusste anzuschauen, also wo das Problem oder die Blockade ist, und es zu bearbeiten, sondern es ist auch nötig, die Barmherzigkeit, die Liebe zu leben. Und hier hilft die Methode der Fazenda, das Wort Gottes ganz konkret zu leben.

Dr. Renate hat immer gesagt: „Ich behandele sehr gerne auf der Fazenda, denn ich sehe, dass eure Art zu leben hilft, dass die Menschen es wirklich schaffen, das zu leben, was sie in ihrem Unbewussten verstanden haben, und nicht nochmals in die Sucht zurückzufallen." Es reicht auch nicht, zu wissen oder herauszufinden, dass ich zum Lieben geschaffen wurde, ohne danach das Evangelium zu leben, das mich immer zu einer Begegnung mit dem anderen führt.

Das Wort Gottes hilft, das in die Tat umzusetzen, was man herausgefunden hat. Es stößt einen Prozess zum neuen Leben an. Es ist ja oft auch so, dass wir leicht Dinge verstehen, schön finden oder begeistert von einem Vortrag oder Treffen nach Hause gehen, aber dann schaffen wir es nicht, das in die Tat umzusetzen, was wir gelernt haben. Deswegen sage ich jedes Mal, wenn wir den jungen Leuten der Fazenda unseren geistlichen Jahreskalender *Jeden Tag mit Hoffnung*[55] geben: „Hier kannst du das Evangelium und den Kommentar dazu lesen, aber danach musst du es konkret leben und am Abend deine Erfahrung aufschreiben. Falls du mal an einem Tag keine Erfahrung gemacht hast, habe den Mut zu schreiben: ‚Heute habe ich nichts gelebt' oder ‚Ich habe mich heute nicht an das Wort erinnert.' Das Wort Gottes hilft uns, es drängt uns immer wieder, unser Leben auszurichten, damit es neu wird und sich ändert."

Du hattest das Privileg, Dr. Renate Jost de Moraes und ihre Familie kennenzulernen und sogar deine Therapie gemeinsam mit deiner eigenen Familie bei ihr zu machen. Kannst du uns davon ein bisschen erzählen?

Das war ein ganz besonderer Moment, denn ich war immer offen für alles, was der Menschheit guttut, und ich spürte, dass diese Methode wirklich eine große Hilfe wäre. Da meine Familie aus Deutschland in Brasilien war, entschieden wir uns, gemeinsam die ADI-Therapie zu machen. Das befreite mich von vielem, was in meiner Kindheit passiert war, weil ich auf einmal den tieferen Grund herausfand.

Interessant ist auch, was passierte, als ich älter war und Dr. Renate schon verstorben war. Ich erkrankte an Krebs, und eine von Dr. Renates Mitarbeiterinnen besuchte mich im Kranken-

---

55 Der geistliche Jahreskalender *Jeden Tag mit Hoffnung* (original: Dia a dia com Esperança), beinhaltet ein Wort aus der Bibel mit entsprechendem Kommentar für jeden Tag des Jahres. Alle Fazendas weltweit setzen es gemeinsam in die Tat um. In Brasilien wird der Kalender jährlich mit einer Auflage von mehr als 100.000 Exemplaren gedruckt und ist ein wichtiges Instrument des Charismas der Fazenda da Esperança.

haus. Sie sagte mir, sie wolle gerne noch einmal mit mir eine ADI-Sitzung machen.

Ich entgegnete, dass ich schon früher eine ADI-Therapie gemacht hätte, aber sie sagte, dass sie es trotzdem gerne mit dem Fokus auf meine Krankheit machen wolle. Ich erklärte mich einverstanden. Und so kam es, dass ich im Krankenhaus während meiner Chemotherapie erneut in mein Unbewusstes eintrat. Die Therapeutin bat mich zu versuchen, den Grund meiner Krankheit herauszufinden und was das Motiv sei, nicht mit ganzer Kraft für meine Gesundung zu kämpfen. Ich konnte nochmals all das sehen, was Gott von mir wollte, was er in mein Herz gelegt hatte. Diese Tatsache bewegte mich in meiner Tiefe und ich begann daran zu glauben, dass ich die Krankheit überwinden könnte, um in meiner Mission hier auf Erden weiterzumachen.

Aber jetzt möchte ich wieder zu dem Treffen mit meiner ganzen Familie zurückkommen. An einem Tag kam meine Nichte aus einer Therapiesitzung mit Dr. Renate, und im Anschluss ging meine Schwester, ihre Mutter, zu ihrer Sitzung. Meine Nichte sagte: „Onkel, ich muss dir etwas erzählen: Ich habe gesehen, dass in unserer Familie, vor 101 Generationen, eine Frau missbraucht wurde. Als Reaktion auf diese Begebenheit gehen wir Frauen in unserer Familie sehr hart mit den Männern um, denn sonst, so denken wir, machen sie, was sie wollen. Und diese harte Art ist von Generation zu Generation weitergegeben worden."

Als meine Schwester aus ihrer Sitzung kam, sagte sie zu mir: „Hans, heute ist etwas Seltsames passiert. Ich bin auf eine Szene von vor 100 Generationen gestoßen." Sie erzählte dieselbe Geschichte, die meine Nichte erzählt hatte. Ich hörte mir beide an und sah auf einmal die Zusammenhänge und die Auswirkungen und wie sehr Geschehnisse aus zurückliegenden Generationen bis heute Einfluss haben.

Dank dieses Erlebnisses erkannte ich, dass diese Angelegenheit des Unbewussten ein Feld ist, das wir erkunden und nutzen sollten. Denn es gibt uns die Möglichkeit, Familien, Personen und der Menschheit zu helfen und sie zu befreien.

Als Papst Benedikt XVI. auf der Fazenda war, hast du Dr. Renate Jost de Moraes auf die Bühne eingeladen, um mit ihm zu sprechen. Wir wissen auch, dass Nelson in seiner neuen Verantwortlichkeit im Vatikan[56] diese Symbiose nutzt, um zu helfen. Es ist beeindruckend, wie du durch deine Beziehungen Brücken baust und Personen, Ideen, Gruppen und verschiedene Charismen miteinander verbindest. Bist du dir dieser Gabe Gottes bewusst?

Ja, als ich die ADI-Therapie machte, fand ich heraus, dass das eine Begabung ist, die Gott mir schenkte.

Wegen all des Leids, das die Kirche erlebt – in Bezug auf die vielen Priester, die Kinder missbrauchen oder andere Abhängigkeiten haben –, trafen wir die Entscheidung, die Fazendas für betroffene Priester zu öffnen, damit sie eine Rekuperation[57] mit uns machen können.

Die Priester verbringen ein Jahr bei uns, und während dieser Zeit ist die ADI-Therapie ein Baustein. Fast alle, die bis heute bei uns waren, entdeckten, dass sie auch missbraucht wurden. Demnach sind diejenigen, die anderen etwas Schlechtes anta-

---

56 Er ist Teilnehmer an der päpstlichen Kommission zum Schutz Minderjähriger.
57 „Rekuperation" ist vom lateinischen Wort „recuperare" abgeleitet, das „sich wiedergewinnen" oder „sich wiederfinden" bedeutet. Es wird auf der Fazenda da Esperança weltweit als spezifischer Begriff für den Therapieweg verwendet. Die Bewohner der Fazenda bezeichnen sich als Rekuperanten bzw. Rekuperantinnen, denn es geht darum, sich und sein Leben wiederzugewinnen und ein selbstverantwortetes Leben führen zu können. Der Prozess der Rekuperation dauert zwölf Monate und durchläuft drei Phasen: 1. du wirst getragen; 2. du gehst selbst; 3. du trägst andere.

ten, also Täter waren, auch Opfer und das ist sehr wichtig zu verstehen, wenn man ihnen helfen möchte.

Natürlich dürfen wir nicht zulassen, dass Missbrauch in der Kirche passiert, und der Papst hat recht, wenn er sagt, dass wir ganz hart sein müssen. Trotzdem müssen wir auch den Priestern helfen, denn jeder Einzelne ist ein Sohn Gottes. Sie wurden irgendwann Priester, weil sie ein offenes Herz für die Liebe hatten und etwas Gutes tun wollten. Aber auf einmal missbrauchen sie andere, auch weil sie selbst missbraucht wurden, und das bringt einen sehr großen inneren Konflikt zum Vorschein.

Auf der Fazenda da Esperança versuchen wir immer, Opfer von Missbrauch aufzunehmen und ihnen zu helfen. Infolgedessen haben wir auch schon Täter aufgenommen. Sie brauchen ebenso Hilfe, Orientierung und die Erfahrung der Befreiung und der Heilung ihrer inneren Konflikte.

Bei all dem habe ich gesehen, dass wir mit dieser Methode und unserem Lebensstil, das Wort Gottes konkret zu leben – wie wir es von der Fokolar-Bewegung gelernt haben –, denjenigen helfen können, die sich in diesen sehr heiklen Situationen befinden. Für mich ist es ein Segen und eine Freude, wenn ich ihnen helfen kann, sich zu befreien und nicht mehr Sklaven zu sein, und sie ein glückliches Leben neu beginnen können.

Übrigens: Als Papst Benedikt XVI. 2007 zur Fazenda da Esperança kam, hielt ich nach einer Möglichkeit Ausschau, wie Dr. Renate ihn treffen konnte, um ihm eine Studie über die Arbeit der ADI und ihre Auswirkungen zu überreichen.

Im Grunde geht es darum, anderen so zu begegnen, wie Jesus sich der Sünderin zuwandte.[VI] Jesus liebte die Sünderin und verurteilte die Sünde. In diesen sehr heiklen Situationen dürfen wir

nicht vergessen, auch dem Täter helfen zu wollen, der aufgrund der Umstände sich in einem Moment der inneren Hölle befinden kann. Würdest du dem zustimmen?

Ich mag sehr gerne den Satz, den Jesus dieser Sünderin sagt: „Geh und sündige nicht mehr." Um sich zu befreien, weiterzugehen und nicht mehr zu sündigen, musste diese Frau Jesus treffen, ihm in die Augen schauen und seine tiefe Liebe für sie spüren.

Als jüdische Frau wusste sie, dass sie gesteinigt würde, wenn man sie beim Ehebruch erwischte. Ein schrecklicher Tod. Und trotzdem konnte sie nicht widerstehen. Das zeigt, wie stark die Versuchung ist. Doch von dem Moment an, als sie auf die Liebe Jesu traf, bekam sie die Kraft, weiterzugehen und nicht mehr zu sündigen.

Auf der Fazenda da Esperança möchten wir jedem Einzelnen diesen väterlichen und barmherzigen Blick Gottes geben – und die ADI-Therapie ermöglicht dieses Treffen mit ihm. Noch bevor unsere Eltern uns zeugen, hat Gott uns erschaffen, uns geliebt und uns all unsere Talente gegeben. Seine Liebe ist so tiefgründig, dass viele aus der Therapie kommen und neue Kraft haben, um weiterzugehen und nicht mehr zu sündigen.

Dr. Renate hat einmal in einem Vortrag gesagt: „Liebe ist ein abgenutztes, entstelltes, banalisiertes Wort. In unserer aktuellen wissenschaftlichen Denkweise hat die Liebe ihre Bedeutung, ihren Sinn, ihren Platz verloren. Über die Liebe zu sprechen führt heutzutage nur noch zu peinlicher Berührtheit. … Paradoxerweise ermöglicht heute dieselbe Wissenschaft, die tiefe Innerlichkeit des Menschen zu erreichen, nämlich durch die Forschungen im Bereich des Unbewussten (ADI), und das beweist, dass alles, das ganze Geheimnis des Wohlbefindens, der Gesundheit und des Gleichgewichts der Menschheit, auf einem einzigen Grundstein ruht, der ganz genau die Liebe ist. Andererseits beweist uns das Unbewussten, dass alles Übel, alle Gewalt, Torheiten, Kriege, Krankheiten, Probleme in letzter Konsequenz aus Mangel an Liebe entstehen."[VII] Dieser Weg, die Liebe neu zu entdecken und so den Mangel an Liebe, den der Mensch in seinem Leben erfahren hat, zu überwinden, ist zweifellos die große Wirkung, die die Methode der ADI mit der Fazenda da Esperança gemeinsam hat. Kannst du uns ein bisschen über diese Liebe und den Mangel an Liebe erzählen?

Das ist wahr und Dr. Renate hat recht: Der Mangel an Liebe ist so groß, dass ein Kind, wenn es diesen besonders in den frühen Lebensphasen erfährt, in der Lage ist, sich tief zu verletzten, ja zu verlieren.

Oftmals erzeugt so eine Situation eine Blockade in der Person, die dann in ihrer Fähigkeit des Liebens nicht weiterwächst und schreiend durch die Welt zu laufen scheint: „Ich möchte geliebt werden." In den meisten Fällen sucht die Person diese Liebe im unkontrollierten Sex, im Drogenkonsum, im Alkohol oder in anderen Süchten. Aber sie findet die Liebe nicht!

Es ist nicht einfach oder fast unmöglich, eine Person vollständig zu rekuperieren, die süchtig ist, wenn hinter der Sucht die Realität der Lieblosigkeit existiert. Es gibt einen Schrei, der nach Liebe fleht. Ohne diese Liebe schafft man es nicht, jemanden vollständig zu rekuperieren.

Es reicht also nicht, dass eine Person die Suchtproblematik versteht oder an Vorträgen teilnimmt, sondern die Person muss geliebt und ihr muss vermittelt werden, diese Liebe zu praktizieren. Diese Personen müssen herausfinden, wo und wann sie aufgehört haben, zu lieben, und von dort aus in dieser Liebe neu beginnen, indem sie konkrete Schritte machen, aus sich selbst herauszukommen und auf den Nächsten zuzugehen.

An diesem Punkt hilft uns die Methode der ADI ungemein, sofern sie mit der konkreten Erfahrung des Wort Gottes einhergeht. Das Evangelium ist ja nichts weiter als eine ständige und systematische Lehre über die Praxis der Nächstenliebe. Wenn wir alle Sätze aus dem Evangelium betrachten, stellen wir fest, dass kein Satz lautet: „Ich Armer." Im Gegenteil, alle Worte lehren uns, auf den anderen zuzugehen: Wenn er aggressiv wird, müssen wir ihn lieben; wenn jemand darum bittet, eine Meile mit ihm zu gehen, sollen wir zwei Meilen mit ihm gehen; wenn ein anderer ein Feind ist, müssen wir ihn auch lieben … Zusammenfassend heißt das, dass wir lieben müssen bis zu dem Punkt, an dem wir unser Leben hingeben für den anderen. Das versuchen wir, den Menschen auf der Fazenda da Esperança beizubringen, und die ADI ist ein Werkzeug, dass uns dabei sehr hilft, denn durch sie kann jeder Einzelne erkennen, an welchem Punkt in seiner Geschichte er aufgehört hat, zu lieben, und einen Neustart wagen.

All das ist unglaublich schön und die Ergebnisse sind sehr gut. Viele schaffen es und werden von ihren Fesseln befreit. Sie werden zu neuen Menschen und sind heute wichtige Personen in der Gesellschaft, weil sie gelernt haben, zu lieben, dem anderen und sich selbst zu verzeihen.

Wir können nicht von der ADI sprechen, ohne einen bestimmten Mann zu erwähnen: Estevam Duarte de Assis. Er ist Unternehmer,

Vorsitzender der Gruppe São Francisco und hat während einer gemeinsamen Reise mit dir nach Rom seine Berufung noch tiefer entdeckt. Heute widmet er sich ganz der Förderung und Verbreitung der ADI. Erzählst du uns ein bisschen von ihm?

Estevam hatte die Möglichkeit, Dr. Renate kennenzulernen, eine ADI-Therapie zu machen und war davon sehr beeindruckt.

Während unserer Reise nach Rom im Jahr 2010 sagte Kardinal Rylko, dass jedes Problem, auf das die Menschheit trifft, ein Charisma braucht, das hilft, dieses Problem zu überwinden.

Estevam hörte dem Kardinal aufmerksam zu und dachte: „Könnte ich eine Antwort auf dieses Problem sein, das die Kirche in Bezug auf den Klerus und dieses ganze Leid durchmacht?" Estevam verstand tiefgründig, fast mystisch, dass Gott wollte, dass er alles ihm Mögliche tut, um möglichst vielen Seminaristen, Priestern, Bischöfen und Ordensfrauen einen Zugang zur ADI-Therapie zu ermöglichen, damit die Kirche sich so von innen heraus erneuern könnte.

Da er eine wohlhabende Person ist, traf er sich mit seinen Geschwistern und sie entschieden, die Therapie aller Priester, Bischöfe, Seminaristen und Ordensfrauen zu finanzieren. Estevam bildet Psychologen aus mit dem Ziel, diese Methode weltweit zu praktizieren. Sie kommen aus vielen verschiedenen Ländern und jedes Jahr wächst deren Zahl.

Es ist wunderschön zu sehen, wie viele bereits diese Therapie gemacht haben. Tausende haben „innerlich" die eigenen Probleme gelöst und helfen heute anderen, ihre zu lösen.

Für mich ist Estevam ein Segen Gottes, der das Wachstum dieser Methode ermöglicht hat, damit viele Menschen die ADI-Therapie machen können.

Denkst du, dass es eines Tages verheiratete Priester wie in der orthodoxen Kirche geben wird?

Das ist ein sehr kontroverses Thema und immer wird darüber gesprochen. Ja, ich kann es mir vorstellen, aber nicht so, wie viele es wollen – als Lösung für die Probleme der Kirche. Das nicht.

Ich bin in Deutschland geboren, wo es die evangelisch-lutherische Kirche gibt, in der die Pastoren heiraten dürfen. In der evangelischen Kirche gibt es in Bezug auf Berufungen die gleichen Entwicklungen wie in der katholischen Kirche. Nicht weil jemand heiraten kann, ist das Problem der Berufungen gelöst. Und es gibt die emotionalen Probleme und die, die in einer Ehe später auftreten können. Wie überall gibt es Trennung, Betrug, Untreue. Und das Interessanteste ist: Selten wird das Kind eines Pastors ebenfalls Pastor, denn für die Kinder gibt es auch ein gewisses Leid, wenn der Vater Pastor ist. Es ist nicht so einfach.

Theologisch steht dem nichts entgegen, dass Priester heiraten dürfen. Wenn die Kirche reifer wäre, kann ich mir das sehr gut vorstellen – so wie wir Eheleute in unseren neuen Gemeinschaften haben, ebenso wie zölibatär lebende Männer und Frauen, und alle gemeinsam sind wir eine geistliche Familie, die von der Kirche anerkannt ist. Dabei existiert keine Eifersucht oder Konkurrenz. Die Ehepaare nehmen den anderen nicht ihre Berufung weg; im Gegenteil, einer hilft dem anderen, seine Berufung zu leben.

Ich verstehe es so, dass die Berufung ein Ruf ist, also bin ich frei; ich freue mich, zum Priester berufen zu sein. Der andere hat seine Berufung zur Ehe. Diese Berufung ist die seine. Es ist eine andere Berufung.

Ich habe Angst davor, dass man die Heirat eines Priesters erzwingen will, als wenn es die Lösung der Probleme wäre. Geht es nicht eigentlich um etwas ganz anderes? Geht es nicht vielmehr um den Glauben? Es ist nötig, tiefer im Glauben verwurzelt zu sein, man muss Gott näherkommen, denn er weckt Berufungen.

Wir müssen lernen, Jesus unter uns zu haben, die gegenseitige Liebe zu leben, und zwar auf eine Art und Weise, dass er sich gegenwärtig macht. Und wo Jesus ist, weckt er Berufungen, heilt er, teilt er die Brote, weckt Tote auf, macht alles, wie er es tat, als er auf der Erde war. Wir müssen ihm die Chance geben, dass er unter uns sein kann – das ist für mich die Lösung der Berufungen. Ich habe es viele Male so erlebt!

Wir haben viele Berufungen, inklusive Priester und Gottgeweihte, und das Problem ist nicht der Zölibat – der war es nie. Wer es lebt, entdeckt plötzlich eine große Freude. Wir sollten auch zugeben, dass der Zölibat seine Bedeutung hat und eine sehr, sehr große Freiheit gibt.

Die Fazenda da Esperança und die Familie der Hoffnung

Sprechen wir nun über die Fazenda da Esperança. Mir gefällt an der Entstehungsgeschichte, dass nichts geplant war. Wenn man auf das Leben in der Gemeinde schaut, sieht man, dass ihr nicht dem Aktivismus verfallen wart, aber dass ihr immer „reagiert" habt. Als die Minderjährigen auftauchten, habt ihr reagiert und es ist das Kinderhaus entstanden; es kam eine schwangere Frau an die Pfarrhaustür und wieder war es nötig, zu „reagieren", immer dem Evangelium gehorchend.

Wat es genauso mit der Fazenda? Heute wird sie als größte therapeutische Gemeinschaft Lateinamerikas angesehen, aber ihr hattet eigentlich gar keine Ahnung, wie der Prozess der Rekuperation funktionieren könnte. Am Anfang habt ihr Pater Haroldo Rahm SJ[58],

---

58 Priester Haroldo Rahm, SJ (1919–2019), gründete das Institut Padre Haroldo und hatte immer eine starke Verbindung zu Frei Hans und der Fazenda da Esperança (http://padreharoldo.org.br).

einen amerikanischen Jesuiten, aufgesucht, um zu erfahren, wie ihr vorgehen könntet. Kannst du uns ein bisschen davon erzählen, wie Gott mit all dem, was wir heute Fazenda da Esperança nennen, begann?

Wenn du das Evangelium lebst und Jesus im Nächsten siehst, gibt es keinen anderen Ausweg aus der Situation, als eine Antwort zu finden. In Bezug auf diese alleinerziehende Mutter, von der du sprichst, hatte ich natürlich Angst: „Was würden die Leute wohl sagen? Gerne zerreißt man sich das Maul, wenn was schiefgeht." Gleichzeitig dachte ich: „Die Leute werden reden, aber das Evangelium lässt mir keine Wahl." Das Evangelium sagt: *„Was ihr für einen meiner geringsten Brüder [und Schwestern] getan habt, das habt ihr mir getan"* (Matthäus 25,40). So als wenn Jesus zu mir sagen wollte: „Siehst du mich in dieser alleinerziehenden Mutter? Wenn ja, hast du eigentlich keine andere Wahl, als sie aufzunehmen."

So war es auch mit den Rekuperanten[59], aber was sollten wir nur mit ihnen machen? Damals verstanden wir nichts von Drogentherapie.

Zuerst nahm ich einige Jungs in meinem Haus auf. Ich hörte ihnen stundenlang zu, um sie zu verstehen. Und welche Antwort konnte ich ihnen geben? Gut, ich lebe das Evangelium, und alle Antworten, die ich ihnen gab, waren aus dem Evangelium. Ich konnte ihnen aber noch mehr geben als Antworten; sie lebten mit mir und sahen, wie ich lebte.

Als Nelson später noch mehr Jugendliche mitbrachte, lebten alle gemeinsam bei uns und wir nahmen sie zur Messe mit. Wir trauten ihnen sogar zu, den Kirchenzehnten, den die Gemein-

---

59 Rekuperant/Rekuperantin bezeichnet eine Person, die den Prozess der Suchttherapie auf der Fazenda da Esperança durchlebt.

demitglieder anstelle der in Deutschland bekannten Kirchensteuer geben, einzusammeln. Die Jugendlichen gingen mit uns gemeinsam zu den Häusern, um diese Beiträge der Gläubigen einzusammeln, und waren sehr gerührt. Sie sagten: „Wir sind ‚süchtig' und ihr vertraut uns Geld an!"

Dieses Vertrauen, diese Liebe, mit der wir ihnen beibrachten, das Evangelium zu leben, ließ sie wachsen, und als sie wuchsen, wurden sie sich bewusst: „Hier geschieht etwas mit uns."

Am Anfang waren wir nur wenige. Ich erinnere mich, dass wir in der Kapelle im Männerzentrum in Guaratinguetá, der ersten Fazenda, waren und die Atmosphäre unter uns so stark war, weil Jesus mitten unter uns war, dass wir sagten: „Dieses Leben muss die ganze Welt kennenlernen; das ist die Antwort auf die Situation der Süchtigen."

Für uns erschien es logisch, dass sie die Liebe kennenlernen mussten, denn sie gelangten durch den Mangel an Liebe zu den Drogen. Alle Geschichten, die ich von ihnen hörte, waren immer das Ergebnis der Gleichgültigkeit, also konnte nur die Liebe sie heilen.

Als die Anzahl der Jungs, die bei uns in Guaratinguetá lebten, immer mehr wuchs, eröffneten wir auf Bitten des Bischofs von Coroatá (Maranhão) im Nordosten die zweite Fazenda da Esperança. Mein Bruder Paul war dort und wir dachten, die Fazendas blieben in der Familie. Doch mit der Eröffnung der Fazendas von Lagarto (Sergipe) und Casca (Rio Grande do Sul) und kurz darauf dank des Angebots einer ehemaligen Agrarkolonie in Garanhuns (Pernambuco) wuchs die Arbeit der Fazendas und uns wurde es langsam etwas mulmig zumute. Irgendwann kam Nelson zu mir und fragte mich: „Was möchte Gott mit all dem, was hier passiert?" Als wir einen Besuch in jener Fazenda in Garanhuns machten, nahm mich Nelson beiseite und sagte: „Das Grundstück ist viel zu groß, das Angebot können wir nicht annehmen." Ich antwortete: „Ja, es ist sehr groß, alles ist heruntergekommen. Wie sollen wir das renovieren? Wir haben kein Geld."

Um nicht „Nein" zu sagen, erklärten wir: „Wir werden viele Forderungen stellen. Der Regierung sagen wir, dass wir nur eine Schenkung ohne Klauseln akzeptieren werden." Wir gingen nämlich davon aus, dass die Regierung eine solche Forderung nicht akzeptieren würde. Wir verabschiedeten uns in Garanhuns und dachten, wir hätten das Problem gelöst.

Nach einer Weile erhielten wir einen Anruf vom Gouverneur, der uns nach Garanhuns einlud und uns an Ort und Stelle ein Dokument überreichte. Darin stand, dass uns der ganze Besitz der Fazenda geschenkt werde und sogar alle Abgeordneten dem zugestimmt hätten. Nun hatten wir eine geschenkte Fazenda, aber das Problem mit der Renovierung blieb. Die Gebäude waren total zerfallen. Eine Instandsetzung würde Millionen kosten. Schließlich stellten wir einen Antrag bei Caritas International in Deutschland, die mit dem Entwicklungshilfeministerium der Bundesregierung zusammenarbeitet, und so bekamen wir eine große Spende, die uns half, alles zu renovieren.

Im Laufe der Zeit merkten wir, wie sich alles wie von unsichtbarer Hand gelenkt ereignete: Schenkungen von Höfen, Geldspenden für Renovierungen und Anschaffungen von Einrichtungen etc. Immer mehr junge Leute wollten mit den Drogen aufhören, suchten ihre Berufungen. Alle Bereiche wuchsen. Und durch die Art und Weise, wie alles wuchs, wurde uns bewusst, dass wir dabei waren, eine neue Methode zu entdecken. Wir nannten diesen Weg den „geistlichen Weg". Es gab bereits den medizinischen Weg und den psychologischen Weg, und jetzt gab es eben auch den geistlichen Weg.

Aber in all dem hatten wir immer noch den Eindruck, dass Gott uns etwas für die Rekuperation von Drogenabhängigen und Alkoholikern gegeben hatte. Und erst später verstanden wir, dass es ein Charisma war, das Gott entstehen ließ.

1983 machte Nelson eine persönliche Erfahrung mit dem Wort aus 1. Korinther 9,22: „Den Schwachen bin ich ein Schwacher geworden …" Nelson war mit seinem Fahrrad unterwegs, hielt an einer Straßenecke an und unterhielt sich mit einigen Jungs, die Drogen nahmen. Aus diesem ersten Gespräch wurde ein wochenlanger engerer Kontakt. Als Nelson einige Zeit später in einer Messe war, hörte er die Auslegung eines Abschnitts aus dem Evangelium. Es ging darum, dass viele Dinge nicht geschehen, weil wir nicht darum bitten. Würden wir bitten, würde Gott geben (vgl. Matthäus 7, 7-11). Als die ersten Jugendlichen zu Nelson kamen, weil sie aus dem Drogenmilieu aussteigen wollten, war Nelson derjenige, der handelte. Gleichzeitig machtest du auch mit, indem du für Nelson Begleiter und Berater warst. Neues provoziert ja oft erst mal eher Ablehnung und Vorbehalte. Wie reagierte das Umfeld auf das, was da um euch geschah?

Das ist wahr, alles Neue wird erst einmal kritisch betrachtet, besonders in den Gemeinden, in denen viele den Wunsch haben, dass alles so verläuft wie immer. Nelsons Eltern arbeiteten seinerzeit in Afrika und so konnten sie sich schon nicht mehr um den Sohn und was mit ihm passierte, Sorgen machen. Aber vonseiten der Gemeinde und der Diözese kamen Sorgen auf. Sie fragten sich: „Was passiert da rund um diesen Nelson, der mit den ‚Drogensüchtigen' der Stadt zusammenlebt?"

Parallel zu der Arbeit mit den ersten jungen Leuten, die eine Rekuperation machten, wuchs auch das Sozialwerk mit seinen Initiativen für die Armen. Ich erinnere mich an einen Mitbruder aus Guaratinguetá, der sehr beunruhigt war und einen Brief an die Provinz schrieb: „Hier entsteht ein ‚Weißer Elefant‘ in unserer Franziskanerprovinz."

Die Provinz machte sich Sorgen und schickte eine Prüfungskommission, um alle Unterlagen einzusehen. Vier Mitbrüder sollten überprüfen, ob alles auf dem neuesten Stand war und was alles geschah. Die Brüder kamen in guter Absicht, sodass es eine sehr gelassene Atmosphäre war. Es gab allerdings einen etwas älteren Bruder, der sehr beunruhigt war, weil es nun schon ein paar Fazendas gab. Er fragte immer: „Wo willst du hin? Wie viele Fazendas willst du haben?" Ich antwortete meinem Mitbruder: „Ich möchte gar nichts. Ich wollte gar keine Fazenda, aber sie wurde uns geschenkt. Es kann sein, dass andere Fazendas folgen. Ich weiß es nicht. Du musst Gott fragen, was er will, denn ich möchte nur seinen Willen tun."

Es schien, als verstünde mein Mitbruder diese Fragen nach dem Willen Gottes nicht. Und ich musste ihm immer wieder sagen: „Wo ich hinwill? Ich weiß es nicht!" Sogar die anderen drei Brüder aus der Prüfungskommission korrigierten ihn: „Aber der Frei hat es bereits gesagt, er möchte den Willen Gottes tun. Man muss abwarten, um zu sehen, was Gott will." Ich erlebte also, dass es Menschen gab, die es nicht verstanden.

Zu jener Zeit war auch mein Cousin Ferdi[60] hier. Sein Vater, mein Onkel, machte sich große Sorgen um seinen Sohn. Ferdi war studierter Landwirt und sein Vater fragte sich, wie wohl seine Zukunft aussehe. Der Vater sagte: „Dort in Brasilien wird

---

60 Ferdi Mersch (deutscher Landwirt), der mit Sergio Kano, heute Fokolar in Japan, und Nelson Teil der ersten kleinen Gruppe der Freiwilligen zu Beginn der Fazenda da Esperança war.

er keine Frau finden. Momentan kann ich ihm helfen, eine gute Anstellung zu finden, eine gute Position, aber später bin ich im Ruhestand, wie wird es dann mit ihm weitergehen? Er wird nicht mehr auf dem neuesten Stand sein und keinen Arbeitsplatz in Deutschland bekommen."

Diese Entschiedenheit, mit der die jungen Leute lebten – man könnte auch Radikalität sagen –, ließ die Erwachsenen sich sorgen. Normalerweise studiert man, dann arbeitet man, verdient Geld und heiratet. Und Ferdi sowie die anderen jungen Leute machen das Gegenteil: Sie dachten nur daran, das Wort des Evangeliums zu leben und für den Nächsten da zu sein, und das sorgte für viele Bedenken. Da die Leute in der Pfarrei nicht mit den jungen Leuten redeten, kamen sie zu mir ins Pfarrhaus.

Jedes Mal, wenn ich nach Deutschland kam, suchte mich mein Onkel auf. Ich erklärte ihm immer: „Das Evangelium sagt: ‚Wer mich liebt, dem offenbare ich mich‘, und Ferdi liebt ganz konkret die Armen, also wird Gott sich offenbaren." Bei einem anderen Besuch fragte mein Onkel mich: „Hat Gott sich schon offenbart?" Und ich antwortete: „Wahrscheinlich nicht, aber bleib ganz gelassen."

Mein Onkel ging in Rente, Ferdi blieb sieben Jahre in Brasilien und kehrte danach nach Deutschland zurück. Er fand eine Frau, die Ärztin ist, und sie sind glücklich verheiratet. Er bekam eine Arbeitsstelle im Landwirtschaftsministerium in Bonn, mit der der Vater niemals gerechnet hätte. Er verdient gut und hat eine sehr gute Position. Gott hat sich offenbart!

Für mich war das alles natürlich auch sehr neu und ich versuchte, die jungen Leute zu schützen. Denen aus der Pfarrei, die sich Sorgen machten, sagte ich: „Sie machen nichts falsch, sie leben das Evangelium." Sie meinten aber: „Das ist doch Fanatismus, wie soll denn ihre Zukunft aussehen? Du bist dafür verantwortlich, wenn sie ohne Ausbildung und Chancen für die Zukunft irgendwann auf der Straße landen." Dadurch war es für mich am Anfang ein bisschen schwer.

Doch die Freude, die ich spürte, ließ mich immer die feste Überzeugung haben: „Das kommt von Gott, denn die Früchte zeigten es deutlich: Es geschahen Bekehrungen und junge Leute führten ein drogenfreies Leben, in dem gelebtes Evangelium sichtbar wurde."

Als das Sozialwerk wuchs und sich eine gewisse Struktur entwickelt hatte, verstanden die meisten Menschen: „Das hier ist eine seriöse Sache, das ist kein Fanatismus einer kleinen Gruppe." Und unser Sozialwerk wuchs noch weiter, es kamen immer mehr Menschen dazu, die sich an Gott binden wollten. Das geschah anfangs in persönlichen Versprechen, weil es ja noch keine offizielle Gemeinschaft gab, aber deswegen waren ihre Schritte nicht weniger ernsthaft gemeint.

Später wurde diese Gruppe größer, aber ich erinnere mich noch genau an die ersten sieben, die sich Gott geweiht haben.[61] Wir feierten in einer Kapelle in Lagarto (Sergipe) einen Moment der Weihe an Gott. Das Werk wuchs und doch verstanden auch wir im Grunde nicht, was Gott damit genau vorhatte. Wir spürten eine große Freude und doch wussten wir immer noch nicht, was Gott mit uns und durch uns bewirken wollte.

Gibt es einen Moment in der Geschichte der Fazenda, von dem du sagen würdest, dass Gott die Geschichte zu schreiben begann? Wann habt ihr bemerkt und verstanden: „Hier ist Gott am Werk!"?

---

61 Die ersten sieben, die sich in der Familie der Hoffnung Gott geweiht haben, sind: Nelson Giovanelli Rosendo dos Santos, Lucilene Rosendo dos Santos, Cesar Alberto dos Santos, Anderson Joaquim de Carvalho Fontes, José Luiz de Menezes, Ana Maria Guimarães und Iraci da Silva Leite.

Es gab nicht nur einen Moment. Es gab mehrere Momente, in denen wir es zu ahnen begannen, besonders als mich Erzbischof Aloísio Lorscheider[62] zu sich rief und sagte: „Du musst etwas tun, eine Gemeinschaft oder irgendetwas gründen." Ich antwortete: „Ich möchte nichts gründen, dazu bin ich nicht berufen." Und ich erinnerte mich wieder an diesen Komplex, den der Ausspruch des Lehrers in mir ausgelöst hatte, und ich dachte: „Wer bin ich, um irgendetwas zu gründen?" Der Erzbischof sagte zu mir: „Du bist Ordensmann, im Alter hast du einen Ort, an den du gehen kannst, du kannst in ein Kloster gehen, aber diese jungen Leute, die dir folgen, die schon ihre privaten Versprechen abgelegt haben und ihr Leben verschenken wollen, wo werden sie bleiben?" Damit traf er mich an meiner schwachen Stelle, denn es war klar, dass ich für alle nur das Beste wollte und natürlich an ihre Zukunft und Altersvorsorge denken musste. So nahm ich die Idee, etwas zu gründen, innerlich an.

Erzbischof Aloísio selbst half uns und später die Bischöfe Acácio, Bernadino und Mário[63], die ersten Statuten zu entwerfen, und Erzbischof Aloísio, unser Diözesanbischof, erkannte uns als eine geistliche Familie an, als „Familie der Hoffnung", so der offizielle Name. Als er uns offiziell die Statuten und die Genehmigung der Kirche überreichte, dachte ich: „Hier entsteht etwas Neues."

Das war am 24. Dezember 1999. Erinnerst du dich, wer die Idee hatte, diese Gemeinschaft „Familie der Hoffnung" zu nennen?

---

62 Erzbischof Aloisio Kardinal Lorscheider, OFM (1924–2007), war von 1995 bis 2004 Erzbischof von Aparecida (São Paulo).
63 Bischof Acácio Rodrigues Alves (1925–2010) war von 1962 bis 2000 Bischof von Palmares (Pernambuco); Bischof Bernardino Marchió (*1943) war von 1993 bis 2002 Bischof von Pesqueira (Pernambuco) und von 2002 bis 2019 Bischof von Caruarú (Pernambuco); Bischof Mario Rino Sivieri (1942–2020) war von 1997 bis 2017 Bischof von Propriá (Sergipe).

Ich erinnere mich, dass es während einer Generalversammlung des Sozialwerkes war. Bischof Dino half uns, jene Gegenwart Jesu unter uns allen aufzubauen, und wir können wohl sagen, dass es der auferstandene Herr in unserer Mitte war, der uns die Idee gab, der Gemeinschaft diesen Namen zu geben. Jesus ist einfach der beste Ideengeber.

Der Name „Fazenda da Esperança" kam durch das brasilianische Fernsehprogramm Fantástico zustande, durch die Reporterin Helena. Sie besuchte uns, um eine Reportage zu machen, und blieb drei Tage auf der Fazenda. In einem Interview mit Didi[64] sagte sie: „Hier sind wir auf der Fazenda da Esperança mit Didi …" Nelson rief sie danach zu sich und sagte: „Hier ist nicht die ‚Fazenda da Esperança', hier ist das ‚Haus der Güte'." Bischof Geraldo[65] hatte es auch so genannt und sie sagte: „Kein Grund zur Sorge." Die Reporterin Helena veröffentlichte dieses Material mit diesem Namen und seitdem hat ihn niemand mehr verändert. Es war wirklich prophetisch.

Als es dann den Namen „Fazenda da Esperança" („Hof der Hoffnung") gab, war es logisch, dass wir unsere geistliche Familie „Familie der Hoffnung" nennen würden. Für die „Familie der Hoffnung" gab es dann wie gesagt die ersten Statuten und die diözesane Anerkennung durch den Bischof.

Im Jahr 2010 wurde die Familie der Hoffnung „ad experimentum", das heißt für einen Zeitraum von fünf Jahren, vom Vatikan als eine internationale private Gemeinschaft von Gläubigen anerkannt.

---

64 Valdir Gonçalves de Oliveira (*1950), bekannt als Didi, hat sich 1985 auf der Fazenda da Esperança rekuperiert und zusammen mit seiner Frau und seinen Kindern sind sie Freiwillige der Fazenda da Esperança und Mitglieder der Familie der Hoffnung.
65 Bischof Geraldo Maria de Morais Penido (1918–2002) war von 1982 bis 1995 Erzbischof von Aparecida (São Paulo), Brasilien.

2015 geschah die definitive Anerkennung. Seit zwanzig Jahren gibt es die Familie der Hoffnung. Was bedeutet sie für dich? Wie schaust du heute auf diese Wirklichkeit der geistlichen Familie?

Als wir offiziell anerkannt wurden, war Kardinal Rylko[66] der Verantwortliche für das Dikasterium[67] der Laien. Mit dem Dekret in den Händen sagte er: „Beim Lesen wurde mir bewusst, welch schönen Namen ihr habt. Zuerst seid ihr Familie; zweitens habt ihr ein Charisma: die Hoffnung."

Als er mit Begeisterung das „Wir sind Familie" erklärte, prägte es sich tief in meine Seele ein. Und wie sehr hat die Welt heute das Bedürfnis nach Familie! Viele unserer jungen Leute kommen aus getrennten Familien (circa 70 Prozent). Viele Familien leben in einem Trennungsprozess oder es kriselt in der Ehe und jeder Partner lebt allein und isoliert vor sich hin.

Heute sind die Beziehungen ein großes Problem. Das gilt selbst für die Orden, die eine geistliche Familie sein sollten. Wie viele von ihnen schaffen es nicht, echte Beziehungen aufzubauen? Deshalb dachte ich: „Kardinal Rylko hat recht, Gott hat uns zu einer Familie zusammengestellt." An jedem Ort, an dem es eine Fazenda gibt, versuche ich bei meinen Besuchen immer, diesen Geist von Familie zu leben. Mein eigenes Haus hat immer offene Türen, um sich zu treffen. Die Familien kommen mit ihren Kindern und sie können dort spielen. An Ostern gibt

---

66 Erzbischof Stanislaw Kardinal Rylko (*1945) ist seit 2003 Vorsitzender des Päpstlichen Rates für die Laien im Vatikan.
67 Als Dikasterien (griech. Δικαστήριον – dikastērion: „Gericht", von δικάζω – dikázo: „entscheiden") bezeichnet man die einzelnen Ämter (Dezernate) der römischen Kurie. Sie sind die vom Papst (Heiliger Stuhl) mit der Leitung der römisch-katholischen Kirche beauftragten Zentralbehörden. Zu ihnen zählen das Staatssekretariat, die Kongregationen, die kirchlichen Gerichtshöfe, die Päpstlichen Räte, Kommissionen und Ämter (https://de.wikipedia.org/wiki/Dikasterium).

es sogar eine Ostereiersuche! Wir leben Familie und feiern Feste, weil wir eine Familie sind!

In unserem Namen steckt auch das Wort „Hoffnung". Was ist Hoffnung? Die Hoffnung ist Gott, er ist die große Hoffnung. Damit sind nicht die kleinen „Hoffnungen" in dem Sinne gemeint, dass man auf eine gute Ehe, eine gute Arbeit, einen Lottogewinn oder Ähnliches hofft. Nein, die Hoffnung ist Gott, Jesus Christus. Und unsere Aufgabe ist es, Gott zu den Menschen zu bringen. Aber wer Gott zu den Menschen bringen möchte, muss ihn erst einmal in sich haben. Wenn du ihn nicht „hast" (im Sinne von „erfahren"), kannst du ihn nicht weitergeben.

Und wo können wir Jesus erfahren? Unter uns, wenn wir in seinem Namen versammelt sind, in der Eucharistie, am Kreuz, im Wort Gottes. Jesus ist überall dort und wenn wir ihn erfahren, können wir ihn weitergeben und Menschen Hoffnung geben. Deswegen haben wir eine sehr schöne und ganzheitliche Berufung. Weil Jesus durch die Dreifaltigkeit Familie ist, ist er Beziehung. Er ruft uns auf, Hoffnung zu sein, Familie zu sein. Und diese Familie mit Jesus in ihrer Mitte ist aufgefordert, ihn auch nach draußen zu tragen. Jesus kann nicht nur auf die Familie beschränkt bleiben, als wäre es eine geschlossene Gesellschaft, ein Verein, sondern die Familie muss offen sein.

Papst Franziskus spricht von einer Kirche, die hinausgeht. Das ist unsere Berufung: Familie zu sein und die Gegenwart Jesu unter uns zu haben, damit wir dann diese Hoffnung in die Welt tragen.

Das ist wie bei einem Akkordeon: Du ziehst es auf und zu, damit so die Melodie erklingen kann. Auf uns übertragen bedeutet das: Wir müssen zusammenkommen und dann wieder hinausgehen, uns wieder treffen und wieder hinausgehen etc. So hat es auch Jesus gemacht; er hat gesammelt und ausgesandt.

Auf diese Weise wird eine Melodie erklingen, ein göttliches Lied, ein Lied der Hoffnung!

Familie ist etwas sehr Wichtiges für dich und die Gemeinschaft, die entstanden ist. Eure Gemeinschaft ist eine Antwort auf diesen Wunsch, Familie zu sein. Das begeistert, denn dazu gehören auch Kinder und alte Menschen. Es ist möglich, die zukünftigen Generationen aufwachsen zu sehen, und die Älteren dürfen in Würde sterben. Es ist eine Lebensgemeinschaft von Laien, mit zölibatär Lebenden, Verheirateten, Priestern, Jugendlichen auf der Suche nach ihrer Berufung, alten Menschen ... In einer Zeit des Individualismus ist es ein großes Zeugnis, in Gemeinschaft zu leben, Gütergemeinschaft verwirklichen und Entscheidungen gemeinsam zu treffen. Welche wird die größte Herausforderung dieser Gemeinschaft in der Zukunft sein?

Vereint zu bleiben, Familie zu bleiben, Jesus in der Mitte zu haben und dem Wort Gottes treu zu sein. Es sind einfache Dinge, aber sie sind fundamental. Ab dem Moment, indem wir das nicht mehr leben, wird das Charisma der Hoffnung sterben. Unsere großen Bedrohungen sind das Handy, das Internet, der Konsum, der Individualismus etc. Das sind schwere Herausforderungen für jegliche Berufung und jede Form von Gemeinschaft.

Das Heilmittel dafür ist, zusammen zu sein, sich gegenseitig zu helfen. Dann ist es wichtig, Wege zu finden, damit man das Internet nicht über das Miteinander stellt, dass das Gespräch, der Austausch weiterhin dominiert und man Uhrzeiten einhält und sich selber Grenzen setzt.

Wenn ich eine Fazenda besuche, erlebe ich manchmal, dass viele Rekuperanten wieder gehen, weil es scheinbar nicht die Atmosphäre ist, die sie anzieht und zum Bleiben bewegt. Wenn ich mich dann mit den Verantwortlichen treffe und auch mit den Jungs spreche, erzählen sie mir oft: „Ah, der Padrinho[68] ist immer auf seinem Zimmer und surft im Internet; er hat gar keine Zeit für uns."

Was lässt die jungen Leute in Rekuperation ohne Handy, ohne Freund*in, ohne Zigaretten, ohne Besuch in den ersten drei Monaten und mit der Pflicht zu arbeiten – all das ist sehr herausfordernd – bei uns bleiben? Was sie hält, ist der Wunsch, „Familie zu sein", im Grunde auf das zu treffen, was jeder Mensch sich wünscht. Wir Menschen sind geschaffen, es ist sozusagen in unserer DNA angelegt, Familie zu sein, weil wir vom dreifaltigen Gott her erschaffen sind. Und dieses Leben unter uns hält die Jugendlichen auf der Fazenda.

Bereust du es, den Vorsitz der Familie der Hoffnung abgegeben zu haben? Vielleicht auch, weil du merkst, dass die zweite Generation andere Positionen hat, andere Gaben, die nicht mit deinen übereinstimmen? Oftmals zeigt der Prozess des Übergangs von den Gründern zu der zweiten Generation Schwächen und beinhaltet Herausforderungen. Wie siehst du diesen Prozess?

Nein, ich bereue es nicht. Unter uns gibt es keine Konkurrenz, im Gegenteil, es kommt eine neue Generation, eine neue Generalleitung, um mit anzupacken, um gemeinsam neue Ideen zu entwickeln und ich kann nur sagen: Gott sei Dank. Niemand ist unersetzbar und die jungen Leute stellen die neue Generation dar.

---

68 Padrinho auf der Männerfazenda und Madrinha auf der Frauenfazenda ist ein/eine Jugendliche/r, nachdem er/sie seine/ihre Rekuperation oder Freiwilligenzeit von einem Jahr beendet hat. Oftmals ist er/sie verantwortlich für die Rekuperant*innen, die in einem Haus zusammenleben.

Wir brauchen junge Leute, die besser verstehen, und wir „Alten" sagen ganz schnell: „So war es immer und wir wollen so weitermachen wie bisher." Dabei ist eine Erneuerung positiv.

Wenn ich sehe, wie viele Dinge die neue Generalleitung gemacht hat, denke ich: „Was für eine großartige Sache, wie interessant!" In anderen Bereichen kann es sein, dass das Ergebnis nicht so positiv war, dann korrigiert man sich. Aber dies geschieht gegenseitig und ich kann dann sagen: „Ich würde es aus diesem oder jenem Grund nicht so machen." Da wir zusammen wohnen, unterhalten wir uns ständig am Tisch und das ist ein Reichtum. So ergänzen wir uns gegenseitig! Das ist ein echter Segen.

Ich habe mich als Gründer nie zur Seite geschoben gefühlt und auch nicht gehört, dass die jungen Leute sagten: „Du bist jetzt nicht mehr Präsident, also geh weg!" Im Gegenteil, sie bitten immer um Hilfe, sie fragen mich und wir helfen uns gegenseitig.

Wir, die Gründer, haben nun mehr Zeit für die Aus- und Fortbildung. Wir reisen mit einer Gruppe von 50 bis 60 „ES"[69] für einige Wochen und besuchen die Fazendas. Wir nennen diese Erfahrung Internationale Missionsschule (EMI - Escola Missionária International), bei der sich die jungen Leute weiterbilden und Berufungen entstehen. Das ist eine wunderschöne Zeit!

Die Generalleitung abzugeben, war das Beste, was wir tun konnten, um die neue Generation ans Ruder zu lassen, denn es ist ja auch so, dass das Werk sehr gewachsen ist und es nötig ist, dass die jungen Leute mitgehen.

---

69 ES (= Esperança) ist die Abkürzung für eine/n Rekuperant/in, die/der seinen Weg von zwölf Monaten auf der Fazenda da Esperança beendet hat und nun Hoffnung für die Welt ist.

Ihr seid jetzt also nicht vier Leute weniger, sondern vier mehr, die sich neuen Ideen öffnen, was im Grunde auch in einer Familie so ist. In einer Familie verhält es sich ja ähnlich: Es kommen die Kinder, Enkel, Urenkel und das Leben geht weiter und wächst. Siehst du das auch so?

Ja, wer nicht dezentralisiert, nicht abgeben kann, zerstört das, was er aufgebaut hat, tötet das eigene Werk.

Im Jahr 2019 wurde die Familie der Hoffnung zwanzig Jahre alt. Sie ist nicht so bekannt wie die Fazenda da Esperança. Ihr habt euch entschieden, diesen Moment zu feiern, damit die Gemeinschaft sichtbarer wird. Was war deine Absicht, dein Wunsch mit diesem Fest der Familie der Hoffnung?

Dieses Fest war nicht nur wichtig, damit die Menschen außerhalb der Gemeinschaft verstehen, wer wir sind, sondern auch für uns, für unsere Mitglieder der Gemeinschaft. Die Gemeinschaft hat ja viele Mitglieder, aber viele von ihnen sind so involviert in die täglichen Aufgaben der Fazenda, dass ihnen oft das Bewusstsein für den Auftrag der Familie fehlt.

Manchmal frage ich mich: „Sollte es irgendwann einmal keine Drogenabhängigen mehr geben, sodass die Fazendas nicht mehr nötig sind, würde dann auch unsere Berufung am Ende sein? Wird die Familie der Hoffnung enden?" Auf keinen Fall, denn die Familie hat eine ganz besondere Mission, ein Charisma: die Hoffnung in die Welt zu tragen. Und Hoffnung braucht jeder, nicht nur die Rekuperant*innen. Deswegen nutzten wir dieses Jubiläum, um dies allen ins Bewusstsein zu rufen.

Vor dem Fest der Familie der Hoffnung organisierten wir mit unserem Mediensektor über das Internet jede Woche ein Treffen für die verschiedenen Gruppen je nach Grad der Zugehörigkeit zur Gemeinschaft. Es war wie eine Fortbildung und die Resonanz war großartig.

Im November 2019 gab es ein großes Fest, zu dem wir aus der ganzen Welt die Mitglieder einluden. Wir haben Einkehrtage gemacht und den „Espaço do Sim"[70] feierlich eingeweiht. Es kamen mehr als 2.000 Menschen, die meisten von ihnen kamen aus unserer Stadt, in der es immer noch viele gibt, die die Fazenda nicht kennen. Wir konnten bei ihnen und auch bei unseren Mitgliedern neu die Schönheit dieses Weges der Hoffnung in den Mittelpunkt stellen. Hier lebt ein Charisma, von Gott geschaffen, und dieses Charisma ist die Familie der Hoffnung.

Im Grunde ist es ein Weg der Bewusstseinsbildung, um zu verstehen, wer wir sind. So als würden wir plötzlich aufwachen und erkennen: „Wow! Wir haben eine Aufgabe in dieser Welt. Ich wurde gerufen, ich habe eine Berufung." Siehst du das auch so?

Genau das ist es: erwachen und die Mission annehmen. Ein Mensch zu sein, der die Augen auf die Orte der Welt richtet, wo es Hoffnung braucht, und dahinzugehen, wo wir noch nicht sind.

Wir haben zum Beispiel eine Einladung nach Thailand erhalten. Natürlich hatten wir zunächst Angst, weil es ein anderes, buddhistisches Land ist und eine unbekannte Kultur hat. Es

---

70 *Espaço do Sim* ist der „Ort des JA-Wortes Mariens", der eine Reliquie, einen Stein des Hauses Mariens aus Nazareth im Heiligen Land, beherbergt. Der Ort erinnert an das „Mir geschehe" Mariens, die offen war für den Ruf Gottes. Ebenso beherbergt der Ort eine Statue von Maria, die die Hoffnung, Jesus Christus, in die Welt hinausträgt (= *Maria em Saída para levar a Esperança*).

ist weit weg, und Thai ist eine schwere Sprache, die wir lernen müssten.

Der Kardinal, der uns einlud, sagte: „Man braucht nur ein Jahr, um die Sprache zu lernen, und danach könnt ihr anfangen zu arbeiten." Wir hatten trotzdem Angst, wollten aber offen sein. Wenn wir die Einladung durch den Kardinal bekommen hatten, dann mussten wir uns doch fragen: Wer hat sein Herz berührt, um uns zu rufen? Gott selbst! Und deswegen konnten wir nicht Nein sagen. Angst zu haben ist eine Sache, aber Nein zu sagen und sich dem Willen Gottes zu verschließen eine andere.

Maria hatte auch Angst, als der Engel ihr die Ankunft Jesu verkündete, und deshalb fragte sie: „Aber wie soll das geschehen?" Und der Engel antwortete: *„Der Heilige Geist wird über dich kommen und die Kraft des Höchsten wird dich überschatten"* (Lukas 1,35). Und sie sagte Ja!

Demnach dürfen wir Angst haben – und uns fragen: „Wie wird es passieren?" In diesem Moment spüren wir aber, dass Gott und der Heilige Geist uns helfen werden, denn es ist sein Werk und mit diesem Vertrauen gehen wir weiter.

Ihr habt keinen Strategieplan, wohin ihr geht, an welchen Orten ihr Fazendas eröffnen wollt. Zum Beispiel gibt es in den USA keine Fazenda. Aber ihr würdet nie auf die Idee kommen, einen Plan zu machen, wie ihr dort eine Fazenda gründen könntet. Immer werdet ihr von jemandem gerufen und dann erst geht ihr. So geschah es auch in Florida und in Texas (USA), doch dann ging es dort nicht vorwärts. Die Tatsache, dass dort keine Fazenda entstehen konnte, versteht ihr als Zeichen, das heißt: Es ist nicht dieser Ort, es ist nicht der Moment, ihr seid dafür noch nicht vorbe-

reitet. In diesen Fällen seid ihr treu und lasst euch leiten, wohin Gott euch ruft. Das ist sehr beeindruckend.

Wenn wir die Gewissheit haben, dass Gott uns ruft, wenn die Signale eindeutig sind, haben wir Kriterien und keine Angst, denn es wird funktionieren.

Es gibt etwas ganz Besonderes auf der Fazenda da Esperança im Männerzentrum in Guaratinguetá. Kannst du uns erzählen, wie diese Idee entstanden ist und wie sie verwirklicht wurde? Was sind die Früchte dieser Gegenwart der Heiligen Klara neben dem Charisma des Heiligen Franziskus?

Das war wirklich etwas Göttliches. Man kann sagen, dass Gott es in die Hand genommen hat und es geschehen ließ. Als ich noch ein junger Priester war, lud mich mein Mitbruder, Frei Vitório Mazucco[71], ein, um den Klarissen in Petrópolis (Rio de Janeiro) einen Vortrag zu halten. Dort waren alle Oberinnen aus allen Klöstern Brasiliens versammelt. Ich ging mit großer Freude dort hin, auch weil ich Franziskaner bin. Ich erzählte ihnen ein bisschen aus meinen Leben und wie ich versuche, das Evangelium zu leben, und ich berichtete auch von den ersten Ergebnissen, die in der Rekuperation der jungen Leute durch das Leben mit dem Evangelium entstanden. Der Heilige Franziskus, der das Wort Gottes lebte, sagte immer: „Die Liebe wird nicht geliebt", und umarmte die Leprakranken.

Nach dem Vortrag kamen einige Schwestern auf mich zu, um mehr darüber zu erfahren, wovon ich gesprochen hatte. Eine

---

71 Frei Vitorio Mazucco (*1953), Meister der franziskanischen Spiritualität, trat 1973 in den Orden der Franziskaner (OFM) ein.

Oberin der Stadt Lages (Rio Grande do Sul) fragte mich, ob ich nicht über die Möglichkeit nachdenken könnte, ein Kloster in Guaratinguetá (São Paulo) zu gründen. Ich sagte zu ihr, dass wir darüber nachdenken könnten, und wenn Gott es wolle, sei ich offen dafür. Sie besuchte sogar die Fazenda in Casca (Rio Grande do Sul) mit den Schwestern aus Lages, um über die Idee einer Gründung nachzudenken, aber es waren zu wenige Schwestern, die die Offenheit dazu hatten, und der Bischof war nicht einverstanden, weil es mindestens vier Schwestern für eine Neugründung sein müssen.

Nach einer gewissen Zeit kamen die Schwestern eines anderen Klosters aus Campina Grande (Paraíba) zu uns. Sie fragten, ob sie mit einigen Schwestern eine Klosterneugründung auf der Fazenda machen könnten. Es waren vier Schwestern. Wir dachten darüber nach und fanden es sehr interessant, denn sie vervollständigten unser Charisma des Heiligen Franziskus. Und auch die Schwestern unter uns am Sitz der Gemeinschaft zu haben, die für alle Fazendas auf der Welt beten würden, war eine Idee, die uns faszinierte.

Ich habe das kontemplative Leben immer geschätzt und hatte immer eine tiefe Verbindung zu den Klarissen[72]. Nach meiner Priesterweihe, die an einem Freitagnachmittag in meiner Heimatgemeinde stattfand, fuhr ich ins Klarissenkloster in Paderborn und übernachtete dort. Ganz früh am nächsten Samstagmorgen feierte ich meine erste Heilige Messe im Kloster. Das war ein sehr intimer Moment, nur meine Familie, meine Geschwister und ein paar Freunde waren anwesend. Nachdem ich den ganzen Samstag dort im Kloster verbracht und auch dort

---

72 Klarissen, der Orden der Heiligen Klara, 1212 gegründet, ursprünglich als Orden der Armen Damen bezeichnet und später als Arme Klarissen, Klarissinnen. Es ist der zweite Orden des Heiligen Franziskus – es ist ein katholischer Frauenorden, der in klösterlicher Klausur lebt (vgl. https://www.klarissen.de).

übernachtet hatte, feierte ich die offizielle Primizmesse in der Gemeinde. Ich hatte also immer eine starke Verbindung mit den Klarissen. In den Ferien besuchte ich sie immer und feierte Messen mit ihnen. Heute sind die Klarissen von Paderborn nach Salzkotten gezogen, wo sie von den Franziskanerinnen in einem Flügel des Altenheimes aufgenommen wurden.

Ich fand also die Idee, ein Kloster auf der Fazenda zu haben, sehr interessant. Wir hatten ein leerstehendes Haus und nach ein paar Monaten zogen dort vier Schwestern ein. Sie wohnten in diesem Haus allerdings nur vorübergehend. Sie hatten eine so offene Art, als wäre es eine Zeit der Mission. Sie nahmen an den Aktivitäten teil und begleiteten mich zu den Messen in den Kapellengemeinden in der Umgebung und zu vielen anderen Orten. Besonders schön war, dass wir das Kloster gemeinsam bauten. Wir besprachen jeden Schritt des Baus zusammen und die Vorsehung, das heißt die finanziellen Mittel für den Bau, kam auch an. Das alles war eine besondere Erfahrung.

Von den vier ersten Schwestern ist die Älteste, Schwester Assunta, verstorben. Später kamen weitere Berufene, das heißt neue Schwestern, dazu und bald war das Kloster voll besetzt. Inzwischen ist sogar von dort eine Gruppe von Schwestern zu einer weiteren Neugründung in Anápolis (Goiania) aufgebrochen, aber nach und nach kamen wieder junge Frauen und baten um Aufnahme. Heute ist das Kloster fast schon wieder voll besetzt.

Es ist sehr außergewöhnlich, dass ich jeden Tag, wenn ich in Guaratinguetá bei mir zu Hause bin, während der Messe circa 120 junge Drogenabhängige in Rekuperation vor mir habe und zu meiner Linken die Klarissen. Das alte Charisma der Klarissen neben einem aktuellen, ernst zu nehmendem Problem der Drogenabhängigen. Vielleicht kann man die Drogenabhängigen auch als „die heutigen Leprakranken" bezeichnen. Und der heilige Franziskus, der so sehr die Leprakranken liebte, ist sicherlich sehr zufrieden genauso wie die heilige Klara, da sie in ihren Schwestern unter diesen Jugendlichen sein kann.

Es ist ein sehr bewegender Moment, wenn eine junge Frau in das Kloster eintritt. Vom Ritus her ist es so, dass sie wie eine Braut gekleidet bis zum Altar geht. Dort sagt sie ihre Bitte um Aufnahme ins Kloster, legt ihr erstes Versprechen ab und erhält das Ordensgewand. Sie verabschiedet sich von den Eltern und der Familie und tritt durch die Klostertür in die Klausur. Der Priester oder Bischof, der die Messe feiert, schließt die Tür als Zeichen, dass sie jetzt in der Klausur ist. Man kann sich vorstellen, dass das sehr bewegend ist und Tränen bei den jungen Leuten der Fazenda hervorruft. Manche von ihnen erinnern sich an die Zeit, als sie zum Beispiel ins Gefängnis gesteckt wurden, als jemand die Türen hinter ihnen schloss und sie nicht mehr herauskonnten. Im Gegensatz zu den Ordensschwestern taten sie das natürlich nicht freiwillig, sondern jemand zwang sie zu dieser „Klausur".

Ein anderer starker Moment ist bei der Ankunft der jeweils neuen Gruppen von Rekuperanten, die den Prozess auf der Fazenda beginnen. Wir stellen sie in der Messe der Gemeinschaft vor. Jeder sagt seinen Namen, woher er kommt, warum er hier ist und dann bitte ich sie, zur Seitenkapelle der Klarissen zu gehen. Die Schwestern singen ihnen dann den Segen der Heiligen Klara. Es ist schön zu sehen, wie diese starken Männer, die oftmals von der Straße aus der Drogen- und Gewaltszene, aus dem Gefängnis oder aus dem Zusammenleben mit Dealern kommen, auf einmal die Stimme der Schwestern hören, die für sie singen und für sie den Segen Gottes erbeten. Manche fangen an zu weinen, weil sie so gerührt sind. Dieser Segen hat eine tiefe Bedeutung für sie.

Wenn ein Jugendlicher seinen Weg auf der Fazenda vor der Zeit abbrechen möchte und zu mir kommt, um mit mir darüber zu sprechen, frage ich ihn immer: „Hast du dich schon von den Schwestern verabschiedet?" Wenn er mit Nein antwortet, sage ich: „Wenn du wirklich deine Rekuperation abbrechen willst, dann geh und verabschiede dich von den Klarissen. Als du damals angekommen bist, hast du den Segen bekommen und sie haben die ganze Zeit für dich gebetet. Und jetzt willst du gehen, ohne dich zu verabschieden?" Oft genug geschieht es, dass ich diesen jungen Mann Wochen später immer noch auf der Fazenda sehe und er geblieben ist und seinen Weg fortsetzt. Ich frage nicht und möchte auch nicht wissen, warum, aber ich bin mir sicher, dass das Gespräch mit den Schwestern, diese weibliche Gegenwart eines Menschen, der sich Gott ganz verschenkt hat, das Herz der Jugendlichen berührt.

Also ist die Gegenwart der Klarissen in unserer Mitte ein Segen für uns, für die Jugendlichen und natürlich auch für die Klarissen, denn sie haben immer die vor Augen, für die es sich lohnt zu beten. Ich denke auch, dass das der Hauptgrund für so viele Berufungen in diesem Klarissenkloster ist.

Außer den Klarissenschwestern gibt es andere Schwesterngemeinschaften, die auf den Fazendas oder ganz in der Nähe leben und sich um die jungen Leute kümmern, ihnen Katechese geben, sie auf ihrem Weg unterstützen oder ganz praktische Arbeiten übernehmen. Kannst du ein bisschen mehr darüber erzählen?

Das ist auch ein großer Reichtum für uns, ein echter Segen. Als erste Schwesterngemeinschaft lebten die Franziskanerinnen von Sießen mit uns.[73] Sie sahen auf den Fazendas die Möglichkeit, mit uns zu arbeiten, und so haben wir sogar einen Bund mit ihnen geschlossen. Wenn wir täglich den Rosenkranz auf den Fazendas beten, bitten wir Gott, dass er diesen Bund immer erneuert und stärkt. Am Anfang übernahmen diese Schwestern die Arbeit in Pedrinhas/Brasilien, danach im Frauenzentrum in Guaratinguetá/Brasilien. Später arbeiteten sie mit den Aidskranken und auch auf der Fazenda da Esperança in Berlin.

Gemeinschaften folgten diesem Beispiel und heute haben wir mehr als zwanzig unterschiedliche Ordensgemeinschaften, die auf den verschiedenen Fazendas weltweit arbeiten, was zweifellos eine sehr wichtige Sache ist. Ich sage immer, dass sie wie eine Gegenwart Mariens unter den jungen Leuten sind und so spürbar das Klima auf dem Hof verändern. Einige von ihnen benutzen ein Ordensgewand, andere nicht, aber allein ihre Gegenwart bringt die Gegenwart Gottes und bewirkt, dass die Rekuperant*innen sich nicht mehr trauen, auf ihre alte Weise zu leben, aufdringliche Witze zu machen oder sich unangemessen zu verhalten. Die Tatsache, dass sie unter uns leben, bewirkt für alle eine geschwisterliche Atmosphäre.

Ich bete täglich, dass Gott noch mehr Ordensgemeinschaften bewegt, mit der Fazenda einen Weg zu gehen, denn es ist ein Segen für beide Seiten.

Wenn wir über die Schwestern sprechen, müssen wir auch von einem sehr schmerzhaften Moment erzählen. Im Schwesternkonvent auf der Fazenda versuchte ein Einbrecher, Geld zu rauben, und

---

73 Kongregation der Franziskanerinnen von Sießen, Bad Saulgau, Diözese Rottenburg Stuttgart, https://www.klostersiessen.de.

tötete dabei Schwester Odete[74]. Du sprichst viel vom verlassenen Jesus und dass es gilt, die Kreuze zu umarmen. Obwohl man theoretisch weiß, dass so etwas passieren kann, sind wir immer unvorbereitet, wenn es tatsächlich passiert. Nie hätte jemand gedacht, dass so eine Gewalttat auf der Fazenda möglich ist. Schwester Odete war eine gottgeweihte Frau, sie lebte die selbstlose Liebe unter den Jugendlichen und setzte ohne Zweifel ihr Leben als Zeugin dieser Liebe ein. Wie bist du mit diesem Überfall umgegangen?

Das war tatsächlich ein ganz besonderer und sehr schmerzhafter Moment. Ich erinnere mich, dass ich während des Überfalls mit Nelson auf den Kapverdischen Inseln in Afrika war. Der Kardinal hatte uns eingeladen, um die Eröffnung einer neuen Fazenda zu besprechen. Plötzlich bekamen wir die Nachricht, dass jemand unsere geliebte Schwester Odete getötet hatte.

Es war brutal und unerklärlich: Jemand von außerhalb, der Geld wollte, stieg in ihr Haus ein und tötete sie. Dieser Mann war ein verwirrter Mensch, und der Schmerz, den er verursachte, war sehr groß.

Ich erinnere mich, wie Nelson und ich diesen Schmerz umarmten und sagten: „Jesus, es gibt keinen Schmerz ohne dich. Wir möchten diesen Moment ganz bewusst leben, dieses Kreuz umarmen und unseren Bund mit dem verlassenen Jesus erneuern." Im Anschluss gingen wir zu den im Vorfeld festgelegten Terminen und machten das, was wir auf den Kapverdischen Inseln tun mussten. Danach kehrten wir nach Guaratinguetá zurück, um an der Beerdigung teilzunehmen.

---

74 Schwester Odete, Odete Aparecida dos Anjos, gehörte der Kongregation der Franziskanerinnen von Sießen an. Sie wurde am 24.07.2015 bei einem Überfall auf den Konvent der Schwestern innerhalb der Fazenda da Esperança São Libório ermordet. Sie wurde 65 Jahre alt.

Es war ein so großer Schmerz für uns, aber wir lebten weiter. Tag für Tag. Wir opferten, wie man so sagt, alles auf und waren uns sicher, dass Odete als Märtyrin gestorben war und so neue Berufungen und neues Leben entstehen würden. In Gedenken an sie errichteten wir einen Ort für die Pilger, die in großen Scharen auf die Fazenda Pedrinhas kamen, und gaben diesem Pilgerzentrum den Namen „Schwester Odete".

Solch eine Tragödie weist uns darauf hin, dass unser Werk nicht besteht, um Erfolg zu haben, und dass es nicht existiert, damit alles richtig läuft, sondern es erinnert uns daran, dass wir in der Welt leben wie alle anderen. Deswegen möchten wir der Liebe immer treu sein und alle Kreuze, Schmerzen und Schwierigkeiten umarmen, um sie geistlich zu verwandeln.

Genau das geschah nun auf der Fazenda in Pedrinhas, die auch Papst Benedikt XVI. besuchte. Wenn Leute auf die Fazenda kommen, merken sie, dass es dort anders ist; sie spüren die Gegenwart Gottes, einschließlich der Gegenwart von Schwester Odete, die zwar nicht mehr physisch, aber mit ihrem Geist, mit ihrem Leben, das sie hingegeben hat, weiter anwesend ist. Es ist eine Gnade für alle und auch für die Schwestern, die diesen Schmerz angenommen haben und sich weiterhin an diesem Ort verschenken.

Gab es auf der Fazenda keinen Moment während des Wachstums- und des Entwicklungsprozesses, indem du dachtest, dass das alles zu groß werden würde? Dass du die Kontrolle verlieren könntest?

Zweifellos ist das Werk sehr schnell gewachsen. Wenn wir Verantwortliche brauchten, um eine Fazenda hier oder da zu übernehmen, hatten wir oft das Gefühl, dass es uns an Leuten mangelte. Uns kam dabei weniger der Gedanke, ob das Werk außer Kontrolle gerät, sondern vielmehr, ob wir ernst genug und auf die richtige Art und Weise über die Eröffnungen dieser Fazendas nachgedacht hatten. Vielleicht hatten wir uns von menschlichen Beweggründen leiten lassen.

Eine Frage kam in mir immer wieder auf: „Will Gott das?" Sie hat immer mein Herz berührt. Aber dann gab es Ereignisse, die uns daran glauben ließen, dass es Gott war, der hinter all dem stand, was da geschah. Zum Beispiel wurde eine große Fazenda gespendet, und da war klar, dass Gott das Herz von Menschen berührt hatte, etwas zu spenden, oder er hatte eine Institution, eine Kirche oder selbst die Regierung berührt. Ein weiteres Beispiel sind die Berufungen, die Gott ausspricht. Er hat immer Berufungen erweckt. Gott ruft Menschen, ihm zu folgen, und er berührt Menschen, uns das Geld zu spenden, das wir brauchen. Im Laufe der Zeit war es immer derselbe Prozess: Eine Fazenda wird eröffnet und dann kommen die Berufungen, und das Geld, das nötig ist, trifft auch ein.

Diese Dynamik erleben wir schon seit Jahren und das führt dazu, dass wir heute sicherer sind. Sie gibt es schon seit dem Beginn des Werkes. Gott hat dieses Werk gewollt. Er hat uns gerufen, die Herzen vieler zu berühren, die sich heute verschenken, und er wird weiterhin Menschen in seine Nachfolge rufen.

Meine einzige Sorge ist, dass wir eines Tages aufgrund unserer Menschlichkeit aufhören, das Evangelium zu leben, die Liebe nicht mehr praktizieren, so wie es im Neuen Gebot steht, und aufhören, uns wirklich gern zu haben. Das macht mir Sorgen, denn so hätten wir nicht mehr die Gegenwart Jesu unter uns, denn er ist dort, wo die wahre Liebe ist.

Wenn wir treu in der Liebe sind, lassen wir Jesus immer unter uns sein. Dann wird es niemals einen Grund geben, sich vor der Zukunft zu fürchten oder zu denken, dass das Werk zu groß wird, dass es nicht mehr vorwärtsgeht. Wo Gott ist, geht alles vorwärts!

In diesem Zusammenhang muss ich an einen außergewöhnlichen Text in der Apostelgeschichte denken. Die Apostel verkündeten ohne Furcht den auferstandenen Christus und wurden verfolgt. Sie wurden bestraft und trafen sich vor dem großen Rat. Gamaliël, ein Pharisäer und Gesetzeslehrer, der vom ganzen Volk respektiert wurde, machte eine beeindruckende Feststellung, die ich hervorheben möchte. Als ihr es zum ersten Mal wagtet, mit euren Erfahrungen der Rekuperation in ein anderes Land zu gehen, standet ihr sehr unter Beobachtung. Fachleute aus der Suchtberatung und Therapie fanden euren Weg, durch das Wort Gottes ein neuer Mensch zu werden, lächerlich. Das war 1998, als ihr in Deutschland eine Fazenda gründetet. Hierzu passt, was Gamaliël sagte: „Darum rate ich euch jetzt: Lasst von diesen Männern ab, und gebt sie frei; denn wenn dieses Vorhaben oder dieses Werk von Menschen stammt, wird es zerstört werden; stammt es aber von Gott, so könnt ihr sie nicht vernichten; sonst werdet ihr noch als Kämpfer gegen Gott dastehen" (Apostelgeschichte 5,38-39). Kannst du uns erzählen, was in dieser Zeit passierte?

Bevor wir eine Fazenda in Deutschland gründeten, passierten ähnliche Dinge, wie du sie in deiner Frage darstellst. Ich habe schon von den Sorgen der Gemeinde und meiner franziskanischen Mitbrüder erzählt.

Als die deutsche Jugendministerin Claudia Nolte[75] für einen Tag unseren Hauptsitz in Guaratinguetá besuchte, wurde ihr klar, dass es dort anders war, als sie es aus Deutschland kannte. Sie bemerkte den geistlichen Aspekt und sagte zu mir: „Frei, so etwas brauchen wir in Deutschland." Ich antwortete schnell: „Nein. Ich kenne Deutschland gut, das ist zu bürokratisch." Sie ermutigte uns: „Das übernehme ich. Für fünf Jahre kann ich euch mit meinem Bundesministerium fördern."

Und so gründeten wir eine Fazenda in Deutschland. Frau Nolte gab das Okay vonseiten der Behörden, aber wir wollten auch die Zustimmung des Ortsbischofs haben. Also fuhren wir nach Berlin, um mit Kardinal Sterzinsky[76] zu sprechen. Er hörte uns aufmerksam zu, stellte viele Fragen und sagte: „Ihr könnt beginnen und später unterhalten wir uns noch einmal."

Zum Zehnjährigen feierten wir ein großes Fest und der Kardinal war dabei. In einer Festschrift zu diesem Anlass baten wir den Kardinal zu schreiben, was die Eröffnung der Fazenda da Esperança in Deutschland und in seiner Diözese für ihn bedeutete. Er schrieb diesen Artikel, und so erfuhr ich einige Dinge, von denen ich nicht dachte, dass sie so waren, es war sehr interessant. Der Kardinal erzählt darin, wie das erste Treffen mit uns für ihn war. Fast wie in einem Tagebuch schreibt er: „Es kamen junge Leute aus Brasilien, die ihre Erfahrungen von einer Drogenrekuperation ohne Fachleute erzählten, die aber sehr fröhlich wirkten und von ihren Erfahrungen mit Gott berichteten. Ich dachte, ob das wohl gut gehen würde? Deutschland ist ein anderes Land als Brasilien, es ist ganz anders organisiert. Aber ich ermutigte die jungen Leute und sagte: ‚Beginnt mit eurer Arbeit und wir werden sehen.'"

---

75 Claudia Nolte (*1966) ist die jüngste Ministerin des Kabinetts in der deutschen Geschichte. Sie war von 1994 bis 1998 Bundesministerin für Familie, Senioren, Frauen und Jugend.
76 Kardinal Georg Sterzinsky (1936–2011) war von 1989 bis 2011 Erzbischof von Berlin.

Der Kardinal erzählt weiter in seinem Bericht, dass er nach unserer Begegnung einige Experten der Caritas anrief, die bereits mit Drogenabhängigen arbeiteten, und sagte, dass er unsere Gruppe getroffen habe. Diese Experten sagten ihm, dass es mit der Fazenda niemals funktionieren werde, da wir keine Fachleute hätten – wie Psychologen und Mediziner –, und heutzutage sei die Arbeit mit Suchtkrankheiten schwierig und brauche geschultes Personal. Der Kardinal fing an zu zweifeln. Einige Zeit später wurde er eingeladen, an Weihnachten eine Messe für die erste Gemeinschaft auf der Fazenda zu feiern. In seinem Artikel erzählt er, was er fühlte, als er die Fazenda zum ersten Mal besuchte: „Als ich ankam, sah ich einen komplett zerstörten Gutshof. Wir feierten die Eucharistie in einem Stall, der nur notdürftig hatte aufgeräumt werden können und noch alle Spuren von Verfall zeigte. Wir wurden an Bethlehem erinnert."

Er dachte, während er auf die Trümmer schaute: „Um das hier wiederaufzubauen, werden sie Millionen brauchen. Es scheint, als wären sie alle arm, als hätten sie nichts. Sie sagen, dass sie an die göttliche Vorsehung glauben, aber so?" Noch einmal bekam der Kardinal Zweifel, aber er erinnerte sich an die Verse aus der Apostelgeschichte: „Ich werde sehen: Wenn es von Gott ist, wird es vorwärts gehen, wenn nicht, wird es von selbst zugrunde gehen."

Im nächsten Jahr ging der Kardinal wieder zur Fazenda und sah, dass sich einige Sachen schon verbessert hatten. Der Ort, an dem er die Messe gefeiert hatte, war schon in einem anderen Zustand, er sah aus wie der Saal, indem die Apostel mit der Mutter Gottes waren. Der Kardinal spürte schon etwas anderes, aber alles lag noch so sehr in Trümmern und seine Zweifel blieben bestehen.

Gleichzeitig empfing er immer Personen, die sagten, dass die Fazenda nicht funktionieren würde. Dass so etwas in Deutschland nicht möglich sei, dass es dort anders sein müsste. Außerdem lebten zu wenige Personen auf der Fazenda. Der Kardinal hatte sich aber auch mit befreundeten Bischöfen aus Brasilien unterhalten und alle sprachen gut von der Fazenda. Dennoch dachte er: „Vielleicht funktioniert es in Brasilien, dort ist alles anders, aber wird es hier in Deutschland funktionieren?" Und nochmals erinnerte er sich an diesen Bibelvers: „Ist es von Gott, geht es vorwärts, und wenn nicht, wird es von selbst zugrunde gehen."

Nach einiger Zeit machten wir einen Besuch in Deutschland und die Verantwortlichen der deutschen Fazenda luden uns zu einem Einkehrtag vor Ort ein. Sie zeigten uns, dass die finanzielle Situation wirklich sehr schwierig war. Es lebten nur wenige Personen auf der Fazenda und alles war sehr teuer. Also dachte ich: „Dann müssen wir es wohl wie die anderen machen und in das Finanzierungsmodell über die Rentenversicherungsanstalt als Träger gehen."

Wir dachten darüber eine Weile nach, bis ich in einem bestimmten Moment sagte: „Das ist nicht der Weg. Wenn wir es mit Fachleuten und dem Trägermodell der Rentenversicherungsanstalt machen, dann hätten wir auch in Brasilien bleiben können. Unsere Erfahrung ist eine andere. Wir vertrauen einfachen Koordinatoren, die ebenfalls im Prozess der Rekuperation sind. Wir glauben, dass, wenn jemand das Wort Gottes lebt und die Liebe Gottes praktiziert, er einem anderen helfen kann. Wir glauben an die Erfahrungen, die ihr auf der Fazenda macht, denn durch eure gegenseitige Liebe wird Jesus unter euch gegenwärtig, und daran glauben wir." An diesem Tag beschlossen wir, nicht in das Finanzierungsmodell einzusteigen, sondern mit unserer „Methode" weiterzumachen. Das war an einem Freitag und am

Samstag stand auch schon unser Rückflug nach Brasilien an. Am Freitagnachmittag hielt ein Auto auf der Fazenda, ein älteres Ehepaar stieg aus und schaute sich um. Ich war in der Nähe, begrüßte sie und sie fragten mich: „Was entsteht hier?" Ich erzählte ihnen, dass hier ein Zentrum zur Rekuperation von Drogenabhängigen entstehen sollte. Der Ursprung sei in Brasilien, so erzählte ich, wo ich lebte und am nächsten Tag wieder hinreisen würde. Der Mann stellte viele Fragen und ich antwortete ihm. Obwohl ich die beiden nicht kannte, lud ich sie auf einen Kaffee ein. Ich hatte zwar tausend Dinge zu erledigen, da ich ja am nächsten Tag nach Hause fliegen wollte, dennoch versuchte ich, dieses ältere Ehepaar in jenem Moment ganz konkret zu lieben.

Am Ende fragten sie, ob wir Hilfe bräuchten, und ich sagte ihnen: „Hier fehlt es an allem. Wir haben die Pläne bereits fertig, um aus einem alten Stall eine schöne Kapelle zu machen. Ein Teil wäre eine Bäckerei, um unser Brot zu backen, und in die Wand zur Kapelle möchten wir gern den Holzbackofen mit einem großen Glas bauen. Aus der Kapelle könnte man dann das Brot sehen, das in der Bäckerei gebacken wird. Vorne gäbe es dann den Altar und den Tabernakel, das Brot des Himmels, und in der Mitte das Brot, das den Leib nährt."

Sie schauten sich die Pläne an, die ihnen sehr gefielen, und fragten, wie viel der Umbau kosten werde. Ich antwortete: „Hier ist alles teuer. Wir brauchen eine Heizung für den Winter und das gesamte Projekt hat einen Wert von 350.000 Euro. Das ist so viel! Vielleicht können Sie mit einem Teil helfen?" Die Frau machte ein Zeichen und sagte: „Aber das können wir allein bezahlen", und der Mann ergänzte: „Das geht klar!" Sie bezahlten den gesamten Umbau der Kapelle.

Für mich war das ein Moment tiefer Freude, weil ich ihn als Antwort auf unser Ringen und Fragen sah. Wir hatten uns gegen die Finanzierung durch die klassischen Modelle entschieden, um unserem Ursprung, dem Charisma, treu zu bleiben, und Gott gab uns die Antwort durch den Besuch und die großzügige Spende dieses Ehepaares.

All dieses Ringen, die Höhen und Tiefen begleitete der Kardinal und er kehrte jedes Jahr auf die Fazenda zurück. In der Dokumentation zum Zehnjährigen erzählt er von diesem wachsenden Bewusstsein. Er schreibt, wie es war: „Es ist ein Werk Gottes" (vgl. Apostelgeschichte 5,38-39). Warum? Weil die göttliche Vorsehung eingreift, Gott Berufungen schenkt, Menschen kommen, die sich rekuperieren, und Freiwillige, die helfen. Am Ende verstand der Kardinal, dass dies ein Werk Gottes war.

Dort habe ich die große Verantwortung eines Bischofs, eines Kardinals, angesichts einer Gemeinschaft, die neu anfängt, erlebt. Denn er hätte einfach Nein sagen können, daran glaubend, was er menschlich fühlte. Heute sehe ich ein: Es war eine Verrücktheit, aber eine göttliche Verrücktheit. Wir wollten nicht, aber Gott wollte es, der uns durch diese Ministerin weiter anschob. Ich erlebte also, dass Gamaliël recht hatte: „Wenn es von Gott ist, geht es vorwärts." Auch für uns war es eine Lehre, ich habe immer mehr dieses Bewusstsein bekommen: „Warte! Schau, was Gott macht, denn es ist das Werk Gottes! Er macht es."

Ist die Struktur der Fazenda da Esperanca schon fertig? Ist der Aufbau schon abgeschlossen oder könnte noch etwas anderes entstehen, was wir uns heute noch gar nicht vorstellen können? Was muss noch gemacht werden?

Es gibt noch viele Dinge zu tun! Das Werk ist noch neu, sehr jung, es ist noch nicht mal vierzig Jahre alt. Wir müssen immer offen sein, damit Gott uns inspirieren kann und uns zeigt, wo er uns hinführt, was er für uns erträumt. Ich bin gewiss, unsere Gegenwart ist nötig, um Hoffnung in die Welt zu bringen.

In diesen Tagen beispielsweise bin ich mehrmals in die Hauptstadt Brasilia gereist, um Kontakt mit einigen Politikern zu halten. Du kannst dir nicht vorstellen, wie sehr mein Herz brennt angesichts der Notwendigkeit, an diesen Ort Hoffnung zu bringen. Damit Gott dort Wohnung nimmt, damit Geld und Macht nicht ihre Götter sind, sondern die Verpflichtung, Gutes für das Volk zu tun, sodass sie zu wahrhaftigen Politikern werden und die wunderschöne Mission, die die Politik hat, realisieren können.

Ich habe den sehr großen Wunsch und die Hoffnung, dass wir bald eine Fazenda in Brasilia eröffnen können, um so Licht zu sein und Zeugnis zu geben, dass wir eine Hoffnung für die Politik sind. Das spüre ich sehr stark in meinem Herzen. Aber überall auf der Welt muss das Gleiche passieren. Hoffnung ist notwendig. Überall.

In den Familien ist es wichtig, dass das Evangelium gelebt wird. Deswegen machen wir die geistlichen Tagebücher „*Hoffnung für jeden Tag*" und verteilen sie an die Menschen. Damit können sie jeden Tag das Wort Gottes lesen, meditieren und versuchen, es zu leben Und wenn sie es leben, erneuern sie sich.

Es ist auch wichtig, dass die Familien vereint sind, dass sie lernen, die Kreuze und die Schwierigkeiten zu überwinden, dass sie sich lieben, wie sie sind, mit ihren Fehlern und ihren Qualitäten. Mit diesem Beispiel der Liebe können wir dann den Kindern jenen Raum schaffen, den sie so sehr brauchen, um zu wachsen und zu reifen.

Bei einer Vielzahl der Jugendlichen, die die Fazenda aufsuchen, begegnet mir ein riesengroßer Schrei nach Liebe. Sie wollen geliebt werden und wenn das geschieht, öffnen sie sich und schaffen es, die Schwierigkeiten zu überwinden. Wenn sie sich geliebt fühlen, lernen viele von ihnen auch, zu lieben, sie werden zu neuen Menschen, sie verwirklichen sich und werden glücklich.

Das Feld, indem das Charisma wachsen kann und sollte, ist endlos und existiert weltweit. Viele Leute sagen zu uns: „Aber ihr seid schon in sechsundzwanzig Ländern." Es stimmt, dass wir an vielen Orten in vielen Ländern sind, aber die Drogen sind an noch viel mehr Orten. Die Drogen sind genau dort, wo der Egoismus ist, wo die Sünde ist, wo der „alte Mensch" regiert. Und genau an diesen Orten braucht es das Charisma der Hoffnung; ganz einfach gesagt, muss dahin Jesus gehen. Wir sind mit unseren Fazendas nicht die Einzigen an diesen Orten. Es gibt viele Gemeinschaften, viele Orden, viele verschiedene Gruppen, die für das Gute arbeiten. Wenn wir alle gemeinsam arbeiten, mit gutem Willen, können wir eine Antwort auf die Probleme von heute geben.

Tod und ewiges Leben

Wenige Leute sprechen wie du über den Tod und das ewige Leben. Bei einer Taufe oder bei einer Hochzeit kann es passieren, dass du plötzlich vom Tod sprichst, und bei einer Beerdigung sprichst du vom Leben, vom ewigen Leben, und nicht vom Tod. Wir haben schon ein bisschen darüber gesprochen. Woher kommt diese Gewissheit des ewigen Lebens?

Ich denke immer, dass ich den Menschen helfen muss, den Willen Gottes zu tun. Wenn ein Kind geboren wird, wird es getauft und bekommt einen Namen. Von diesem Moment an, in dem den Eltern dieses neue Leben anvertraut wird, ist die Versuchung groß, sich als Besitzer des Kindes zu sehen. Die Eltern wollen, dass es das schönste, das intelligenteste Kind ist und zu dem wird, was sie wollen. Also rate ich den Eltern: „Ihr sollt dieses Leben beschützen. Ihr solltet das Evangelium leben und dem Kind Zeugnis geben, das die Liebe Gottes erfahren muss. Ihr müsst frei sein, ohne euch jemals als Besitzer zu fühlen. Gott hat euch gerufen, hat euch dieses Kind anvertraut und ihr sollt es für Gott erziehen. Und was macht ihr, wenn Gott es morgen zu sich ruft?" Ich sage das so deutlich, weil ich schon oftmals gesehen habe, wie die Eltern verzweifeln. Sie müssen sich ab dem Zeitpunkt der Taufe darüber bewusst werden: „Ich bin nicht der Besitzer meines Kindes, ich werde es beschützen, und wenn Gott es zu sich ruft, so soll sein Wille geschehen."

Das ist wichtig, denn sonst leben die Eltern in einer Illusion und erziehen das Kind nicht, um zu lieben. Irgendwann wird es heiraten und eigene Wege gehen. Es wird vor vielen Herausforderungen stehen; ich denke da zum Beispiel an den klassischen Konflikt mit der Schwiegermutter. Was ist in dieser und in den vielen anderen Situationen wichtig? Dass die Eltern das Kind vorbereitet haben, zu lieben.

Auch auf einer Hochzeit ist es logisch, dass man vom Tod sprechen muss, denn dort vereinen sich zwei Personen und was Gott miteinander verbunden hat, kann nicht mehr getrennt werden. Nur der Tod kann trennen, was Gott vereint hat, und das sollten die Eheleute verstehen. Andererseits müssen sie auch darauf vorbereitet sein, dass der andere kein ewiges Glück schenken kann. Denn er ist nicht ewig, vollkommen, perfekt und er kann jederzeit sterben. Wer mich in die vollkommene Freude hineinführt, ist die Liebe, denn sie ist ewig.

Jeder ist also geschaffen, um den anderen glücklich zu machen, um zu lieben – und das verwirklicht den Menschen. Für mich ist es logisch, dass ich nicht vom anderen verlangen kann, dass er diesen Schrei nach Ewigkeit, der in jedem Mann und jeder Frau steckt, beantworten und ausfüllen kann. Wir sind für die Ewigkeit geschaffen, aber der andere ist vergänglich, wird sterben, deswegen kann er mir nicht dieses Glück geben. Der andere gibt mir aber die Chance zu lieben, und wenn ich diese Verpflichtung eingehe, bis zum Tod treu zu sein und die Kinder, die Gott mir anvertraut hat, zu lieben und anzunehmen, ist dies ein Weg, auf dem jeder sein Glück finden kann! Er erfährt das Glück in sich und verwirklicht sich in seinem Menschsein im ganzheitlichen Sinne. Deswegen muss man über den Tod und das ewige Leben sprechen.

Bei der Beerdigung schauen alle auf den Sarg. Der Mensch dort drin bewegt sich nicht mehr, spricht und schaut nicht mehr und alle sind verzweifelt wegen des Todes.

In diesem Moment muss man sagen: „Er ist nicht tot, er lebt! Hier ist der Körper, aber die Seele lebt. Die Freude, die der Mensch empfindet, wenn er Gott, Maria und all seinen Verwandten begegnet, ist so groß, dass er nicht mehr auf unsere Trauer schauen kann." In diesen Momenten gilt es, bei den Menschen den Glauben zu verlebendigen, ihnen verständlich zu machen, dass der Tote uns lediglich vorausgegangen ist und wir ihm folgen werden. Im Himmel werden wir uns alle wiedertreffen, deswegen sage ich immer: „Sag Auf Wiedersehen zum Toten, bis bald im Himmel!"

In der Beerdigungsliturgie in Deutschland betet man vor dem Vaterunser bei den Fürbitten: „Beten wir für den aus unserer Mitte, der als Nächster dem Verstorbenen vor das Angesicht Gottes folgen wird." Eigentlich ein schönes Gebet, denn wir wissen, dass irgendwann irgendjemand der Nächste sein wird und man vorbereitet sein muss. Aber wenn man das betet, schauen alle betreten zu Boden oder zu Seite und denken, ob wohl jemand bei der Beerdigung ist, der älter ist und infrage kommt? Denn man selbst kann es ja wohl nicht sein.

Wir sollten dieses Bewusstsein haben: In jedem Moment kann Gott uns zu sich rufen. Wichtig ist, den gegenwärtigen Moment zu leben, aufmerksam und vorbereitet zu sein und keine Angst vor dem Tod zu haben.

Bei der Beerdigung von Julião, einem jungen Koordinator der Fazenda, der im Juli 1989 verstorben ist, hast du erzählt, was seine Mutter sagte, nachdem sie vom Tod ihres Sohnes erfahren hatte: „Frei, ich möchte dir danken für die Blume, die du für den Himmel vorbereitet hast!" Dieser Ausdruck „Blumen für den Himmel vorbereiten" wurde danach zu einem viel wiederholten Ausdruck für dich bei der Begleitung von Menschen, die sich für die Begegnung mit Gott vorbereiteten. Denkst du, dass du eine besondere Berufung dafür hast? Oder hat das Werk, die Familie der Hoffnung, auch diese Absicht, „Blumen für den Himmel vorzubereiten"?

Zweifellos. Der Priester auf besondere Weise und im Grunde alle Christen haben die Aufgabe, sich gegenseitig zu helfen, sich für den Himmel vorzubereiten. Wir sagen: „Wir wurden geboren, um uns für den Himmel zu heiligen."

Eine Blume zu sein bedeutet, eine Person zu sein, die wahrhaftig der Heiligkeit entgegengegangen ist. Julião war ganz besonders, er war ein Gefangener, der von der Justiz freigelassen wurde, um mit uns zu leben, der tausend Probleme hatte und sehr radikal war. Als er das Wort Gottes verstanden hatte, lebte er es, dann ist er bei einem Unfall mit einem Traktor gestorben. Er war der Erste von uns, der gestorben ist. Mein erster Gedanke war: „Die arme Mutter. Sie hatte schon ihren Ehemann im Gefängnis verloren, hatte einen anderen Sohn im Gefängnis und eine alkoholabhängige Tochter, die unter einer Brücke mit anderen auf der Straße lebte. Nun stirbt dieser Sohn, der sich rekuperiert hatte und dem es sehr gut ging, bei einem Unfall."

Die Mutter litt schrecklich und ich überlegte, in welchem Zustand ich sie wohl antreffen würde. Als sie mich sah – ich war in Brasilia gewesen und kam nun mit dem Flugzeug zurück –, lief sie mir entgegen, umarmte mich fest und sagte: „Danke für diese Blume, die du für den Himmel vorbereitet hast! Diesen meinen Sohn konnte Gott zu sich rufen, er war schon bereit, die anderen sind es noch nicht."

Mich hat der Glaube dieser Frau sehr beeindruckt. Sie hat verstanden, dass sie die Kinder, die Gott ihr geschenkt hat, für den Himmel vorbereiten sollte und dankte mir, weil wir Julião geholfen hatten, sich zu rekuperieren. Auf der Fazenda hatte er gelernt zu lieben und deswegen konnte Gott ihn zu sich rufen.

Juliãos Bruder nahm auch an der Beerdigung teil und irgendwann kam er zu mir und fragte: „Kann ich den Platz meines Bruders einnehmen?" Wir sprachen mit dem Richter, er wurde aus dem Gefängnis zu uns gebracht und konnte sich auch rekuperieren. Die Schwester, die erst nicht wollte, nahm die Einladung auch an, blieb drei Jahre auf der Frauenfazenda und rekuperierte sich am Ende.

Es ist schön, die Zeichen Gottes zu sehen; es stirbt einer, damit in der ganzen Familie Leben entsteht.

Ich fühle, dass wir nicht auf diese Erde fixiert sein sollten, als müsste alles perfekt sein. Wir sollten vielmehr immer an den Himmel denken, um uns darauf vorzubereiten.

Auf dem kleinen Friedhof in Guaratinguetá und auf den Friedhöfen der Fazendas weltweit sind schon einige dieser Blumen begraben: Julião, João Rosendo, Elpídio, Georg Schlütter, Ricardo, Schwester Assunta, Schwester Odete, Schwester Josefina. Wie fühlst, siehst und lebst du insbesondere die Abwesenheit der Verstorbenen, einschließlich deiner Eltern, die schon gestorben sind?

Außer diesen Verstorbenen gibt es viele andere. Sie bringen mir den Himmel ein Stück näher, denn wenn ich sterbe, werde ich diesen vielen Menschen begegnen. Ich habe dort eine Familie, jemanden, der auf mich wartet, und das, was vielleicht befremdlich und distanziert wirkt, kommt jedes Mal näher und wird vertrauter.

Ich möchte mich mit großer Freude mit all diesen Menschen treffen und noch mit vielen anderen Verwandten und Gemeindemitgliedern, die bereits gestorben sind. Das ist eine sehr große Zahl! Manchmal mache ich einen Witz und sage, dass mein „Fanclub" im Himmel schon sehr groß ist; eines Tages werden wir uns treffen.

Ich erinnere mich an ein Erlebnis, als ich Kind war: Im Advent waren wir mit der Familie um den Adventskranz versammelt, lasen aus dem Evangelium, sangen Lieder und ließen uns anrühren von jener besonderen Atmosphäre. Ich saß auf der Bank neben meiner Mutter und plötzlich schaute ich sie an, umarmte sie und sagte: „Mama, wie gut es wäre, wenn es den Tod nicht geben würde, so könnten wir für immer zusammenbleiben. Ich möchte immer so mit dir zusammen sein." Sie schaute mich an und sagte: „Du bist sehr egoistisch, du denkst nur an dich. Wenn es den Tod nicht gäbe, könnte ich meine Eltern und so viele andere, die ich gerne mag und die mich mögen, nicht mehr treffen. Ich würde sie nie wiedersehen. Das, was du möchtest – mit der Familie zusammen zu sein –, wird eines Tages im Himmel geschehen, nicht hier auf der Erde."

Ich als Kind verstand: „Das ist wahr, sie hat recht. Auf der Erde ist es immer ein begrenzter Kreis, aber der Himmel ist offen für alle."

Der Tod gibt uns folglich diese Möglichkeit, mit allen zusammen zu sein.

Gründer sein

Wir wissen, dass der wahre Gründer dieses Werkes Gott selbst ist, aber er benutzt immer konkrete Personen als Werkzeug, um etwas zu verwirklichen. Und so suchte Gott dich aus. Du bist unter den vier Gründern der Fazenda da Esperança und der Gemeinschaft Familie der Hoffnung der – wie man auf Latein sagt – primus inter pares, der Erste unter den Gleichen. Du hast die Vaterfigur inne, bist der Älteste, vielleicht könnte man auch sagen der ältere Bruder, und wurdest von der Kirche und den Regierungen mit Prämien und Auszeichnungen anerkannt. Wie lebst du diese Aufgabe?

Ich gestehe, dass ich immer Schwierigkeiten habe, wenn es um eine Anerkennung oder eine Preisverleihung geht, denn ich weiß tief in meinem Inneren, dass Gott all dies gewirkt hat. Nach einer Verleihung denke ich: „Wenn es zur Ehre Gottes ist, wenn durch diese Preise das Werk bekannter wird und dadurch mehr junge Leute von uns erfahren und die Möglichkeit bekommen, sich zu rekuperieren, sehe ich es als etwas Gutes an."

Ich sagte in jeder Rede, die ich schon gehalten habe: „Es ist nicht nur die Person des Frei Hans, der verantwortlich für das gesamte Werk ist, es ist eine Familie. Wer es gründete, war nicht nur Frei Hans, sondern auch Nelson, Iraci und Luci gehören dazu. Wir waren die Ersten, die begannen, mit der Gegenwart Jesu unter sich an diesem Werk zu bauen."

Alle auf dieser Welt da draußen sind Gründer und Mitbegründer, wie zum Beispiel das Team der Philippinen. Ich komme dort nur selten hin, aber sie haben das ganze Werk vorwärtsgebracht und heute haben wir drei Fazendas in diesem Land und eine vierte ist kurz vor der Eröffnung. Wie wundervoll! Und wer hat das alles gemacht? Diejenigen, die dort hingegangen sind!

So war es auch in Afrika und an allen anderen Orten, deswegen sind sie Mitbegründer. Jemand hat begonnen, aber später sind alle Mitbegründer, die das Charisma annahmen, es als Geschenk Gottes für die Menschheit von heute verstanden, ihr Herz öffneten und Gott ihr Ja für ihre Berufung gaben.

In Brasilien gibt es zum Beispiel Situationen, in denen Gründer zu Ikonen stilisiert werden, man T-Shirts mit ihrem Gesicht oder Namen trägt. Ich habe da immer gegengesteuert. Nie würde ich das zulassen, denn das entspricht nicht der Realität. Heute freue ich mich, dass Gott die Familie der Hoffnung ausgesucht hat, mit vielen jungen Leuten und allen anderen, die dazugehören, um gemeinsam die Hoffnung in die Welt zu bringen. Das erfreut mich sehr! Ich möchte einer von ihnen sein, einer, der glaubt, dass er gemeinsam mit anderen Menschen Hoffnung bringen kann. Zu denken, „Ich habe das geschafft", käme mir völlig schräg und ganz und gar unpassend vor. Nein! Diese Vorstellung lässt mich sogar in gewisser Weise traurig sein.

Da ich Mensch bin, weiß ich, dass ich sterben werde, aber ich kann mir sicher sein, dass das Werk sich weiterentwickeln wird, denn es gibt viele Mitbegründer, die dieses Charisma leben, die mit ganzer Leidenschaft dabei sind. Sie werden sogar besser das Werk voranbringen und das bereitet mir Freude.

Wenn alles von mir abhinge – Gott bewahre! Auf mich allein sollte nicht alles zentralisiert sein.

Manchmal muss ich also einen Preis annehmen, diese „Dinge", die Menschen sich ausdenken, um sie zu überreichen. Ich nehme sie im Namen aller an, aber ich bin mir immer bewusst, dass ich ein Repräsentant einer großen Familie bin, die diese Auszeichnung verdient; es geht nicht nur um mich.

Kennst du Momente, in denen du einsam bist? Was machst du in diesen Situationen?

Sicherlich. Einsamkeit ist Teil des Lebens, sogar die Abwesenheit Gottes zu spüren, eine Dürrezeit gehört dazu. Aber in diesem Moment ist es wichtig, treu zu sein und die Liebe zu leben, so weiterzumachen, als wäre die Einsamkeit nicht da, und vorwärtszugehen.

Für mich war die Zeit meiner Krankheit sehr intensiv. Ich hatte Krebs und war für Monate isoliert. Die Chemotherapie lässt einen alle Abwehrkräfte verlieren und man muss sich vor jeder Art von Infektion schützen. Manchmal musste ich ins Krankenhaus, war allein auf der Intensivstation und hatte dann das Gefühl, allein zu sein. Während dieser Zeit war ich nicht niedergeschlagen, ich war auch nicht einsam oder litt Not. Nein! Dies waren Momente, in denen ich mehr Zeit hatte, mich mit Gott zu unterhalten, zu beten und nachzudenken. Ich spürte immer eine tiefe Dankbarkeit für alles, was er in meinem Leben gemacht hat, was er zugelassen hat. Die Dinge, die nicht so gut waren, gehören auch zu meiner Geschichte; ich möchte nichts leugnen, was nicht gut war, ich nehme all meine Schwächen an, und all das lässt mich sehr dankbar sein und die Barmherzigkeit Gottes erfahren.

Demnach spürte ich nie Einsamkeit im Sinne einer Verzweiflung. Natürlich fühlt man sich manchmal einsam – besonders, wenn man an den Zeitpunkt des Todes denkt, welcher der Moment ist, indem du menschlich gesehen allein bist –, das gehört dazu. Es reicht schon, auf einen Friedhof zu gehen: Viele Leute gehen hin und sehen, dass viele in ihrem Umfeld bereits gestorben sind, und bleiben allein zurück. Aber durch den Glauben spüre ich, dass ich die Gegenwart Jesu erfahre.

Menschen sagen mir: „Frei, du sprichst mit Begeisterung über den Tod. Aber woher weißt du, dass es so ist?" Und ich antworte dann immer: „Das stimmt, ich bin noch nicht gestorben und weiß nicht, wie es sein wird, aber ich habe so viele Worte Jesu bereits gelebt und sie haben sich bewahrheitet. Ich habe zum Beispiel versucht zu leben: ,*Gebt, dann wird auch euch gegeben werden*' (Lukas 6,38). Das erfahre ich fast ständig. Es ist wahr."

Es gibt ein paar Sätze, in denen Jesus vom anderen Leben spricht, wie zum Beispiel: „*Im Haus meines Vaters gibt es viele Wohnungen*" (Johannes 14,2) oder: „*Was kein Auge gesehen und kein Ohr gehört hat, was in keines Menschen Herz gedrungen ist, was Gott denen bereitet hat, die ihn lieben*" (1. Korinther 2,9). Ich habe keinen Grund zu glauben, dass es nicht wahr ist, denn fast alles, was Jesus gesagt hat, habe ich erfahren und es ist wahr. Also sind diese Worte auch wahr und geben mir die Sicherheit, mich zu freuen, um das zu sehen, was Gott für diejenigen vorbereitet hat, die ihn lieben.

Oft hast du gesagt, dass du schüchtern bist, aber du wirst eingeladen, um Reden zu halten, Ministerpräsidenten, Kardinäle und Bischöfe zu empfangen, du bist in Kontakt mit dem Papst. Alle möchten Fotos mit dir machen, auf Flughäfen erkennen dich die Menschen und sprechen dich an. Hast du keine Sorge, dadurch deine Bescheidenheit zu verlieren? Hast du jemals bemerkt, dass Macht und Anerkennung den Charakter einer Person verändern können? Was tust du dagegen?

Die Schüchternheit ist etwas Tiefgehendes, was ich seit meiner Kindheit habe. Für mich war es unmöglich, etwas in der Öffentlichkeit zu tun, als ich ein Kind war. Wie viel Angst hatte ich, als wir Verwandte besuchten. Ich war immer in der Nähe meiner Mutter oder meines Vaters und wich ihnen nicht von der Seite.

Als der Lehrer damals sagte, dass ich nicht intelligent sei (wie ich schon erzählt habe), wurde meine Schüchternheit noch größer. Das ist also eine tief gehende Sache.

Jetzt zu dem, was du ansprichst: Von Natur aus könnte ich diese Kontakte nicht machen und wenn ich heutzutage dies doch tue, dann hilft mir Gott dabei. Ich schaffe es auch nicht, etwas schriftlich vorzubereiten, ich muss immer sagen: „Gott, ich glaube, dass du es tun wirst, also hilf mir." Dann gehe ich und spüre in meinem Herzen, dass Gott sprechen wird. Und oft nach einem Vortrag oder einer Predigt kommt jemand auf mich zu, bedankt sich und sagt mir: „Heute hast du all das gesagt, was ich hören musste. Du hast genau zu mir gesprochen." Und innerlich jubele ich auf und denke: „Gott, du hast deinen Teil gut gemacht." Denn es war Gott, der mich inspiriert hat.

Somit habe ich niemals (wirklich niemals) gedacht: „Ich bin dafür verantwortlich, ich habe das geschafft." Im Gegenteil, ihr könnt so viel sagen, wie ihr möchtet, das Lob berührt mich nicht; es berührt mich als Person nicht, denn ich weiß, dass ich es nicht bin. Es ist nicht möglich, dass ich es schaffe, denn ich bin nichts. Das ist tief in mir verwurzelt.

Ich danke Gott und auch meiner Natur, dass ich so schüchtern bin. Gott hat es so gefügt, damit ich nicht in die alberne

Versuchung komme, zu denken, dass ich irgendjemand Besonderes bin.

Ich erinnere mich an Dom Acácio. In einer Predigt sprach er von dem Einzug Jesu in Jerusalem und sagte: „Der Esel trug Jesus und das Volk klatschte ihm zu und sang Hosanna. Wenn der Esel denkt: ‚Das ist für mich‘, dann ist er folglich wirklich ein Esel."

Ich denke immer daran: „Ich trage Jesus in mir, ich mache alles in seinem Namen und bitte, dass er die Dinge in mir macht. Ich merke, dass er es tut." Jesus bewirkt das alles; ich kann nicht sagen, dass das Lob für mich ist, ich wäre ein Esel, wenn ich so denken würde. Das Lob ist für ihn, aber da ich ihn in mir trage, bin ich bei diesen Festen dabei und nehme wahr, dass sie Fotos machen möchten, und sage immer: „Jesus, das bist du."

Bis vor einiger Zeit wollte ich nicht fotografiert werden, ich bin sogar weggelaufen, wenn ich konnte. Aber irgendwann war es nicht mehr möglich wegzulaufen und eines Tages sagte ich: „Gott, wir treffen eine Vereinbarung: Ich werde mit Freude die Fotos machen lassen und du gibst unserem Werk Berufungen." Seitdem habe ich kein Problem mehr damit. Jetzt können sie so oft sie wollen fotografieren, weil wir viele Berufungen brauchen!

Wenn jemand berühmt ist, gibt es immer das Risiko, dass die Person glaubt, Macht zu haben. Wir kennen Personen der Kirche und des öffentlichen Lebens, die, wenn sie sich anerkannt fühlen, sogar ihren Charakter verändern. Wie gehst du damit um?

Das stimmt. Deswegen ist es gut, wenn wir an den Tod denken, denn du weißt, dass du nichts mitnehmen kannst. Im Tod weißt du, was du wirklich bist: Erde, Staub und wieder Staub. Also sich zu „schmücken" und zu glauben, dass du etwas bist, ist lächerlich.

Gründer sein

Ich habe große Schwierigkeiten mit so vielen Titeln in der Kirche, mit der Kleidung, die da benutzt wird, weil der eine Monsignore ist oder der andere Prälat. Ich habe es nie verstanden und würde es auch nicht annehmen, wenn man mir so einen Titel verleihen wollte. Ich brauche es nicht! Ich hoffe, damit niemanden zu beleidigen.

In den letzten Jahren hat Gott es zugelassen, dass du neue Erfahrungen gemacht hast: Einmal hattest du 2014 einen Herzinfarkt und vor Kurzem Krebs. Auf einmal konntest du nichts mehr machen, obwohl du sonst immer aktiv warst, reistest, Dinge voranbrachtest, Projekte realisiertest etc. Du hast in dieser Zeit herausgefunden, dass wir weniger machen sollten, damit Gott mehr machen kann. Auch der Rücktritt aus der Generalleitung der Familie der Hoffnung war eine Frucht dieser Zeit. Wie hast du deinen Herzinfarkt und deine Krebserkrankung erlebt?

Bevor ich den Infarkt hatte, war ich bereits zurückgetreten. Es scheint, als hätte Gott mich dazu inspiriert, denn er weiß alle Dinge. Es scheint mir auch wie eine Vorsehung zu sein, denn so war es einfacher für die anderen, ihre Aufgaben zu machen, da ich ja nicht konnte. Und die anderen hatten auch mehr Freiheit, um die Dinge zu erledigen, und sie wussten: „Frei ist sonst derjenige, der abwägt und überlegt, aber jetzt kann er es nicht tun." Ich denke wirklich, dass es eine Vorsehung war.

Wenn ich an den Infarkt zurückdenke, weiß ich, dass es die erste starke Erfahrung war, in der ich mich vor der Tür zum Himmel wiedergefunden habe, der Tod war sehr nahe. Ich hatte immer einen Wunsch: Bevor ich sterbe, wollte ich mich von allen verabschieden und mich für alles bedanken, was sie getan haben. Vor allem bei Nelson, der seit vielen Jahren mit mir zusammen ist, und bei meinem Bruder Paul, der seit dem Mutterleib mit mir zusammen ist. Es waren genau die beiden, die mit mir zusammen im Krankenhaus waren, als mir bestätigt wurde, dass ich einen Infarkt hatte, und sie mich schnellstens in den Operationssaal brachten. Die beiden waren an meiner Seite.

Ich wollte Danke sagen, aber ich war dazu nicht in der Lage. Es fühlte sich an, als wäre meine Stimme verschlossen, also lief mir eine Träne runter und ich kam in den OP, ohne den beiden irgendetwas sagen zu können. Als ich im OP war, erfüllte sich mein Herz mit einem noch nie dagewesenen Frieden und einer tiefen Freude: „Gott, alles, was du tust, ist gut."

Ich war frei, ich war nicht mehr besorgt um die Fazendas, um die Leute. Es schien, als existierte nichts von dem, was vorher mein Herz beunruhigte – wie zum Beispiel die Schulden. Ich war frei, so frei. Der junge Mann, der mich vorbereitete, war so gerührt. Er wusste, dass ich Priester war, und sagte deshalb, dass er ein Sünder sei und dass er einen großen Frieden in meiner Nähe spüre. Wir unterhielten uns und schließlich vergab ich ihm seine Sünden, die er beichtete. Ich war frei, so frei und so glücklich.

Es schien, als existierte die Angst vor dem Tod nicht, und ich war bereit zu gehen. Nachdem ich aus der Operation kam, wurde ich zur Intensivstation gebracht und traf wieder auf meinen Bruder und Nelson. Ich erzählte ihnen von dieser tiefen Erfahrung des Friedens und der Ruhe und blieb dann für ein paar Tage allein auf der Intensivstation. Ich war natürlich dankbar, dass ich noch am Leben war, und fragte Gott: „Was möchtest du, dass ich in der mir verbleibenden Zeit noch tue?" Und es war, als hätte Gott mir geantwortet: „Gib mir die Möglichkeit, unter euch zu sein." Ich sagte: „Aber Gott, darum brauchst du nicht bitten. Du bist Gott, du bist der Herr, du kannst immer unter uns sein." Und er vervollständigte: „Ihr müsst mir eine Chance geben."

Da habe ich verstanden, wie Gott unsere Freiheit respektiert. Wenn wir uns nicht lieben, respektiert Gott das. Das ist beeindruckend.

Danach war es, als sagte Jesus mir: „Wenn ich unter euch sein kann, kann ich alles machen. Ich kann all das machen, was ich tat, als ich hier auf der Erde war: Wunder bewirken, böse Geister austreiben, Berufungen hervorbringen, Brote vermehren und Tote auferwecken."

In mir wurde der Wunsch stark, dass ich jetzt den Rest meines Lebens leben möchte, um Jesus in der Mitte unter uns aufzubauen, um zu lieben, um mein Leben für die anderen zu verschenken. Ich möchte nicht nach Fehlern bei den anderen suchen. Ich möchte auch keine Zeit damit verlieren, das, was falsch in dieser Welt ist, zu kommentieren. Ich möchte lieben, damit Jesus unter uns sein kann. Und die Frucht ist, dass ich sehe, wie viel Dinge Gott tut!

Deswegen sage ich oft, dass wir in der Stunde des Todes eine Sache verstehen werden: dass wir wirklich dumm waren, so viel Zeit mit unserem Aktivismus vergeudet zu haben, und glaubten, die Welt zu retten. Wir müssen Gott wirklich Gott in unserem Leben sein lassen.

Ganz schnell passiert es, dass wir durch einen Streit, durch gegenseitige Anschuldigungen und Urteile die göttliche Atmosphäre zerstören. Gott ist dort, wo man liebt. Das zieht ihn an wie einen Magneten. Es reicht, wenn du liebst, und Gott wird gegenwärtig.

Das lebe ich jetzt, und ich sage oftmals: „Ich mache weniger, aber es passiert viel mehr, denn Gott hat die Chance, mehr zu tun." Und es ist schön, es ist ein Lebensstil, bei dem man Zeit hat zu beten, sich zu unterhalten, Beziehungen zu pflegen oder neu aufzubauen und am Ende bist du viel freier. Du hast nicht diesen Druck, immer etwas tun zu müssen. Nein! Gott tut es – und er macht es richtig gut.

Obwohl Krebs heutzutage eine sehr häufige Krankheit ist, ist es für viele ein Schock, wenn sie die Nachricht bekommen, dass sie daran erkrankt sind. Für dich war es das wahrscheinlich auch. Gab es einen Moment, indem du gegen diese Diagnose gekämpft hast?

Es schien, als wäre ich ein bisschen naiv und mir der Schwere der Krankheit nicht bewusst. Ich sah, dass der Arzt sehr beunruhigt war und wie die anderen weinten, aber es fühlte sich für mich nicht so dramatisch an.

Mir wurde die Schwere etwas bewusster durch die lange Zeit des Krankseins, als ich nach und nach meine Haare verlor, als die Chemotherapie begann und ich die aufkommende Schwäche spürte. Auf einmal schaffte ich es nicht, aufzustehen.

Natürlich habe ich in diesem Moment die Schwere bemerkt, aber etwas gab mir Sicherheit. Da waren die Gebete so vieler Leute. Es war beeindruckend. Hier muss ich vielleicht eine Sache zuvor anmerken: Wir hatten Treffen mit Gen Rosso[77] in ganz Brasilien geplant. Dazu hatten wir alle Fazendas der verschiedenen Regionen eingeladen, sich an einzelnen Orten zu versammeln. Der Wunsch war, dass alle zusammenkommen. Dann wurde ich krank, konnte zu keiner Show gehen und keine einzige Reise machen. Alles war gebucht und ich musste absagen. Während ich allein zu Hause war, reisten die anderen

---

77 Gen Rosso ist eine italienische Performance Group der Fokolar-Bewegung, die viele Jahre Projekte mit der Fazenda da Esperança gemacht hat.

und ich hörte die Ergebnisse der Treffen. Ich freute mich über so viele schöne Dinge, aber ich konnte an nichts teilnehmen.

Plötzlich bemerkte ich, dass alle anfingen zu beten – nicht nur auf den Fazendas, sondern auch andere Menschen. Ich erhielt Bekundungen von so vielen Orten und es schien, als würde eine Einheit entstehen, wachsen, sichtbar werden. Ich dachte: „Wenn ich wohl mitgereist wäre und an jedem Ort gesprochen hätte, wäre dann diese Einheit entstanden? So eine tiefe und ehrliche Einheit?" Ich denke nicht! Ich sah, wie Gott sogar Dinge, die menschlich gesehen nicht gut sind, zulässt, um eine göttliche Einheit entstehen zu lassen, die das ganze Werk miteinander vereint hat.

Viele Personen anderer Bewegungen, Bischöfe und andere Menschen besuchten mich. Selbst wenn man mir nicht nahekommen konnte – man musste wegen meines schwachen Immunsystems einen Mundschutz tragen –, zeigte man mir Zuneigung, Respekt und Bewunderung. Ich bemerkte, wie die Einheit über die Fazenda und über die Familie der Hoffnung hinausging und das hat mich sehr gefreut.

Natürlich hatte ich in den vielen Stunden, die ich allein verbrachte, Zeit, mich mit Gott zu unterhalten. Es ist schon eine Weile her, dass ich so viel mit ihm gesprochen habe, deshalb war es sehr schön. In dieser Zeit ließ ich auch mein ganzes Leben Revue passieren, erinnerte mich an alles und sah, dass Gott mich durch meine ganze Geschichte begleitet hat wie ein roter Faden, fast wie eine göttliche Logik, die hinter allem steckt und die er vorbereitet hat.

Es gab Zeiten, in denen ich allein und sehr bewegt war. Ich weinte vor lauter Ergriffenheit, weil ich Gottes Gegenwart so stark spürte. Heute fühle ich mich gesund. Natürlich gibt es Folgeerscheinungen – wie die in meinen Beinen, die kein Gefühl mehr haben –, aber das gehört nun mal dazu.

Ich fühle, dass das alles eine Gnade war, ich sehe nichts Negatives oder etwas, was mich traurig sein lässt. Im Gegenteil fühle ich, dass es ein Ausdruck der Liebe Gottes in einer anderen Form war, dennoch so göttlich wie alle anderen auch. Also bin ich sehr dankbar.

Jetzt bin ich in der letzten Etappe meines Lebens. Ich begleite andere, denn viele haben dieselbe Krankheit. Wieder andere sind schon verstorben wie Ricardo[78] – mit ihm habe ich mich noch viel unterhalten und habe versucht ihm zu helfen, ihn vorzubereiten, seinen Tod zu akzeptieren – und wie auch Schwester Josefina. Es gab so viele andere, die mitgekämpft haben, und plötzlich kam die Krankheit zurück und sie gingen ins Paradies.

Ich weiß nicht, wie meine Zukunft aussieht, was Gott für mich vorbereitet hat, aber ich bin ruhig, denn er kann nichts machen oder etwas zulassen, was nicht aus Liebe ist. Gott steckt hinter allem, was geschieht.

Meine Mutter hatte immer eine Gewohnheit und wir Kinder übernahmen diese: Wenn sie krank wurde, sagte sie: „Werde ich wohl noch sehen, wozu Gott das erlaubt hat?" Und daran denke ich auch: „Wozu?" Wir werden sehen, was noch geschehen wird und wozu es gut ist. Und das letzte „Wozu" werden wir im Himmel verstehen.

Dachtest du in einer Situation schon mal, du hättest deinen Glauben verloren? Hast du schon Erfahrungen einer „dunklen Nacht"[79]

---

78 Ricardo de Toledo Alves (1979–2018) hat sich auf der Fazenda da Esperança São Libório (Guaratinguetá, São Paulo) rekuperiert und ist danach als Freiwilliger geblieben. Während der Eröffnungsmission der neuen Fazenda in Poconé (Mato Grosso) wurde bei ihm ein aggressiver Krebs in der Leber diagnostiziert, der drei Monate später zum Tode führte.
79 Das Gedicht des Heiligen Johannes vom Kreuz erzählt den Weg der Seele von ihrer körperlichen Wohnung bis zu ihrer Vereinigung mit Gott. Die Reise wird als „dunkle Nacht" bezeichnet, denn die Dunkelheit repräsentiert die Schwierigkeiten der Seele, sich von der Welt zu lösen

der Apostasie[80] gemacht – einer Verleumdung und Abwendung des Glaubens?

Ich weiß nicht, ob ich von „dunklen Nächten" sprechen kann, denn wenn ich diese Wörter höre, denke ich an die großen Heiligen – wie Mutter Theresa von Kalkutta, den Heiligen Johannes vom Kreuz, Theresa von Avila und so viele andere –, die viele Jahre Nächte der Abwesenheit Gottes durchgemacht haben. Das ist mir nicht passiert.

Ich kenne allerdings eine gewisse Dürre. Und auch gewisse Zweifel zu Fragen über die letzten Dinge. So frage ich mich: „Wie funktioniert es wohl mit so vielen Leuten, mit Tausenden und Abertausenden Personen im Himmel, im ewigen Leben?" Wenn ich das verstehen möchte, komme ich zu keinem Ergebnis, es bleiben Zweifel, aber dann sage ich: „Gott hält eine Überraschung für mich bereit und ich warte ab, um es später zu erfahren."

Diese Dinge suchen manchmal mein Herz auf, vor allem in den Zeiten der Dürre, in denen ich nicht diese Freude, diesen Geist, dieses Feuer in mir spüre. In diesen Stunden versuche ich zu lieben, konkrete Liebestaten zu machen, also einfache Dinge wie in die Küche zu gehen und etwas zu tun, zu spülen oder jemandem zuzuhören. Dann kommt der Frieden wieder, die Freude kehrt zurück. Der Weg aus diesen Momenten heraus besteht darin, zu lieben.

---

und das Licht der Einheit mit dem Schöpfer zu erreichen. Es gibt verschiedene Ebenen in dieser Dunkelheit, die in aufeinanderfolgende Phasen gebunden sind. Die Hauptidee des Gedichts kann als die schmerzhafte Erfahrung gesehen werden, die die Personen, die auf der Suche nach geistigem Wachstum und der Einheit mit Gott sind, aushalten müssen.

80 Apostasie bedeutet die definitive und überlegte Abkehr von etwas, ein Verzicht auf den bisherigen Glauben. Entgegen der landläufigen Meinung handelt es sich nicht um einen bloßen Umweg oder eine Abwendung in Bezug auf den Glauben und die religiöse Praxis. Es kann sich offen oder versteckt äußern.

Wer ist Frei Hans Heinrich Stapel?

Ich denke, dass ich ein sehr geliebter Sohn Gottes bin, der eine sehr behütete Geschichte hat. Wenn ich die jungen Leuten anschaue, die mit so einem enormen Mangel an Liebe ganz verletzt bei uns auf der Fazenda ankommen, so einsam sind, missbraucht wurden und vieles andere, muss ich sagen, dass ich ein von Gott und meinen Eltern sehr geliebter Sohn bin. Demzufolge ist es ein inneres Drängen, zu lieben.

Leider weiß ich nicht, ob ich es geschafft habe, alles zu geben, was Gott in mich hineingelegt hat. Ich bin mir sicher, dass die Fähigkeiten, die Gott in mich hineingelegt hat, viel größer sind als das, was ich gelebt habe. Deshalb bitte ich ihn immer weiter, in der Fähigkeit zu lieben wachsen zu dürfen. Und ich bitte auch die Menschen, für mich zu beten, dass mir dies gelingt.

Solange mein Herz schlägt, möchte ich lieben.

Du hattest die Gnade, mit großen Oberhäuptern der Kirche Brasiliens zusammenzuleben. Du hast eine großartige Freundschaft mit Padre Haroldo[81] geschlossen, der erst vor Kurzem verstorben ist. Du kennst seit langer Zeit Padre Jonas[82], hast eine tiefe Freundschaft zu Kardinal João Braz de Aviz[83], der aktuell in Rom ist, neben so vielen anderen. Erzähle uns ein bisschen von diesen Menschen und den Beziehungen zu ihnen und wie ihr euch gegenseitig geholfen habt, das Charisma des jeweils anderen zu entdecken.

81 Vgl. FN 58.

82 Padre Jonas Abib (*1936) ist ein katholischer Priester aus Brasilien sowie Gründer und aktueller Leiter der katholischen Gemeinschaft Canção Nova in Cachoeira Paulista (São Paulo), Brasilien.

83 Kardinal João Braz de Aviz (*1947) ist aktueller Präfekt der Kongregation für die Institute des geweihten Lebens und der Gesellschaften des apostolischen Lebens im Vatikan und früherer Erzbischof von Brasília. Er begleitete von Beginn an die Entstehung der Fazenda da Esperança.

In Bezug auf all diese Personen gab es immer etwas, was uns zutiefst miteinander verbunden hat. Padre Haroldo war der Erste in Brasilien, der mit der Rekuperation von suchtkranken Menschen gearbeitet hat. Einer seiner Vorträge berührte mich sehr, als ich noch Student in Petrópolis war. Durch die gemeinsame Arbeit waren wir uns sehr nahe. Er war ein Mann Gottes mit einer großen Freiheit. Er gründete die „Amor Exigente" („Liebe, die herausfordert"), eine Selbsthilfebewegung für Familienangehörige von Suchtkranken. Darüber hinaus hat er noch andere Bewegungen aus den Vereinigten Staaten nach Brasilien gebracht. Er gab immer alles, was er von Gott empfangen hatte, an andere weiter.

Der Kardinal Aloisio Lorscheider[84] war mein Bischof. Er war derjenige, der die Familie der Hoffnung als diözesane Gemeinschaft anerkannte und mich fast geschubst hat, um sie zu gründen. Denn für ihn war es wichtig, dass etwas entstand, was diesen jungen Leuten, die sich an die Fazenda binden wollten, Sicherheit gab.

Padre Jonas Abib ist aus unserer Region und Mitglied der Charismatischen Erneuerung[85]. Bischof Geraldo Penido[86] bat mich damals, die charismatische Erneuerung als Vertreter der Kirchenprovinz von Aparecida (São Paulo) zu begleiten. Ich

---

84 Vgl. FN 62.
85 Die Charismatische Erneuerung ist eine offene Bewegung ohne formelle Mitgliedschaft. Sie versucht, grundsätzlich so wenig eigene Strukturen wie nötig aufzubauen, da bereits ausreichend Strukturen in der Kirche vorhanden sind. Der Sitz des internationalen Büros der Charismatischen Erneuerung ist in Rom (ICCRS – International Catholic Charismatic Renewal Services) und besteht aus einem Rat aus Vertretern aller Erdteile, der Großteil davon sind Laien. Aus der Charismatischen Erneuerung sind viele neue Gemeinschaften hervorgegangen, die bekanntesten sind die „Gemeinschaft der Seligpreisungen" sowie die „Gemeinschaft Emmanuel". Die Charismatische Erneuerung ist keine Abspaltung, sondern ein wichtiger Teil der katholischen Kirche, im Gegensatz zu vielen evangelischen Pfingstkirchen, die sich aufgrund mangelnder Akzeptanz häufig von der „Mutterkirche" getrennt haben und von denen es schon 1925 in den Vereinigten Staaten 38 Pfingstsekten gab. Papst Paul VI. und Johannes Paul II. haben wiederholt die Bedeutung der Erneuerungsbewegung für die katholische Kirche und die Neuevangelisierung betont (vgl. https://www.grin.com/document/34693).
86 Vgl. FN 65.

hatte viele Begegnungen mit Padre Jonas und die Freundschaft, die daraus entstand, existiert bis heute und viele Dinge machen wir gemeinsam. Damals saßen wir beide im selben Boot, denn sowohl um ihn als auch um mich herum entstand etwas Neues. Wir spürten, dass wir in einer neuen Weise lebendige Kirche leben durften. Gott rief uns, dieses Pflänzchen zu schützen, damit es wachsen konnte.

Dann gab es viele andere wie Dom Helder Câmara und den Kardinal Paulo Evaristo Arns, OFM[87], also Personen, die durch die Umstände des Landes – die Militärdiktatur war damals in vollem Gange – versuchten, eine Antwort zu geben, und durch viele Schwierigkeiten hindurch gewachsen sind. Sie wurden berühmt und zu Anführern im Kampf gegen das, was die Menschen im Land leiden ließ. Für mich war es immer eine große Freude, diese Menschen kennenzulernen und mit ihnen zusammenzuleben.

João Braz de Aviz habe ich bei einigen Begegnungen in der Fokolar-Bewegung kennengelernt. Damals war ich noch in Deutschland und er war Seminarist in Rom. Ich sprach kein Portugiesisch und hatte Schwierigkeiten im Italienischen, aber wir verstanden uns und es entstand eine tiefe Freundschaft, die uns bis heute begleitet. Und es ist schön zu sehen, wie Gott im Leben der Menschen handelt. In den Jahrzehnten des gemeinsamen Lebens in Brasilien erzählten wir uns oft unsere Erfahrungen mit dem Evangelium, lebten die Gütergemeinschaft und lernten einander in der Tiefe unseres Seins kennen. Heute hat er seine Mission und ich habe eine andere, aber wir fühlen, dass dieses Leben der Gemeinschaft, das uns verbunden hat, uns vorbereitet hat, um unsere Aufgaben, die wir heute leben, anzunehmen. Es ist so wichtig, echte Freunde zu haben.

---

87 Dom Paulo Evaristo Arns, OFM (1921–2016), war von 1970 bis 1998 Erzbischof von São Paulo.

Könntest du sagen, wer für dich die größte Persönlichkeit der brasilianischen Kirche ist?

Das ist ein bisschen schwierig. Ich sage immer, dass wir momentan keine Anführer im geistlichen Sinn haben wie zum Beispiel zur Zeit der Diktatur. Aktuell haben wir viele gute Hirten, aber ich habe nicht den Mut zu sagen, dass einer heraussticht. Im Gegenteil, ich bete, damit mehr Menschen Mut haben, ihre prophetische Berufung anzunehmen, und es schaffen, das Volk zu begeistern.

Wenn wir weiter nach vorne schauen, werden die Gründer der Fazenda eines Tages sterben, so wie andere Gründer gestorben sind. Du wirst uns auch eines Tages verlassen. Was würdest du denjenigen sagen, die deinen Platz einnehmen werden? So etwas wie: „Bewegt nichts von dem, was schon gemacht wurde, verändert nichts!"? Was denkst du, sollte passieren, nachdem ein Gründer verstorben ist?

Das, was du sagst, sollte auf keinen Fall beim Tod des Gründers passieren! Ein Werk Gottes ist von Gott und er kann immer wieder inspirieren, neue Bedürfnisse aufzeigen, die zur Gründerzeit vielleicht nicht existierten oder die heute existieren und die es im Laufe der Zeit nicht mehr geben wird.

Ein Charisma kann nicht nur von der Inspiration seines Gründers abhängen, denn wer den Gründer inspiriert hat, wer das Charisma gegeben hat als eine Gabe für die Menschheit, war mit Sicherheit Gott, der Heilige Geist – und er inspiriert immer wieder.

Was diejenigen betrifft, die ein Werk, eine Bewegung weiter voranbringen, so sollten sie aufmerksam, offen und sensibel sein in Bezug auf den Geist Gottes und sie sollten den Mut haben, notwendige Veränderungen vollständig vorzunehmen. Darin sehe ich kein Problem, denn es gibt keine Regel, die besagt, dass, wenn die Gründer die Dinge auf eine Art gemacht haben, sie so für den Rest des Lebens sein müssen. Sie sollten den Geist Gottes aufnehmen, den Gott den Gründern und uns allen gegeben hat, und weiter daran arbeiten, allen Hoffnung zu bringen. Wenn das geschieht, werde ich im Himmel sehr glücklich sein und sehen, wie das Werk wächst und den tiefen Bedürfnissen der Menschheit eine Antwort eröffnet.

Ein Werk stirbt nicht mit dem Gründer. Der Gründer ist nicht der Einzige, der etwas zu sagen hat. Ein geistliches Werk, eine Bewegung hat viele Gründer und Mitbegründer und ist das Ergebnis einer großen Familie. Wenn jeder seinen Teil tut, wachsen die Familie und das Charisma. Und die Kirche ist glücklich über all das, was durch dieses Charisma, diese Gaben Gottes ihr gegeben wird.

Ich möchte nicht, dass die Mitglieder der Fazenda Sehnsucht nach mir haben und sagen „unser armer Gründer". Nein, der Tod ist Teil unseres Lebens und sicherlich werden andere geboren, die unseren Platz einnehmen. Das Wichtigste ist, unser Charisma weiterzuführen, damit es die Liebe lebt und Frucht bringt. Eines Tages werden wir uns alle im Himmel treffen und dort werden wir verstehen, inwieweit wir unseren Teil gutgetan und ob wir dem Traum Gottes entsprochen haben, als er dieses Charisma ins Leben rief.

Hoffnung

In einer Umfrage der Weltgesundheitsorganisation (WHO) aus dem Jahr 2015 wurde festgestellt, dass 322 Millionen Menschen auf der Welt an Depressionen leiden, das entspricht 4,4 Prozent der Weltbevölkerung. In den letzten zehn Jahren gab es einen Anstieg von 18 Prozent und man sagt, es sei die größte Herausforderung im Bereich der weltweiten Gesundheit. Bis zum Jahr 2020 werden Depressionen die zweithäufigste Todesursache weltweit sein.[VIII] Mit Blick auf diese Entwicklungen und auf das empfangene Charisma, ist nicht die fehlende Hoffnung eine der Ursachen dieser Situation?

Daran habe ich keinen Zweifel. Es ist mit der Depression so wie mit vielen anderen Krankheiten. Wie viele Menschen bringen sich um, weil sie keinen Sinn mehr im Leben sehen, schlichtweg aus Hoffnungslosigkeit. Die Hoffnung ist Gott selbst, ist Jesus und dafür hat man keinen Platz mehr.

Vor vielen Jahren hat man gegen den Glauben gekämpft: Es gab Atheisten, Kommunisten und heute spricht man einfach nicht mehr von Gott, man diskutiert nicht, man lebt auf eine Art so, als existiere Gott nicht. Der Konsum, die Säkularisierung und viele andere Dinge wie das Internet übernehmen die

Führung und leiten die Menschen in eine Leere. Nur hat es keine Zukunft, allein an sich selbst zu denken, sondern vergrößert noch die bestehende Leere. Das ist sehr beunruhigend.

Was sollen wir machen? Hoffnung bringen! Wie? Für mich heißt das, den Leuten zu helfen, das Evangelium zu leben, das Evangelium ernst zu nehmen. Jedes Jahr geben wir das geistliche Tagebuch *Hoffnung für jeden Tag* heraus und laden die Familien ein, morgens einen Satz aus dem Evangelium zu lesen, dann einen kleinen Kommentar dazu und anschließend sollen sie versuchen, es zu leben. Wenn man das Wort Gottes lebt, erfüllt es unser Herz und gibt unserem Leben einen Sinn, gibt Freude und Hoffnung. So eröffnet sich einem unser Charisma, indem man täglich das Wort Gottes hört und in die Tat umsetzt. Ich sehe, wie notwendig es ist, das Leben, das Gott uns gegeben hat, an andere mit ganzer Kraft weiterzugeben.

Das hat bei den Drogenabhängigen und Alkoholikern begonnen, hat sich aber schon auf die ganze Menschheit ausgebreitet. Deswegen dürfen wir daran glauben, dass wir erst am Anfang stehen, denn es war Gott, der dieses Charisma geschaffen hat und er hat an alle Menschen gedacht, nicht nur an ein paar Suchtkranke. Er liebt ebenso diejenigen, die weit weg sind, die sich von ihm abgewendet haben.

Wenn ich also Berichte höre, so wie du in dieser Frage erwähnt hast, öffnet sich mein Herz. Ich sage: „Gott, du kannst auf uns zählen, wir werden alles tun, um gemeinsam mit dir all diesen Menschen Hoffnung zu bringen."

Eine weitere schockierende Zahl ist, dass in den letzten fünf Jahren die Selbstmordrate von Jugendlichen im Alter von 12 bis 25 Jahren um fast 30 Prozent gestiegen ist.[IX] In Brasilien ist Suizid die dritthäufigste Todesursache bei Männern und Frauen im Alter von 15 bis 29 Jahren.[x] Alle 40 Sekunden begeht ein Mensch auf der Welt Selbstmord: Das sind 800 000 Personen, die sich für den Tod entscheiden.[xi] Was fehlt in dieser so entwickelten Welt? Hoffnung? Im Jahr 2010, als die Familie der Hoffnung anerkannt wurde und das Charisma der Hoffnung explizit verlesen wurde, habe ich Gänsehaut bekommen, denn im Grunde sagt die Kirche: „Wir brauchen euch, um auf diese Nöte, denen wir gegenüberstehen, zu antworten." Was würdest du einem Jugendlichen sagen, der nicht weiterweiß und an Selbstmord denkt, weil er keine Zukunftsperspektive hat und sich leer fühlt?

Sehr oft schon bin ich solchen jungen Leuten begegnet und in den Gesprächen mit ihnen sagen sie mir, dass sie keine Hoffnung mehr haben. Sie wollen sich umbringen und sagen, es bringe alles nichts mehr.

Sehr glücklich macht mich die Tatsache, dass sie langsam froher werden, seitdem sie bei uns auf der Fazenda sind und das Evangelium konkret im einfachen Alltag leben. Noch vor ein paar Tagen sagte einer von ihnen plötzlich zu mir: „Die Idee, mich umzubringen, ist einfach aus meinem Leben verschwunden." Es ist also wahr: Das Evangelium hat die Kraft, unsere Gesellschaft komplett zu erneuern, zu verändern. Ich bete jeden Tag und ich glaube an die Kraft des Gebets, dass wir alle, die Kirche eingeschlossen, uns bekehren, an das Evangelium glauben und es leben.

Ich erinnere mich an ein Gespräch mit Papst Franziskus. Wir unterhielten uns über die Werke der Barmherzigkeit – es war das Heilige Jahr der Barmherzigkeit. Ich weiß nicht genau warum, aber irgendwann sagte ich zu ihm: „Heiliger Vater, ich bin traurig, wenn ich sehe, dass Jesus uns alles gegeben hat – sein Leben, sein Wort – und wir, die Kirche, nehmen es nicht ernst, setzen es nicht um. Jetzt ist wieder so eine Situation: Sie verkünden ein Heiliges Jahr der Barmherzigkeit, alle finden es schön, man hört Ihnen zu, aber es verändert sich nichts. Sollte nicht jede Diözese weltweit ein sichtbares Zeichen dieser Barmherzigkeit setzen und ein Werk der Barmherzigkeit errichten? Ein Krankenhaus, eine Station für vernachlässigte Kinder, ein Frauenhaus, Flüchtlingsunterkünfte …" Der Papst schaute mich an und sagte: „Du hast recht! Morgen früh auf dem Petersplatz werde ich dazu aufrufen." Und er hielt sein Wort. Am nächsten Tag schlug er der ganzen Kirche vor, in jeder Diözese ein sichtbares Werk der Barmherzigkeit zu errichten. Ich weiß nicht, wie viele etwas getan haben. Die Kirche ist in einigen Teilen der Welt reich, vor allem an bestimmten Orten Europas, aber das Wort Gottes konkret zu leben und ein Werk der Barmherzigkeit zu tun, bleibt eher eine Theorie. Solange wir es nicht konkret leben, werden wir keine Hoffnung für die Welt sein. Die Kirche gibt an manchen Orten nur Ideen, Strukturen und Theorien weiter, nicht aber das Leben. Das soll keine Kritik sein, sondern vielmehr ein Hinweis, etwas, was ich bemerke und was mich leiden lässt.

Auf der einen Seite macht es mich traurig. Auf der anderen Seite regt es mich an, mit mehr Einsatz zu kämpfen, um allen das Wort Gottes zu bringen. Wie zum Beispiel durch unser geistliches Tagebuch, das ganz konkret ist, und auch durch unser Leben. So können wir etwas verändern.

Ich komme zum Thema des Suizids zurück. Wie können wir Familien begleiten, die eine Person auf diese Weise verloren hat? Die Kirche hat immer darum gekämpft, wie sie sich gegenüber einer Person, die Selbstmord begangen hat, positionieren kann.

Hoffnung

Wo ist diese Person? Ist sie bei Gott? Wird Gott sie annehmen? Viele Leute, die versucht haben, sich das Leben zu nehmen – und Gott sei Dank überlebten –, müssen sehr kämpfen, um mit ihrem Selbstmordversuch klarzukommen. „Krass, ich habe versucht, mich umzubringen!" Die Gedanken kehren immer wieder zu dem Geschehenen zurück. Wie kann man diese Menschen begleiten und ihnen Halt geben?

Es ist nicht einfach, die Seele von jemandem zu verstehen, der sich umbringen will, denn der Wunsch, sich das eigene Leben zu nehmen, berührt die tiefsten Schichten menschlicher Existenz. Ich glaube, dass es sich um eine Krankheit handelt, etwas, was über die Kräfte der Person hinausgeht.

Wir können nicht von Schuld sprechen oder sagen, der andere soll sich nicht so anstellen. Es ist ein Moment, in dem viele Menschen in Einsamkeit oder Depression geraten und als Konsequenz bringen sie sich um. Hier kann man also nicht von Schuld sprechen, Urteile fällen oder sogar denken, dass diese Personen nicht bei Gott sein werden.

Als ich im Priesterseminar war, versuchte eines Tages einer unserer Kollegen, der auf demselben Flur einige Zimmer entfernt wohnte, sich umzubringen. Er nahm Tabletten, aber durch gewisse Umstände konnte er gerettet werden. Da wir aus demselben Kurs waren, unterhielten wir uns nach seinem Selbstmordversuch viel. Er erzählte von all dem Leid, das er erlebt hatte, von der Einsamkeit, den Selbstzweifeln. Und wir hatten vorher nichts davon mitbekommen. Er war stumm, konnte es selber nicht mitteilen.

Wir blicken einem Menschen meistens nicht in die Seele. Wir wissen nicht, wie es in ihm ausschaut. Ich habe gelernt, dass ich niemals dieses Verhalten, diese Verschlossenheit be-

oder verurteilen kann. Das Evangelium sagt uns: *„Richtet nicht, damit ihr nicht gerichtet werdet!"* (Matthäus 7,1).

Wenn der Mensch, der sich getötet hat, nicht mehr da ist, leiden die Verwandten sehr, und in diesem Moment ist es unsere Aufgabe, sie zu trösten, ihnen zuzuhören, sie zu verstehen und ihnen das Gewicht einer möglichen Schuld, die sie fühlen könnten, zu nehmen.

Es gibt keine Schuldigen. Das sind tief sitzende Schmerzen und wenn die Verwandten zufälligerweise nicht sensibel genug waren, um das Leid und den Schmerz dieser Person zu bemerken, oder wenn sie vielleicht sehr abwesend waren, müssen auch sie ihre eigenen Fehler der Barmherzigkeit Gottes anvertrauen. Wir alle brauchen die göttliche Barmherzigkeit. Ich kann nicht glauben, dass Gott den Betroffenen nicht in seine Arme nimmt.

Ich hätte nicht den Mut, einer Person, die den Wunsch nach Selbsttötung hat, zu sagen: „Wie kannst du nur so etwas tun wollen? Du stellst dich außerhalb der Gemeinschaft mit Gott. Auf ewig." Und wenn ich schon so nicht handeln könnte, stell dir Gott in seiner unendlichen Barmherzigkeit vor. Er könnte es noch viel weniger.

Wir dürfen niemals diese Haltung des Urteilens haben. Wir sollten auch nicht sagen, dass derjenige, der sich selbst umbringt, den Himmel nicht mehr verdient hat. Das kommt nicht von Gott, das sind menschliche Strukturen, Ideen, aber nichts Göttliches – auf gar keinen Fall.

Auf der Fazenda wird wenig über die Droge oder die Abhängigkeit gesprochen. Im Grunde lädst du die jungen Leute ein, auf den Nächsten zuzugehen. Sie beginnen, etwas für den an-

deren zu tun, sie beginnen zu lieben, etwas Gutes zu tun und spüren dann später, wie gut das ihnen selbst tut. So etwa nach dem Grundsatz: „Gutes zu tun, tut gut!" Und das nicht nur dem anderen, sondern auch einem selbst. Du brauchst diese Jugendlichen gar nicht zu fragen, wie es ihnen geht, man kann es an ihrer Ausstrahlung erkennen. Das kann jeder erleben. Du hast auch viele Erfahrungen mit jungen Leuten anderer christlicher Konfessionen und Religionen gemacht. Was hast du erlebt?

Dieser Weg, durch das Positive die Sucht zu überwinden, ist unser Merkmal. Statistiken zu analysieren, über das Problem zu sprechen und im Untergrund, im Wertlosen, herumzustochern, ist für mich Zeitverlust.

Eine Liebestat zählt mehr als viele Sünden (vgl. 1. Petrus 4,8). Also ermutigen wir die jungen Leute auf der Fazenda, zu lieben und ihre positiven Erfahrungen zu erzählen. Wir möchten sie dazu bringen, aus sich herauszukommen und an den anderen zu denken. Später finden sie Glück, das sie ihre Vergangenheit vergessen lässt. Es interessiert nicht mehr, denn die Barmherzigkeit Gottes schaut auch nicht immer auf die Vergangenheit zurück. Gott sieht uns im gegenwärtigen Moment und möchte, dass wir uns auf die Ewigkeit vorbereiten, für die Begegnung mit ihm.

Für mich ist die einzige Art, etwas an unserer Geschichte zu verändern, zu lieben. Konkret zu lieben im gegenwärtigen Moment. So beginnt die wirkliche Veränderung der Person. Wenn jemand liebt, verändert sich die Person automatisch und auch die Menschen um sie herum. Und die persönliche Geschichte eines jeden Einzelnen verändert sich nach und nach.

Viele wünschen sich wunderbare Heilungen, einfache Antworten und Lösungen. Wir wissen, dass das nicht geschieht. Die Leute sind sehr sensibel und manchmal fallen sie auf falsche Versprechungen herein. Wie siehst du das?

Es ist ein Zeichen, dass die Leute geheilt werden möchten. Sie möchten glücklich sein, aber das ist sehr oberflächlich. Jesus hätte alle Menschen heilen können, hätte Lösungen finden können, um Kriege zu beenden, den Hunger zu stillen, die Prostitution und die Krankheiten zu beenden, aber er hat es nicht getan. Er besaß etwas, was wertvoller war, und dieses Etwas hat Jesus uns gegeben: die Liebe, die Beziehung mit seinem Vater, das Kreuz. Er rettete die Welt am Kreuz, nicht mit Worten oder Wundern. Jesus rettete die Welt am Kreuz aus Liebe und das bedeutet, dass er die Welt sterbend gerettet hat. Wenn wir uns gegenseitig helfen möchten, sollten wir in der Lage sein, füreinander das Leben zu geben, unsere Schmerzen darzubringen, unsere Kreuze.

Im Leben ist es so, dass ein Kind nicht geboren wird, ohne dass die Mutter durch die Geburtswehen hindurchmuss. Im Schmerz wird Leben geboren und so sollten wir Jesus am Kreuz treu sein.

Ich beobachte bei uns in Brasilien, dass Menschenmassen zusammenkommen, wenn berühmte Prediger sich angesagt haben und einen Heilungsgottesdienst anbieten. Wenn wir aber vom Kreuz sprechen, ist das für die Menschen schwer zu verstehen. Dennoch ist es der Weg, der die Welt verändert hat.

Wenn wir in die Geschichte schauen, waren es die Märtyrer, die etwas verändert haben. Unsere Geschichte ist voll von diesen Menschen, die ihr Leben hingegeben haben. Wie viele sind während des Nationalsozialismus in Deutschland und Europa gestorben und wurden zu Heiligen? Zum Beispiel Maximilian

Kolbe[88], Edith Stein[89] und so viele andere. Im Kreuz, in der Liebe zu Christus fanden sie Licht, fanden sie Hoffnung und zweifellos veränderten sie die Geschichte. Sie halfen, die Menschheit zu retten, wie Jesus es tat.

Wir wollen immer schon eine perfekte Welt hier auf der Erde, aber auf eine oberflächliche Weise. Die Verwandlung dieser Welt geschieht nur, wenn wir in die Ewigkeit schauen: ein neuer Himmel, eine neue Erde. Es ist etwas, was durch den Tod, durch den Schmerz geht, aber danach kommt die Auferstehung.

Jesus war der Erste, der auferstanden ist. Er ist der Garant. Er ist der Weg für eine tief gehende Verwirklichung, für echtes Glück und wahre Heilung.

Eine andere „Krankheit" unserer Zeit ist die Angst. Woher kommt diese Angst? Ist das auch eine Herausforderung für das Charisma der Hoffnung? Was hilft gegen die Angst? Und hast du auch Angst?

Die Möglichkeit, dass wir etwas Wichtiges verlieren wie zum Beispiel das Leben oder unsere Gesundheit, ist etwas, was uns Angst machen kann. Als ich im Bürgerkrieg in Biafra war, machten mir die fallenden Bomben und die sterbenden Leute Angst. Etwas zu verlieren, was uns wichtig ist, macht Angst. Von jemandem bedroht zu werden oder die Gewalt in Brasilien heutzutage macht vielen Angst!

Die Menschen bauen Mauern, um mehr Sicherheit zu haben, aber im Grunde haben sie diese nicht, denn all das ist keine echte

---

88 Maximilian Maria Kolbe (1894–1941) war ein franziskanischer Missionarspriester aus Polen. Er starb als Märtyrer in einem Konzentrationslager und wurde 1982 kanonisiert.
89 Edith Theresa Hedwig Stein (1891–1942), kanonisiert als Heilige Teresia Benedicta vom Kreuze, war Philosophin und deutsche Theologin. Sie ist in einer jüdischen Familie geboren, wurde in ihrer Jugendzeit zu einer Atheistin und konvertierte später zum Katholizismus.

Sicherheit. Was uns Sicherheit gibt, ist die Hoffnung, die Jesus ist. Denn wenn du ihn als einziges Gut und Glück (vgl. Psalm 16) hast, kann dir niemand schaden. Wenn man dich tötet, triffst du auf Jesus. Er ist es, der die Angst nimmt, der uns Ruhe gibt und auch die Gewissheit, dass dir niemand schaden kann, denn er ist ewig. Und du? Stellen wir uns vor, dass du tot bist: Wenn du Gott als einziges Gut und Glück gewählt hast, wirst du ihn treffen. Seine Ewigkeit ist für immer und in ihr wirst du glücklich.

Die Angst steht immer in Zusammenhang mit vergänglichen Dingen dieser Welt. Sie ist ohne Zweifel etwas Tiefgehendes. Sie ist nicht einfach zu überwinden und viele Dinge sind an diesen oberflächlichen Lebensstil gebunden, den die Menschheit hat. Viele wähnen sich in Sicherheit durch die materiellen Güter, aber das ist doch trügerisch. Es gibt nur eine Sicherheit: die Liebe, die Gott ist.

Ich habe keine Angst. Nach meinen Krankheiten, Unfällen und gefährlichen Situationen, die mich dem Tod nahebrachten, habe ich heute keine Angst mehr. Ich bin vielleicht ein bisschen unsicher geworden in dem Sinne, dass ich mich frage, ob ich wohl die Kraft habe, um das, was vielleicht kommt, auszuhalten, zum Beispiel eine lange Krankheit oder wenn ich Menschen in den Krankenhäusern sehe, in den Betten und auf der Intensivstation. Diese Dinge verursachen ein mulmiges Gefühl bei mir und ich denke: „Werde ich wohl im Stande sein, das auszuhalten und alles gut und bewusst zu leben?" Aber ich vertraue darauf, dass Gott mir dafür Kraft geben wird.

Was würdest du einer Person sagen, die Angst hat, die wegen einer Situation beunruhigt ist, die sich Sorgen um die Zukunft macht? Gibt es eine Technik, keine Angst zu haben?

Ständig suchen mich Personen auf und äußern Ängste aller Arten. Es ist erstaunlich, wie ein eher egoistisch geprägter Lebensstil den Leuten Angst macht.

Ich sage ihnen immer: „Liebe und versuche das Evangelium zu leben, lebe den gegenwärtigen Moment und in deiner Seele wird das Göttliche, die Gegenwart Jesu, wachsen. Jedes Wort des Evangeliums, das du lebst, ist Gott und wenn Gott in dir wächst – er, der ewig ist –, gibt es Sicherheit und eine Garantie: Es kann passieren, was will, deine Seele, dieses Leben der Liebe, kann niemand töten oder klauen und so verschwindet die Angst."

Das ist eine Sache des Glaubens. Es ist eine Sache der Liebe, an das Wort Gottes zu glauben und das Göttliche in deine Menschlichkeit hineinzulassen.

Es gibt eine Erzählung von Franz Werfel über den Propheten Jeremia, die besagt, dass er, als er in Jerusalem ankam, die Stadt ganz zerstört auffand und im Sektor des zerstörten Tempels eine Tonscherbe entdeckte, einen Teil der Zehn Gebote Moses. Auf dieser Scherbe stand geschrieben (das war das Einzige, das er lesen konnte): „Damit du das Leben hast." Mitten in der Katastrophe, der Zerstörung traf der Prophet auf Gott und sprach mit ihm. Auf diesem Teil der Zehn Gebote fand er die bedeutendsten Worte Gottes: „Du musst leben!" Gott möchte, dass die Menschen leben. Jeremia war von dieser Botschaft berührt, er stand auf und ging seinen Weg weiter. Vielleicht müssen wir die Gebrechlichkeit (die Scherbe) und die Zerstörung erleben, damit unser Leben von vorne beginnen kann? Ist das nicht auch die Erfahrung vieler junger Leute, die auf die Fazenda kommen?

Ja, zweifellos. Ich denke, dass alles, was Gott zulässt und wir durchleben – sei es mit den Rekuperant*innen, sei es mit Kaufsüchtigen, mit Sexsüchtigen, mit tausend anderen Süchten, unseren Schwächen, all den Krankheiten, Katastrophen –, dass Gott all das zulässt, um uns zu sagen: „Verstehst du? Ich komme, damit du leben kannst. Ich bin geboren, um dir mein Leben zu geben, ich bin gestorben, um dir mein Leben zu geben, ich bin auferstanden und habe einen Weg vorbereitet, damit du Leben hast." Wir sollten leben, um das ewige Leben zu finden. Das ist der Sinn.

Es existieren so viele andere legitime Sorgen, die das Herz der Menschheit einnehmen, wie die Sorge um unsere Nahrung, unser Haus, unsere Kleidung. Dennoch nehmen die meisten einen übertriebenen Platz in unserem Leben ein. Das ist nicht nötig. Die echte Sorge eines jeden Christen sollte es sein, ewiges Leben zu erlangen, den Weg zu nutzen, um sich zu heiligen, um sich mit Gott zu treffen, eine Beziehung zu ihm aufzubauen, sich als sein Kind zu fühlen und an dieses Stückchen Scherbe zu glauben – wie es der Prophet tat –, auf der geschrieben steht: „Damit du das Leben hast."

Gott ist gekommen, um uns Leben zu geben, damit wir glauben, dass er uns liebt, und er möchte, dass wir glücklich sind. Um glücklich zu sein, braucht es wenig, es braucht nur Gott.

Mir gefällt sehr ein Satz, den Papst Benedikt sagte: „Wer nicht Gott gibt, gibt zu wenig!"[XII]

Vielleicht wird das, was du gesagt hast, noch greifbarer, wenn du uns von Erlebnissen erzählst, die sich möglicherweise oftmals wiederholt haben. Kannst du uns von Menschen erzählen, die an die Tür der Fazenda klopften und die niemand mehr haben wollte?

Ich habe von Anfang an – das Evangelium lebend – geglaubt, dass der andere, der Nächste, Jesus ist. Jenes schwangere Mädchen, das einen Platz suchte, war Jesus, die Kinder, die von der

Polizei gebracht wurden, waren Jesus. Die jungen Drogenabhängigen, die um Hilfe baten, waren Jesus. Ricardinho[90], den
niemand mehr wollte, weil er wirklich sehr kompliziert war, war
Jesus; dieser Junge, den ich aufgenommen hatte und der mich
danach beklaute – und das war schwer, sehr schwer zu ertragen –, war auch Jesus. Und der Versuch, diesen Jesus zu lieben
und ihm zu sagen: „Ich will dich", gab Kraft, vorwärtszugehen,
auch in sehr schwierigen Momenten.

In der ersten Zeit der Fazenda kam Nelson eines Tages in die
Sakristei und ich sah, dass er traurig war. Ich fragte, was los sei,
und er antwortete: „Alle sind gegangen."

Die kleine Gemeinschaft, die er mit so viel Enthusiasmus begonnen hatte – Nelson hat seine Eltern und alles andere zurückgelassen, um gemeinsam mit ihnen zu leben –, war plötzlich
aufgelöst, alle waren gegangen.

Ich schaute Nelson an und fragte ihn: „Ist Jesus auch gegangen?" Wir waren still, denn diese Frage bewegte auch mich. War
Jesus gegangen?

Wir verstanden, dass wir nicht geboren sind, um soziale
Missstände oder Drogenprobleme zu lösen, sondern wir wurden geboren, um Jesus in jedem und jeder Einzelnen zu lieben. Das gibt Kraft. Das macht auch den Unterschied zwischen
einem Sozialwerk und einem Charisma: Ein Sozialwerk entsteht, um soziale Probleme zu lösen, aber ein Charisma entsteht,
um Menschen zu helfen, neue Frauen und Männer zu werden.[91]

---

90 Frei Hans bezieht sich auf Ricardo Riberinha, der sich 1990 auf der Fazenda da Esperança
rekuperierte und später die Unternehmen Recriar Vidas Consultoria e Gestão / Instituto Recriar
Vidas gründete. Er engagiert sich in Brasilien für Drogenprävention und stärkt sozialschwache Schülerinnen und Schüler. Das Hauptprojekt ist das Handbuch „Viver de Cara Limpa"
(„Clean leben") für Schüler, Lehrer und Eltern, in dem Ricardo seine eigene Lebensgeschichte
pädagogisch aufbereitet erzählt. Diese drei Handbücher haben Millionenauflagen erreicht.
91 Auf der Fazenda da Esperança ist es üblich, sich auf den Apostel Paulus zu beziehen und wie
er über den „alten Menschen und den neuen Menschen" (Epheser 4,22-24) spricht.

Über Kunst und Harmonie

Gerne möchte ich zwei Worte einander gegenüberstellen, die auf unterschiedliche Weise immer wieder erscheinen. Das Wort „bleiben", das heraushebt, was bleibt, wichtig ist und Ewigkeitswert hat. Und das Wort „vergehen". Mir scheint, als würde das Leben zwischen diesen beiden Worten gelebt. Du sagst oftmals, dass alles vergeht und wir dem keinen zu großen Wert beimessen sollten. Wir sollen leben für das, was bleibt. Woher kommt diese Erfahrung? Aus den Kriegen? Von deinen Erlebnissen in Afrika? Oder durch die Lebensgeschichten so vieler Jugendlicher, die mit Drogen zu tun hatten? Was lässt dich so leben und wie setzt du es persönlich um, nicht an den Sachen, Menschen und Situationen zu hängen, sondern dir zu sagen: „Nein, das geht vorbei, ich werde mich nicht stressen, ich werde nicht wütend, ich muss mich an dem orientieren, was bleibt!"?

Vielleicht kommt es tatsächlich wegen meiner Geschichte. Ich bin nach dem Krieg geboren und habe gesehen, wie alles zerstört war. Menschen starben, viele Väter meiner Kollegen kehrten nach dem Krieg nicht nach Hause zurück. Von klein auf hat mich das bewegt und in mir gab es immer diese Frage: „Gibt es etwas, was nicht vergeht?"

In meinem ganzen Leben habe ich wenig gesehen, das nicht vergangen ist. Am Ende ist es Gott in der Eucharistie, in seinem Wort, im Kreuz, das wir umarmen und an dem wir Jesus finden, und die Liebe, die wir den anderen schenken, in dem es uns gelingt zu teilen – all das ist ewig, göttlich und geht nicht vorüber, es verwirklicht uns und macht uns glücklich. Der Rest, das, was die Welt zu sehr schätzt – seien es die materiellen Güter, die Sexualität, die vergänglichen Freuden, die Macht –, und der ganze Kampf und Streit, um zu gewinnen – all das vergeht.

Es ist interessant, was passiert, wenn man älter wird – ich selbst habe ja schon ein gewisses Alter erreicht. Wenn ich innehalte und nachdenke, erinnere ich mich an so viele Personen der Politik, zum Beispiel diejenigen, die wichtig waren und die über Geld und über so viele andere Dinge entscheiden konnten, an Ministerpräsidenten und Präsidenten – und wo sind sie heute? Viele sind schon gestorben, andere sind im Gefängnis, wieder andere sind im Ruhestand, sie sind alt. Und was ist übrig geblieben? Nichts, nichts, nichts!

Wenn ich manchmal auf einen Friedhof gehe, finde ich es ein bisschen lächerlich, dass einige noch über den Tod hinaus versuchen zu zeigen, dass dort eine wichtige Person liegt: Sie bauen ein prachtvolles Grab, ein großes Mausoleum aus Marmor. Aber wenn man unter die Erde schauen würde, könnte man sehen, dass alle gleich sind. Was von uns übrig bleibt, ist so wenig, und das sollten wir uns immer vor Augen führen.

Ich erlebe das immer auf Beerdigungen, vor allem bei Personen, die ich kannte: Ich sehe, wie alles, was sie hatten und besaßen, vergeht. Nichts bleibt. Wenn ich vor diesem Körper stehe, der nicht spricht und sich nicht mehr bewegt, spüre ich, dass es etwas gibt, was nicht stirbt, was ewig ist. Das ist das Göttliche. Der Körper, der durch die Eucharistie, durch die Liebe vergöttlicht wurde, vergöttlicht die Erde und kehrt in den Himmel zurück, zu seinem Ursprung. Ich denke sehr gerne an das, was nicht stirbt. Mein Traum ist, dass meine ganze menschliche Existenz in eine göttliche verwandelt wird.

Denkst du nicht, dass es schwierig ist, auf der einen Seite schöne Häuser und Gärten zu pflegen und sich um den Bau eines Gebäudes zu kümmern, um in Harmonie zu leben, und andererseits das alles loszulassen, frei davon zu sein und zu sagen, dass dies alles keinen bleibenden Wert hat? Und du und die Fazenda legen ja viel Wert auf die Schönheit der Gebäude und Gärten, ihr investiert Geld, um alles schön zu machen. Ist das nicht ein Widerspruch? Heute hat die Fazenda eine große Infrastruktur, um die es sich zu kümmern gilt. Vor Kurzem wurde der Ort des JA-Wortes Mariens (Espaço do Sim) eingeweiht, etwas Wunderschönes, das aber auch vergänglich ist. Sollte man im Grunde nicht sagen, dass wir ja auch in einem ungepflegten Haus leben könnten, da ja alles vergänglich ist? Dann bräuchten wir nichts für die Instandhaltung auszugeben. Wie siehst du das als jemand, der den Wunsch nach Harmonie hier auf der Erde in sich trägt?

Harmonisch zu leben ist etwas, was Gott uns mitgegeben hat. Er hat alles schön gemacht und möchte, dass wir uns um die Welt kümmern. Das heißt, wir sollen sie pflegen und bewahren.

Wenn wir etwas bauen, betreten wir diesen Raum, den Menschen durch Gottes Inspiration geschaffen haben – den letztlich Gott geschaffen hat. Deswegen sollten wir alles dafür tun, dass er nicht zerstört wird, sondern bewahrt und gepflegt wird. Gott hat dem Menschen die Erde gegeben, damit er sie achtet. Darum sollten wir alles tun, damit sie schön ist. Ein einfacher Bau kann einen Ort schöner machen.

Als Papst Johannes Paul II. in Rio de Janeiro war, sprach er von einem göttlichen Architekten, der diese wunderbare Stadt baute, und bat die Menschen, diese nicht zu zerstören, sondern die Harmonie zu ergänzen. Deshalb mag ich es wirklich, Dinge schön zu machen, denn Gott ist schön. Wenn die jungen Leute auf der Fazenda in unsere Häuser und Kapellen kommen oder die Kunstwerke sehen, spüren sie diese Harmonie und das hilft ihnen, ihre eigene innere Harmonie wiederzufinden. Auch weil Gott schön ist und wir schön sind, sollten wir diese Harmonie leben. Denn wenn wir im Dreck leben, wenn wir den Müll überall hinwerfen, zerstört das unsere innere Schönheit und die Person selber zerstört in sich die Harmonie. Das Geheimnis ist zu verstehen, dass wir einfach nur Verwalter sind. Niemals in meinem Leben habe ich mich als Besitzer irgendeiner Sache gefühlt. Da ich in Gemeinschaft lebe, gehört alles allen. Ich sage nicht: „Das ist mein Auto, das ist mein Haus." Nein, all das sind Dinge, die Gott mich bittet zu verwalten, die ich pflege und bewahre. Das Auto zum Beispiel muss ich pflegen, damit es nicht kaputtgeht. Das Haus muss gestrichen werden, das Holz lasiert. Das sind Güter in meiner Verantwortung und ich muss mich darum kümmern, aber ich fühle mich nicht wie der Besitzer.

Für mich ist es lächerlich zu denken: „Das ist meins", denn in kurzer Zeit sterben wir und das Einzige, was wir mit ins Paradies nehmen, ist die Liebe, die wir gelebt und aufgebaut haben. Alles andere bleibt zurück.

Wenn wir über Harmonie sprechen, können wir auch über die Kunst sprechen. Du warst schon immer offen für die Kunst. Ich

denke an Lilian Campelo[92], eine bekannte Architektin aus Recife, die viel mit euch zusammengearbeitet hat, oder Evilázio Vieira[93], der viele sakrale Kunstwerke auf den Fazendas gemacht hat und immer noch macht, und auch an Lorenz Heilmair[94] und Eduardo Carrara[95], die gemeinsam besondere Projekte verwirklicht haben. Das ist bestimmt ein wunderbarer Prozess, gemeinsam mit diesen Menschen zu arbeiten, um nicht nur die menschliche Schönheit sichtbar zu machen, sondern die Schönheit Gottes. Wie siehst du das alles?

Ich habe den großen Wunsch, den Menschen zu helfen, damit sie sich selbst, Gott, ihren Brüdern und Schwestern und der Harmonie, die Gott in das Herz eines jeden gelegt hat, begegnen. Im Grunde heißt das, auch ihre Berufung zu finden.

Die Kunst ist eine Form, wie ich dem anderen helfen kann, diese Dinge zu finden. Ein Gottesdienstraum, der künstlerisch gestaltet ist, hat einen großen Einfluss auf die Menschen, die dort eintreten. Als ich in der Pfarrei in Guaratinguetá ankam, gab es einige Kapellen, die damals als Mehrzweckraum genutzt wurden: Unter der Woche wurden sie als Kindergarten oder Sozialräume genutzt und sonntags für die Messe. Für die Leute schien es eine praktische, günstige Lösung zu sein, sie hatten tausend Argumente. Ich betreute einige dieser Kapellen.

---

92 Maria Lilian Campelo (1952–2014) war federführend am Projekt des Heiligtums der Hoffnung (*Santuário da Esperança*) beteiligt und an vielen anderen Projekten für die Fazendas da Esperança weltweit.
93 Jose Evilázio Vieira (*1947) ist Künstler, Schriftsteller und Psychoanalist und in der Aus- und Fortbildung tätig. Aktuell wohnt er in Guaratinguetá (São Paulo).
94 Lorenz Johannes Heilmair (*1951) ist ein deutscher plastischer Künstler und in der Glasmalerei in Curitiba (Paraná) tätig. Seit vielen Jahren fertigt er Werke der sakralen Kunst an, die im Dialog mit Frei Hans Stapel, OFM, entstehen (vgl. http://vitralis.com.br).
95 Eduardo Carrara (*1961) ist ein Ingenieur und Künstler aus São Paulo (São Paulo). Er ist der Sohn von Luiz Carrara und Baumeister des Santuário da Esperança und anderer Kapellen auf der Fazenda da Esperança (vgl. https://www.luizcarrara.com.br).

Sonntags ging ich dorthin, um die Messe zu halten, und spürte einen großen Konflikt in mir. Die Kinder spielten und hüpften die ganze Zeit, denn ihnen schien es, als seien sie im Kindergarten; sie verstanden nicht, dass es Sonntag war und sie in einer Messe waren. Nach und nach suchte ich nach Nachbargrundstücken der Kapellen, baute Kindergärten und andere Versammlungsräume, und von da an veränderten wir die Kirche in einen schönen liturgischen Raum. Wir fingen mit preiswerten, einfachen Veränderungen an, mit dem, was uns zur Verfügung stand. Alles war sehr einfach, aber schön und die Messen veränderten sich ebenfalls.

Als ich Künstler wie Lorenz kennenlernte, mit dem wir die Kirchenfenster für einige Kapellen machten, sah ich, dass ihre Schönheit eine andere Atmosphäre an diesen Orten entstehen ließ. Die Leute kamen herein und fühlten sich wohl. Es schien etwas Göttliches da zu sein, die Messe wurde viel partizipativer und man spürte Gottes Gegenwart intensiver.

Ich war sehr dankbar für diese Veränderung, und heute haben wir es dank dieser großen Künstlerfreunde geschafft, dass unsere Kapellen, vor allem die der Fazendas, außergewöhnliche Räume und Orte großer Sammlung sind.

Das bedeutet nicht, dass alle unsere Kapellen bunte Kirchenfenster haben. Wir haben einige Kapellen, die von Evilázio gestaltet wurden. Er benutzte Schrott wie alte Hacken, um daraus einen Tabernakel zu machen. An der Tabernakeltür gestaltete er die zwölf Apostel beim Letzten Abendmahl aus Metallschrott. Es benutzte viele Dinge, die andere auf den Müll warfen, und er verwandelte sie in Kunst.

Harmonie ist wichtig und Kunst enthüllt etwas über Gott. Ich denke, dass selbst nach unserem Tod diese Kunst weiter besteht und sich ausdrückt.

Heutzutage haben wir große Kathedralen wie die von Köln und so viele andere, die über die Welt verteilt sind. Sie werden von vielen Millionen Menschen besucht, die vielleicht gar keine Verbindung zu Gott haben, die dort aber etwas anderes fühlen. Es ist gut zu sehen, dass Kunst diese transzendente Kraft hat, die über die konkreten Dinge hinausgeht.

Früher, als die Menschen noch wesentlich ärmer waren, investierten sie viel Geld in den Bau von Kathedralen. Sie wollten durch die Kunst ihre Liebe zu Gott, zu allem Göttlichen ausdrücken.

Kunst ist daher etwas Heiliges, sie ist Schönheit und sehr wichtig. Ich bin sehr glücklich, denn wir haben es geschafft, eine gemeinsame Sensibilität für Harmonie, Kunst und für das Göttliche zu schaffen.

Maria

Immer wieder hast du an unterschiedlicher Stelle gesagt, es sei für dich von Bedeutung, dass die Fazenda da Esperança im „Schatten" der Muttergottes von Aparecida[96] geboren wurde und dass du viele Male nach Aparecida gefahren bist, um alles, was geschah, ihr zu Füßen zu legen. Worüber habt ihr beiden, die Muttergottes und du, bei diesen Besuchen gesprochen?

Maria ist eine echte Mutter, die sich um ihre Kinder sorgt; zuerst um ihren eigenen Sohn, um Jesus. Sie möchte, dass die gesamte Menschheit Jesus versteht, Jesus folgt und deshalb ist ihr Anliegen, dass wir wieder den großen Schatz, den wir in uns haben, finden: diesen Jesus.

Ich ging oftmals zu ihr und bat sie, dass sie nach all ihren Kindern schaut, dass sie das Herz eines jeden berührt, damit sie es schaffen, den Schatz, den sie in sich haben, zu finden, dass sie diese Kinder vor so vielen Bedrohungen, die die Welt heute für die jungen Leute hat, beschützt. Diese Bedrohungen

---

96 Aparecida, wortwörtlich „Erscheinung", bezeichnet den Ort, an dem am 12.10.1717 drei Fischer im Fluss Paraíba eine zerbrochene Tonfigur fanden. Zuerst entdeckten sie den Rumpf, dann den Kopf, und schließlich nahmen sie diese Marienfigur mit nach Hause. Über die Jahrhunderte entwickelte sich dieser Ort zum größten Marienwallfahrtsort der Welt.

sind Depressionen, es gibt so viele, die sich umbringen, es gibt so viel Verzweiflung, weil sie Jesus immer noch nicht begegnet sind. Also bitte ich die Muttergottes, dass sie der Jugend wirklich hilft, dieses Wort, das sie so mutig ausgesprochen hat, für sich zu sagen: das Ja zum Willen Gottes.

Ich möchte die Gottesmutter immer und hier danke ich Chiara Lubich, die mir geholfen hat, sie nicht nur als eine Form von Frömmigkeit zu sehen – obwohl Aparecida ein Ort ist, zu dem viele Menschen pilgern, weil sie die Muttergottes verehren. Man macht Wallfahrten, hält Prozessionen ab, betet Novenen und diese Frömmigkeitsformen sind gut, schön und es ist sinnvoll, so etwas zu machen. Für mich war es aber immer auch wichtig, „Maria zu sein", den Weg zu gehen, den sie gegangen ist, „Ja" zu Gott zu sagen – wie sie es gesagt hat –, ihn zu retten und ihn zu den anderen zu bringen, wie sie es tat, als sie Elisabeth besuchte. Auch vor allen zu flüchten, die Jesus töten wollten, so wie sie nach Ägypten geflüchtet ist, ihm nachzugehen, als sie ihn nicht fanden – denn er war im Tempel –, nicht aufzuhören, ihn zu suchen und mit ihm in allem zusammen zu sein, sogar unterm Kreuz.

Maria zu sein in dem Sinne, dass ich ihren Schritten folge, hat mich immer angezogen, es gefällt mir so sehr. Es gibt viele Formen, „Maria zu sein".

Auf der ganzen Welt habe ich viele Marienwallfahrtsorte betreten und ich sehe, wie Maria das Herz der Menschheit berührt. Es gibt keine Person, für die so viel Poesie entstanden ist und der so viele Gemälde und Kunstwerke gewidmet wurden wie Maria. Es ist beeindruckend, wie es der Menschheit leichtfällt, sich ihr zu nähern, auch weil sie Mensch ist; sie ist eine von uns.

Maria sagte immer: „Gott reicht mir", sie hat nichts anderes erwählt. Wir schon, denn wir wählen immer wieder die Dinge dieser Welt und brechen mit der Gnade, wir lassen sie außer

Acht. Das ist unsere Sünde. Maria macht es anders. Ihr zu folgen bedeutet, den Ursprung wiederherzustellen: „Gott reicht mir" und das gefällt mir.

Dass die erste Fazenda hier in der Nähe von Aparecida entstanden ist, ist sehr schön. Aber es gibt eine andere Gottesmutter, die ich aufbewahre und die mir sehr geholfen hat; es war ein Priester aus Deutschland, der sie uns brachte. Es ist eine Ikone der Gottesmutter, die ein deutscher Soldat – ein Protestant – in einer zerstörten Kirche in Polen fand. Er hatte keinen Bezug zu Maria, dennoch gefiel ihm diese Ikone und so steckte er sie kurzerhand in seinen Rucksack. Beim Rückzug geriet er unter Beschuss und bekam drei Schüsse ab. Keiner von diesen Schüssen verletzte ihn, denn sie wurden durch die Ikone umgeleitet bzw. blieben in ihr stecken. Er sah, dass die Gottesmutter sein Leben gerettet hatte, und gab diesem Bild einen besonderen Platz in seinem Haus, obwohl seine Familie nicht diesen innigen Bezug zu dieser Darstellung hatte.

Bevor er starb, dachte er: „Meine Familie wird dieses Bild nicht wertschätzen, vielleicht werfen sie es sogar weg." Also gab er es diesem Priester, der mein Freund war. Dieser schickte es zu Papst Johannes Paul II., denn er war Pole und das Bild wurde in Polen gemalt. Der Papst nahm es an, gab ihm seinen Segen und schickte es zum Priester mit der Nachricht zurück: „Suche einen Ort, an dem sie Leben retten kann, so wie sie das Leben dieses Soldaten gerettet hat." Bei einer Reise nach Brasilien brachte der Priester dieses Bild mit. Zu jener Zeit weihten wir das Männerzentrum hier in Guaratinguetá ein und während der Einweihungsmesse des Hauses gab er mir das Bild der Gottesmutter.

Die Leute küssten sie schon bald und wir spürten, dass sie einen besonderen Ort brauchte. Bis heute befindet sie sich in der ersten Kapelle des Männerzentrums in Guaratinguetá.

Viele Male habe ich sie gebeten: „Rette das Leben dieser jungen Leute, wie du das Leben dieses Soldaten gerettet hast." Und ich fühle, dass es Maria in ihrer Rolle als Mutter sehr gefällt, den anderen zu helfen, besonders den jungen Menschen.

Bei deiner Hingabe an die Muttergottes geht es nicht nur ums Reden, sondern du willst wie sie leben, du willst Maria sein, du hast sie als Vorbild. In letzter Zeit bist du in ein Projekt der Fazenda eingebunden, dass sich „Ort des JA-Wortes Mariens" (Espaço do Sim de Maria) nennt. Erzähle uns ein bisschen über dieses Projekt und was dich daran bewegt.

Es ist interessant, wie in unserem Leben Dinge auf eine Weise passieren, die man sich manchmal nicht erträumt und nicht erwartet. Es war auf einer Reise in Israel, als Frei Bruno OFM[97] um ein Interview für das Fernsehen bat und mir viele Fragen stellte. Ich erzählte ihm von den konkreten Erfahrungen unserer Jugendlichen und wie das Wort verwandelt. Er war so begeistert, so berührt, dass er mir plötzlich sagte: „Frei, können wir nicht eine Partnerschaft zwischen der Verkündigungsbasilika und dem Heiligtum der Hoffnung schließen? In Nazareth war die Verkündigung, durch die Gott Mensch wurde, die Menschwerdung geschah hier. Und dort auf der Fazenda lebt ihr das, was Jesus brachte, das Wort Gottes, und es entstehen dort neue Menschen, Gott wird in den Rekuperanten*innen Wirklichkeit. Auf der einen Seite wurde Gott zum Menschen und durch sein Wort kehrt der Mensch wieder zu ihm zurück, er vergöttlicht sich."

---

97 Frei Bruno Varriano, OFM, ist Guardian und Rektor der Verkündigungsbasilika in Nazareth, Israel.

Nach dem Interview überlegten wir gemeinsam weiter und beschlossen diese Partnerschaft. Von unserer Seite, gemeinsam mit allen Ehemaligen der Fazendas weltweit, machten wir eine Kampagne und so wurde ein sehr schönes Glasfenster gestaltet, das heute in der Verkündigungsbasilika in Nazareth im Heiligen Land ist. Frei Bruno gab uns bei dieser Gelegenheit ein Stück des Felsens, in den das Haus Mariens geschlagen worden war und das die Verkündigungsbasilika wie eine kostbare Reliquie unter ihrer Kuppel birgt. Er gab uns also einen kleinen Stein des Hauses Mariens. Ich hielt die Reliquie in den Händen und war tief bewegt. Ich dachte: „Dieser Stein hat die Worte des Engels und die Worte Mariens gehört: ‚Dein Wille geschehe!'" Und ich überlegte, wie schön es wäre, wenn wir einen Ort schaffen könnten, an dem die Besucher eine Atmosphäre vorfänden, die sie von innen berührt, die jeden Einzelnen einlädt, den Willen Gottes zu tun, seinen Willen in die Tat umzusetzen und genauso wie Maria zu sagen: „Dein Wille geschehe."

Diese Idee, einen Ort zu haben, an dem sich viele Menschen bekehren und Gott begegnen, berührte mich zutiefst. Also sprach ich mit vielen Leuten, wir machten Zeichnungen, überlegten und begannen schließlich – zusammen mit den Künstlern und anderen Personen –, diesen Ort zu bauen. In diesem Moment, inmitten dieser Planungen, wurde ich krank, bekam Krebs und war monatelang mehr oder weniger isoliert. Ich hatte Zeit, nachzudenken, zu träumen und mir vorzustellen, wie es sein könnte. Ich traf mich immer wieder mit den Künstlern: mit Lorenz[98], Carrara[99], mit unserem Architekten, Artur[100], mit

---

98 Vgl. FN 94.
99 Vgl. FN 95.
100 Artur Diniz (*1976) ist Architekt, der seit dem Jahr 2000 mit Lilia Campelo zusammengearbeitet hat. Sie waren die Autoren des Projekts des Heiligtumes der Hoffnung. Er setzte das Projekt des Espaço do Sim im Heiligtum der Hoffnung 2019 architektonisch um.

dir, Christian, und vielen anderen von uns. Diese Idee wurde geboren und wuchs immer weiter.

Ich wurde vom Krebs geheilt. Es schien mir wie ein Wunder, denn es stand schlimm um mich. Mir war es, als wären die Gebetserhörungen Zeichen der Zuneigung der Gottesmutter, denn ich bat besonders sie, wenn es Gottes Wille sei, noch Zeit zu haben, mehr zu lieben und das Charisma weiterzuführen.

Also machten wir uns ans Werk, um diesen Ort zu bauen. Ich merkte, dass ich nicht die neue Generalleitung der Familie der Hoffnung bitten konnte, die finanzielle Verwirklichung dieses Projektes zu übernehmen, denn sie mussten ja schon die allgemeinen Ausgaben und Verpflichtungen des Gesamtwerkes Monat für Monat im Blick haben. Und ich überlegte: „Wenn ich sie nicht bitten kann, wie soll ich es machen?"

Solch ein Projekt mit Glasmalereien, einem Reliquiar aus edlen Materialien für den Stein und so weiter zu verwirklichen, ist kostspielig. Ich wollte es übernehmen und Freunde bitten. Demütig bat ich: „Ich brauche deine Hilfe, kannst du helfen?" Ich erzählte ihnen von dem Traum, den ich erfüllen wollte, und zu meiner Überraschung halfen sehr viele. Heute ist diese Arbeit abgeschlossen und ich erlebe, dass viele Pilger, Jugendliche, Menschen von nah und fern diesen Ort besuchen, sich durch die Gegenwart Mariens anrühren lassen und ebenfalls ihr Ja zum Willen Gottes sagen können.

Mit einem großen Fest der Nationen ist der „Ort des JA-Wortes Mariens", des „Mir geschehe, wie du, Gott, es willst", eingeweiht worden. Über 2 000 Menschen kamen zu diesem Fest und wir spüren die besondere Mystik, die über diesem Ort liegt.[101]

---

101 Das Fernsehteam der Fazenda da Esperança hat einen wunderschönen Bericht über diesen Ort erarbeitet, der über den Youtube-Kanal der Fazenda da Esperança angeschaut werden kann (https://youtu.be/KKEVHe4opBg).

Maria

Wenn wir über Maria sprechen, sollten wir erwähnen, dass die Fazenda eine männliche Wirklichkeit, aber auch eine „weibliche Wirklichkeit" hat. Die Frauenfazenda entstand 1988. Was bedeutet diese Wirklichkeit für dich?

Diese Wirklichkeit in der Kirche entstand durch Chiara Lubich. Das Charisma der Einheit brachte einen neuen Lebensstil des geweihten Lebens in der Kirche hervor. Bis zu jener Zeit waren die Männer in ihrem Kloster mit ihrem Oberen und die Frauen in ihrem Kloster mit ihrer Oberin.

In der Fokolar-Bewegung entstand dieser neue Stil mit einer Kraft und einer Begeisterung, die die Frauen, die um Chiara Lubich herum waren, aber auch die Männer und die Familien vereinten. Und bald kamen andere Konfessionen – Evangelische, Anglikaner, Lutheraner und viele mehr – und andere Religionen – Buddhisten, Muslime, Hindu und sogar Atheisten – und viele Leute, die so leben wollten. Es war eine Explosion der Liebe! Eine ganz neue Form von Kirche.

Dafür kannte die Kirche keinen Weg. Sie wollten damals den Teil der Frauen mit Chiara und den Teil der Männer mit Padre Lombardo in die bekannten Formen gießen. Aber Chiara Lubich spürte etwas ganz anderes und Papst Paul VI. mit seiner Weisheit – er war Kanonist – übergab diese komplexe Fragestellung an das neu entstandene Laien-Dikasterium. So war es möglich, dass ein neuer Stil entstehen konnte, in dem in einem einzigen Charisma Männer, Frauen und Familien zusammen sein konnten.

Nach einiger Zeit entstanden weitere Gemeinschaften und Bewegungen. Es war etwas Neues in der Kirche aufgebrochen und alle wurden in diesem Laien-Dikasterium anerkannt. Eines Tages entstand auch unser Charisma – mit Männern und Frauen, Familien, Priestern; alle waren zusammen. Am Anfang hatte die Kirche gewisse Sorgen: Wie konnten Männer und Frauen zusammen in einem Charisma sein und gemeinsam leben? Heute ist es mehr als natürlich, dass es Familie ist und zur Ausgeglichenheit führt.

Wenn ich an unsere Treffen denke, an die Familien und Kinder, fühle ich, dass das Zusammensein die zölibatären Berufungen stärkt – und unser zölibatäres Leben hilft den Familien. Wir scheinen also ein Volk Gottes zu sein. Das ist eine sehr schöne Sache.

Von Beginn an mussten wir nach dem Gleichgewicht suchen, wie wir zusammenleben konnten, ohne unsere Leidenschaften und Gefühle zu ignorieren. Wir mussten lernen, damit umzugehen und mit den Augen Gottes zu schauen. Die Männer müssen jedes Mal mehr lernen, Maria in jeder Frau zu sehen, und die Frauen müssen Jesus in uns Männern sehen. Das bedarf viel Übung, aber das Ergebnis ist sehr schön.

Die Gegenwart der Frauen auf der Fazenda und in der Familie der Hoffnung hat mir von Beginn an sehr viel Freude bereitet. Klar, es braucht viel Umsicht im Miteinander-Leben. Doch das beruht auf Gegenseitigkeit. Man muss seine Gefühle kennenlernen. Manchmal sind sie zu stark, dennoch leben wir auf der ganzen Welt zusammen. Wir haben Familien, Eltern, Geschwister, Nachbarn; an allen Orten leben wir zusammen.

Das ist eine sehr, sehr besondere Herausforderung. Maria war für mich immer ein Vorbild. Sie in jeder Frau zu sehen, ist eine Herausforderung, die ich als sehr, sehr schön empfinde.

Die Fazenda hat vier Gründer: dich, Nelson, Iraci und Luci. Denken Männer auf eine Art und Frauen auf eine andere?

Das ist eine große Herausforderung, denn wir Männer haben eine Art, die Welt zu sehen, und wie die Kirche manchmal von

Männern dominiert wird, muss das ihrer Meinung nach so sein. Die Frauen haben eine ganz andere Art.

Wer verheiratet ist, muss jeden Tag mit dem Unterschied zwischen Mann und Frau leben, aber wer das zölibatäre Leben hat wie wir Priester, ist meistens sehr dominant in seiner Art zu denken und findet es richtig. Das ist eine Gefahr.

Immer wieder treffen wir vier uns, um von Gott her zu verstehen, was er für das ganze Werk möchte, und oftmals konfrontiere ich Luci und Iraci durch meine Art, ganz anders zu denken. Das verlangt von uns – von mir, von Nelson, den anderen der männlichen Seite – eine Übung des Zuhörens, den Versuch, die Frauen zu verstehen, und ihrerseits versuchen sie, uns auch zu verstehen. Auf diese Weise schaffen wir eine Atmosphäre der Gegenwart Gottes und im Göttlichen verstehen wir uns. Wenn wir nur im Menschlichen bleiben, kommen wir oftmals zu keinen Lösungen, weil die Art zu denken so unterschiedlich ist.

In diesem Punkt denke ich: „Gott hat uns so unterschiedlich gemacht, damit wir aus unserem Egoismus, aus unserer Welt, aus unserer Art, nur an uns zu denken, herauskommen, um auf den anderen zu treffen und zu versuchen, ihn mit seiner Andersartigkeit zu verstehen."

Der Papst sagt immer, dass niemand perfekt ist, und mit dem anderen zusammenzuleben, obwohl er nicht perfekt ist, verlangt eine größere Liebe. Andererseits entsteht eine sehr tiefe göttliche Atmosphäre, sodass wir die Dinge mit dem Blick Mariens, mit dem Blick Gottes verstehen können.

Die Fazendas werden immer mehr zu „Heiligtümern der Neuevangelisierung", wie Bischof Dino Marchió gesagt hat. Heiligtümer und Wallfahrtsorte waren und sind Orte, wo eine Verehrung für

einen Heiligen oder eine Heilige oder die Muttergottes gepflegt wird. Die Fazendas, so Bischof Dino, sind vielmehr Orte und Heiligtümer, wo die Neuheit des Evangeliums berührt werden kann. Dies geschieht bereits an mehreren Orten in Brasilien, in Deutschland, in Italien. Kannst du uns dieses Phänomen erklären?

Wir haben ohne unser Planen oder Wollen das Heiligtum der Hoffnung in Pedrinhas, das Heiligtum der Barmherzigkeit in Manaus, in Sobral (Ceara) und vielen anderen Orten auf der Welt. Wir fragen uns: Welche Art an Heiligtum bzw. Wallfahrtsort sollen wir sein? Reicht es, wenn ein Bus mit Pilgern ankommt, es ihnen gefällt und sie wieder gehen oder haben wir einen besonderen Auftrag? Etwas, was unser Eigenes, Besonderes ist und was jede und jeden Einzelne/n tief berührt, wenn er uns besucht? Was können wir ihnen geben?

Ich denke, dass wir in diesem Punkt einen ganz besonderen Schatz haben. Nämlich unsere Jugendlichen, die auf der Fazenda leben und die täglich kämpfen, um den Weg der Rekuperation zu gehen. Wenn Gästegruppen zu uns kommen, sind die Rekuperant*innen diejenigen, die durch die Fazenda führen. Sie heißen die Gäste willkommen, erzählen von ihren Erfahrungen und berühren so die Menschen tief in ihrer Seele. Viele dieser Pilger haben den Wunsch, der Fazenda zu helfen; sie werden Hoffnungsträger und nehmen die Kraft der Botschaft des alles verändernden Wortes Gottes mit in ihren Alltag.

Im Heiligtum der Hoffnung, im Ort des JA-Wortes Mariens, erwartet den Pilger eine lebensgroße Darstellung der Muttergottes, die wir vom Zentrum Ave aus Florenz in Italien durch die Fokolarinnen bekommen haben. Wir identifizieren uns sehr mit dieser eher ungewöhnlichen Darstellung. Sie wurde für Papst Franziskus entworfen. Der Papst fordert uns ja immer wieder auf, dass wir eine Kirche im Hinausgehen werden. So sieht man in dieser Darstellung Maria, die die Hoffnung, Jesus Christus, in die Welt hinausträgt. Eine anrührende Darstellung von Maria, die das Kind in den Armen trägt und Treppenstufen hinuntergeht – sie ist im Hinausgehen! Nachdem Maria durch den Engel erfahren hatte, dass sie Mutter Jesu würde, setzte sie sich nämlich nicht auf einen Thron, sondern ging hinaus, um Elisabeth, ihrer Cousine, zu helfen.

Und die Botschaft an jeden Pilger, jeden Gast, an uns selbst lautet: Ich muss aus mir herausgehen, aus dem Egoismus, aus der Sorge um die Zukunft, aus diesem „Wie wird mein Leben sein?". Unsere Berufung ist es, Hoffnung zu bringen, Jesus zu bringen, Liebe zu bringen, auf die Letzten der Gesellschaft zuzugehen, wie der Papst uns bittet. Diese Kirche im Aufbruch zu sein!

Ich bin begeistert, wenn ich daran denke, dass „Maria, die die Hoffnung, Jesus Christus, in die Welt hinausträgt" an diesem Ort und auch auf allen anderen Fazendas sein wird, um allen zu sagen: Lasst uns dieses kurze Leben nutzen, um denjenigen zu begegnen, die es wirklich brauchen, den Letzten der Gesellschaft, denen am Rand.

Und so nimmt der Pilger, der Gast von jeder Fazenda, nicht nur ein Souvenir mit, sondern viel mehr den Impuls, die Hoffnung lebendig zu halten, so wie er sie auf der Fazenda erfahren hat.

Leben in Gemeinschaft schafft Lösungen

Heute beobachten wir, dass der Dialog schnell unterbrochen wird und Personen, Gruppen, Familien sich trennen. Das passiert auch zwischen Nationen und Ethnien. Es scheint, dass eine „Ex-Kommunikation" stattfindet (du – oder der andere – kommuniziert nicht mehr mit mir). Wenn man dir bei Tisch oder bei Treffen in kleiner Runde zuhört und um deine Fähigkeit zum Dialog weiß, scheint es, als fänden alle Menschen bei dir Platz, unabhängig von ihrem Familienstand, ihrer Rasse, ihrer Religion, ihrer sexuellen Orientierung, ihrer sozialen Herkunft oder ihrer Vergangenheit. Woher kommt deine große Offenheit? Was bringt dich dazu, den Menschen gegenüber immer wieder zu wiederholen, dass das Leben in Gemeinschaft die Lösung der Probleme ist? Ist das auch deine Vision von Kirche?

Jeden Tag beten wir das Vaterunser in der Messe, am Tisch, im Rosenkranz und oftmals sagen wir: „Vater unser!" Ich dachte immer, dass ich alle Männer und Frauen als Geschwister ansehen muss, um das Vaterunser ohne Lügen beten zu können. Es müssen einem nicht alle sympathisch sein, sie müssen nicht heilig oder gerecht sein, sie können große Sünder sein, sie können sogar Mörder sein, aber wir müssen fühlen, dass alle Geschwister sind, um das Vaterunser ehrlich beten zu können.

Gott, unser Vater, ist für uns gestorben und es freut mich zutiefst, mich daran zu erinnern, dass er niemanden ausgeschlossen hat.

In der Parabel vom verlorenen Schaf (vgl. Lukas 15,4-7) hat der Hirte alle anderen Schafe zurückgelassen, um das verlorene Schaf zu suchen und es mit Liebe nach Hause zu tragen, mit der Zärtlichkeit eines Vaters, und zu feiern, weil er es wiedergefunden hat. Über einen Sünder, der sich bekehrt, gibt es Freude im Himmel. Also sollten wir auch diese Art des Vaters immer vor Augen haben. Ich habe nicht das Recht, eine Person zu richten: *„Richtet nicht, dann werdet auch ihr nicht gerichtet werden!"* (Lukas 6,37). Wir sollten verzeihen, wie wir es im Vaterunser beten, so wie Gott uns vergibt.

Dass zu tun, ist eine Herausforderung. Es ist nicht einfach, aber ich denke immer: „Gibt es wohl jemanden, der in der Hölle ist und nicht die Gnade erlangen wird, nah bei Gott zu sein?" Ich wünschte, es gäbe niemanden, denn man kann sich nicht vorstellen, was es bedeutet, für immer von Gott getrennt zu sein. Dies allein zu denken, bereitet mir schon Angstgefühle.

Hier auf Erden kann jemand eine schlimme Straftat begehen und für viele Jahre verurteilt werden, aber all das geht vorbei. Wenn ich mir aber vorstelle, dass ich verurteilt werde, um immer fern von Gott zu leben, ist das schrecklich. Deswegen möchte ich alle lieben, um jedem zu helfen, umzukehren und nah bei Gott zu sein oder eine Liebestat zu machen, die danach die Tür zum Himmel öffnet.

Ich glaube an die Fähigkeit einer jeden Frau und eines jeden Mannes, zu lieben, weil Gott es in jeden hineingelegt hat. Ich möchte allen helfen, diesen Schatz, den man in sich hat, herauszufinden. Die Unterschiede der Ideen, der Mentalitäten, der Kulturen, der Art des Seins, des Denkens sind menschliche Dinge und gehen vorüber.

Was uns vereint, ist die Fähigkeit zu lieben. Jemand hat einmal gesagt, dass es in unserer DNA und in der aller Menschen angelegt ist, zu lieben. Diese göttliche DNA ist in uns allen und es existiert niemand, der weniger oder mehr ist als der andere.

Es gibt Personen, die das schon früh herausgefunden haben oder konkreter die Liebe leben. Andere sind verschlossen oder gegen die Liebe und sie leben im Egoismus. All das ist möglich, aber ich glaube, es ist genauso möglich, dass alle umkehren, so wie es der Verbrecher in der letzten Stunde seines Lebens getan hat (vgl. Lukas 23,32-43).

Das Leben in Gemeinschaft schafft also Lösungen? Niemand ist exkommuniziert oder herausgeworfen, ist das deine Sicht der Kirche? Ist es das, was du von Jesus gelernt hast, von einem Jesus, der alle zu sich ruft?

Das ist interessant, weil die Kirche – die Kirche Petri – lange Zeit sehr stark die Hierarchie gelebt hat. Und es hat einen gewissen Sinn, aber mir gefällt die Kirche als Gemeinschaft. Dies entspricht eher unserem dreifaltigen Gott. Er ist nicht ein Gott, der allein ist, sondern Gott ist dreifaltig und unter ihnen ist Gemeinschaft, Beziehung.

In der Entwicklung der Fazendas wusste ich so oft nicht, was ich tun sollte, was Gott wollte, wie ich vorgehen sollte. Ich rief die anderen und gemeinsam versuchten wir, all das zu verstehen. Das Leben in Gemeinschaft war immer die Lösung. Oftmals hatten wir ernsthafte Probleme aller Art, etwas war passiert, was uns wirklich ein bisschen verloren dastehen ließ, aber zusammen fanden wir immer eine Lösung. Selbst für die Finanzen oder für so viele andere Probleme. Die Welt hat immer viele Kreuze, viel Leid, aber die Lösung findet sich immer in der Gemeinschaft, sie entsteht aus dem Miteinader.

Ich kann mir nicht vorstellen, eine Entscheidung allein zu treffen, denn wer sind wir allein? Wenn ich allein bin, gibt es nur mich, und ich bin ein begrenzter Mensch. Aber in Gemeinschaft öffnet sich ein Ort, um mit Gott zusammen zu sein, und der Heilige Geist kann sich in der Gemeinschaft, die dieses Zusammensein lebt, offenbaren.

Das ist bei einer Hochzeit so schön. Wenn zwei Personen sich vereinen, wird Jesus sakramental gegenwärtig und wenn sie sich treu in der Liebe sind, wie sie es am Altar versprechen, ist Jesus immer dabei und gibt Kraft, damit sie es schaffen, alle Schwierigkeiten zu überwinden. Die Gemeinschaft von Vater und Mutter, zwischen dem Paar, ist auch die Lösung, um den richtigen Weg für die Erziehung der Kinder zu finden, um Krisen, Schwierigkeiten und Versuchungen zu überwinden. Die Gemeinschaft ist die Lösung.

Ich träume von einer gemeinschaftlicheren Kirche und Papst Franziskus bringt dies in sein Pontifikat ein: Der Weg der Barmherzigkeit bringt alle in die Gemeinschaft, ins Miteinander. Sich nicht wichtiger oder mächtiger zu fühlen als andere. Was zählt, ist die Geschwisterlichkeit. Er zeigt das an seinem eigenen Verhalten durch kleine Dinge. Zum Beispiel möchte er kein großes Auto, sondern ein einfaches; er trifft sich mit den Armen; er möchte kein besonderes Apartment und auch sonst keine Privilegien. Papst Franziskus möchte Bruder sein und ist fähig, die Füße von Menschen anderer Religionen zu küssen. Er wird zum Bruder aller.

Das ist die Kirche, von der ich träume, von einer Kirche als Gemeinschaft!

Ohne Zweifel ist Gemeinschaft im Großen und im Kleinen für die Fazenda da Esperança von Bedeutung. Du hast mir einmal erzählt, dass ihr am Grab des Heiligen Franziskus in Assisi einen Pakt geschlossen habt – das erste Mal mit Nelson und später mit den anderen. Und vielleicht brauchen wir auch diese Zeichen: Ich schließe vor Gott einen Pakt, damit uns wirklich nichts trennen kann und wir immer in Gemeinschaft bleiben.

Das stimmt, du hast dich an einen sehr starken Moment unseres Lebens erinnert. Ich hatte den Wunsch, Gemeinschaft zu leben, die Güter wie die ersten Christen zu teilen und Gott an die erste Stelle zu setzen. Und Gott gab mir Nelson, um das zu verwirklichen. Aber wir sind unterschiedlich: Ich war schon Priester, Deutscher, war älter; er war jung, Brasilianer. Wir haben viele Unterschiede in der Seins- und Denkweise. Aber es war klar: Die gegenseitige Liebe und dass Jesus unter uns ist, sollte dieses Werk vorwärtsbringen. Nur Jesus.

Es ist einfach, dass wir uns von den Unterschieden trennen lassen. Es ist einfach, plötzlich zu denken, wir hätten recht. Und ich als Älterer und Priester wollte nicht dominieren und Nelson, der Jüngere, sollte nicht einfach gehorchen. Ich wollte, dass Jesus unter uns wirklich das Licht ist. Und als wir in Assisi am Grab des Heiligen Franziskus standen, hatten wir das Bedürfnis, Franziskus zu bitten, dass er uns hilft, immer arm und einfach vor Gott zu sein. Ich bat den Heiligen um Hilfe, damit wir diesem Bund der Einheit treu bleiben können, dass für immer Gott das Wichtigste unter uns ist. Später wiederholten wir den Pakt mit den Gründerinnen der Frauenfazenda, Luci und Iraci. Danach mit einer größeren Gruppe und als wir 2010 als geistliche internationale Gemeinschaft in Rom anerkannt wurden, wiederholten wir diesen Pakt mit einer Gruppe von dreihundert Personen. Denn mit all unserer Zerbrechlichkeit brauchen wir die göttliche Hilfe und die Hilfe derjenigen, die ein heiliges Leben gelebt und es geschafft haben, hier auf der Erde anders zu leben, so wie der Heilige Franziskus.

Wenn man den Ausdruck „Das Leben in Gemeinschaft schafft Lösungen" auf den Aspekt der Wirtschaft, der Verteilung der Güter überträgt, dann entwickeln sich sogar politische oder wirtschaftliche Konzepte. Denn die Ungleichheit, die Kriege, der fehlende Dialog unter den Parteien, Gruppierungen und Menschen schreien ja fast förmlich nach diesem neuen Weg.

Du hast recht, aus dem Leben in Gemeinschaft findet sich eine Lösung – auch für die Verteilung der Güter weltweit. Es gibt so viele Menschen, die alles haben, die niemals alles nutzen, was sie haben. Sie haben so viel, dass sie nicht einmal wissen, wie viel sie besitzen, während andere nichts haben. Das ist fehlende Gemeinschaft. Wie ist es möglich, so reich zu sein, so viele Dinge zu besitzen, die man nicht braucht, und nicht die Kinder zu sehen, denen das Notwendigste fehlt, und nicht die Menschen zu sehen, die nichts zu essen haben?

Es fehlt an Intelligenz, an Kreativität, um Programme zu machen, die es ermöglichen, dass alle Leben haben – Leben in Fülle!

Gott hat die Welt geschaffen, sodass alle auf ihr leben können. Aber dafür braucht man einen Geist der Gemeinschaft. Man muss an den anderen denken, nicht nur an sich. Ich bin der Reichste der Welt, ich habe dies, ich habe das – ich, ich, ich! Nein! Es sollte heißen: „Du brauchst etwas und ich helfe dir und lebe Gemeinschaft mit dir."

In der Politik ist das Bild, das sich uns zeigt, noch schlimmer! Wie traurig ist es zu sehen, wie die Politiker schlecht übereinander reden und Geschichten erfinden, um den anderen zu schaden. Man sieht im anderen Politiker nicht denjenigen, der ebenso wie man selbst eine Mission hat, sondern er ist ein Feind, den es zu stürzen gilt, dem man schaden muss. Dabei gilt es doch, gemeinsam Wege zu finden, um dem Land zu helfen, Gesetze zu machen und bestehende Probleme zu lösen.

Es gibt zum Beispiel in Brasilien viel Gewalt in den Gefängnissen. Da müssen die Politiker etwas tun. Ständig stirbt jemand dort drinnen! Und warum? Weil sie wie Monster behandelt werden, wie Tiere. Es werden viele Leute in kleine Räume gesteckt und wenn sie sich umbringen, hört man Ausreden, die niemanden überzeugen und nichts verändern. Das ist traurig.

Es braucht Gemeinschaft unter allen Parteien, alle Menschen mit gutem Willen sollten sich vereinen, um Lösungen zu finden. Und die Lösungen existieren. Geld gibt es auch, Brasilien ist ein reiches Land, aber man muss diesen Reichtum nutzen, um Gutes zu tun, und es nicht ausgeben für Prestige, für Egoismus. Wie viel kostet unsere Verwaltung in Brasilien? Wie viel Geld wird mit Eitelkeiten aus dem Fenster geworfen, mit unnützen Dingen und es wird nicht daran gedacht, Lösungen zu finden? Denn die Lösungen finden sich im Leben in Gemeinschaft.

Logischerweise gibt es unterschiedliche Ideen und das ist gut so. Ebenso gibt es unterschiedliche Arten zu verwalten, aber alles müsste auf dieses gemeinsame Wohl aller Menschen hinauslaufen.

Man sollte die andere Partei nicht als Feind ansehen, als einen Gegner. Sie hat zwar andere Ideen, aber wir alle haben die gleiche Mission: allen Menschen Gutes zu tun. Daher muss diese Idee der Gemeinschaft sich immer mehr ausbreiten. Das ist die Aufgabe, die wir haben – besonders diejenigen, die wie wir ein Charisma haben –, aber es ist auch die Aufgabe der Kirche und aller Männer und Frauen guten Willens.

Die Eucharistie

Sprechen wir von der Eucharistie. Jeden Tag die Messe zu feiern, scheint etwas Grundlegendes zu sein. Was bedeutet es für dich, die Messe zu zelebrieren? Welche Auswirkungen hat die Eucharistie in deinem Leben, im Leben der Gläubigen?

Die Eucharistie ist die Möglichkeit, die ich habe, eine tiefe Gemeinschaft mit Gott zu leben. In meiner menschlichen Schwäche kann ich mich mit Gott selbst treffen, der sich zur Nahrung macht und in mein Leben eintreten möchte, um mir zu sagen: „Du bist nicht allein, ich bin mit dir zusammen."

Die Aufgabe der Eucharistie ist es, den Menschen zu vergöttlichen, unsere Menschlichkeit in Göttlichkeit zu verwandeln. Das begeistert mich sehr.

Während der vielen Jahre als Priester erlebte ich viele schwierige Momente. Als mich zum Beispiel ein junger Mann in der Pfarrei ausraubte, spürte ich eine große Wut und es war schwierig, ihm zu verzeihen. Jeden Tag in der Eucharistie bat ich: „Gott, wenn du willst, dass ich ihm vergebe, lass dieses Wunder in mir geschehen. Du hast vergeben, hilf mir, dass ich es auch schaffe." Das passiert auch, wenn ich an die große Herausforderung denke, heutzutage ein reines Herz zu haben. Das Evangelium sagt: *„Jeder, der eine Frau ansieht, um sie zu begehren, hat in seinem Herzen schon Ehebruch mit ihr begangen"* (Matthäus 5,28). Aber wie schwer ist das in einer Welt, in der die Sexualität so stark und so sichtbar ist!

Wie ist es möglich, diese tiefe Reinheit des Herzens zu leben? Jeden Tag, an dem ich die Heilige Kommunion empfange, bitte ich: „Jesus, mach mich rein, wie du es bist. Du möchtest, dass ich so lebe, also musst du mir helfen." Und ich erfahre, dass mit seiner Hilfe viele Dinge, die menschlich unmöglich wären, Wirklichkeit werden.

Die Eucharistie spielt auch eine große Rolle für unsere jungen Leute auf den Fazendas, die mir ständig ihre Geschichten von ihrem früheren Leben erzählen. Denn viele haben eine unmenschliche und absolut schreckliche Vergangenheit, die in ihnen Hass und Wut hervorgebracht hat – oftmals gegen die Eltern und gegen diejenigen, die sie sexuell missbraucht haben. Unter diesen Umständen wird Vergebung fast unmöglich, fast unmenschlich, aber ich sage ihnen immer: „Wenn du es nicht schaffst, bitte Jesus Christus in der Eucharistie um Hilfe. Gott ist Fleisch geworden, er wurde zur Nahrung, um in dein Leben zu treten und zu sagen: ‚Gehen wir zusammen, du bist nicht allein, ich helfe dir.'" Ich sehe, wie die jungen Leute es schaffen zu vergeben und sich wieder umarmen; das bewegt mich und macht mich glücklich.

Ich spüre die Größe Gottes in dieser kleinen Hostie, in der Zerbrechlichkeit der Eucharistie. Gott hat keine Beine und keinen Mund, er hat nichts, um sich zu verteidigen, und er gibt sich jedem hin, der sich annähert. Nur Gott kann sich so arm und sich selbst zur Nahrung machen, um uns auf göttliche Weise zu helfen.

Vergebung ist etwas sehr Wichtiges, nicht nur in der Rekuperation. Wir sehen, wie wichtig Vergebung ist, wenn Spaltung, Trennung und fehlender Dialog Menschen zu schaffen machen. Das passiert oft auch innerhalb von Familien. Oder wenn wir hören, dass ein Jugendlicher sagt: „Ich schaffe es nicht zu verzeihen" und wir ihm sagen: „Du schaffst das! Wer dich lehren wird, ist Jesus Christus selbst."

Das ist wahr! Vergebung ist der erste wichtige Schritt, um ein neues Leben zu beginnen. Während der vielen Jahre als Priester sah ich so viele zerstörte Leben durch den Mangel an Vergebung, geteilte Familien wegen eines Stücks Land, durch eine Erbschaft, durch ein Wort, das jemand sagte und das dem anderen nicht gefiel, durch Kleinigkeiten und auch durch ernstere Dinge. Menschen trennen sich, vergeben sich nicht und halten diesen Hass für dreißig, vierzig Jahre oder länger aufrecht, denn ihnen fehlt dieser Wille zu vergeben. Vielleicht mangelt es an jemandem, der es ihnen beibringt, der hilft, und in diesen Momenten ist die Eucharistie eine Lösung. Auch das Wort Gottes zu leben, das Kreuz zu umarmen, all das hilft, um vergeben zu können.

Ich erinnere mich, dass einmal ein Jugendlicher mir seine Geschichte erzählte; sie war so traurig, wirklich schlimm. Er hasste seine Eltern und ich verstand ihn. Dennoch sagte ich zu ihm: „Ich kann dich nicht davon befreien das Evangelium zu leben – weil es sagt: ‚Wehe dem, der einen Satz, ein Jota verändert' (vgl. Matthäus 5,18ff). Und was sagt das Evangelium? Wir sollen immer vergeben, allen vergeben, die Feinde lieben, denen Gutes tun, die uns Böses taten, die rechte Wange hinhalten dem, der uns auf die Linke schlug, das Hemd demjenigen geben, der uns den Mantel raubte. Das gesamte Evangelium spricht von Vergebung." Jesus hat das auch gelebt. Er vergab Magdalena: *Hat dich keiner verurteilt? (…) Auch ich verurtei-*

le dich nicht" (Johannes 8,10-11). Er vergab allen. Also ist die Vergebung die Basis eines Lebens nach dem Evangelium, eines christlichen Lebens.

Dafür hilft uns Jesus durch die Eucharistie und sein eigenes Wort hilft uns noch mehr, wenn wir versuchen, es zu leben.

Hat es dieser junge Mann, der das zu dir sagte, später auf den Weg der Vergebung geschafft?

Ja. Er kämpfte viel, war der Eucharistie treu, lebte Gottes Wort und für mich ist der Tag, an dem er es schaffte, seine Eltern zu umarmen, unvergesslich. Von diesem Moment ging er nicht mehr nur seinen Weg, sondern ich möchte fast sagen, er flog. Die Vergebung verleiht uns Flügel. Er veränderte absolut sein Leben, er wurde zu einem neuen Menschen.

Man könnte auch sagen, dass Vergebung die Basis für ein neues Leben ist, wie eine Brücke, die erlaubt, dass wir über all das Leid, über all den Kummer, über alle schlechten Dinge, die passiert sind, hinübergehen. Es ist eine Brücke, die uns zu einem neuen Leben führt.

Auf den Fazendas gibt es den Brauch, samstags abends Eucharistische Anbetung zu halten – und das geschieht auf der ganzen Welt. Es sind also circa 3 500 junge Leute, die sich fast zur gleichen Zeit zur Anbetung versammeln. Wie entstand dieser Moment und was bedeutet er für die jungen Leute in Rekuperation?

Diese Idee entstand, als wir vor der Eröffnung vieler Fazendas standen und uns fragten: „Wer wird sie leiten?" Es fehlten Berufungen. Menschen, die den Wunsch hatten, einem Ruf Gottes zu folgen, sich und ihr Leben zu verschenken.

Wir erinnerten uns an den Satz, den Jesus sagte: *„Bittet also den Herrn der Ernte, Arbeiter für seine Ernte auszusenden!"* (Matthäus 9,38). Wir sagten, wenn alle auf den Höfen um Berufungen bitten würden, würde Gott uns erhören, denn Jesus sagte: *„Bittet und es wird euch gegeben"* (Matthäus 7,7). Und so entstand der Moment der Anbetung.

Für alle Fazendas ist es ein sehr starker Moment, denn die Jugendlichen nehmen begeistert teil. Sie vor dem Allerheiligsten, vor Gott, in seiner Gegenwart zu sehen, manchmal singend, betend, bittend, macht mich sehr froh. Das ist ein Weg, durch den Gott in unser Leben tritt. Er selbst nimmt teil an unserer Geschichte. Das ist sehr schön.

Am Anfang dachten wir, dass zwei Stunden eine lange Zeit wären, aber oftmals, wenn diese zwei Stunden vorbei sind, wird noch gesungen, gebetet und nicht daran gedacht zu gehen. Diese Zeiten sind zu einem sehr markanten und starken Erlebnis in ihrem Leben geworden.

Es ist schön, alle gemeinsam auf der ganzen Welt beten zu sehen für den anderen, für ihre Verwandten, für die Familie, für die Anliegen der Welt und der Kirche. Das ist etwas, was mich begeistert: Jugendliche, die im Gefängnis waren, auf der Straße lebten, deren Leben keinen Sinn mehr hatte, die sich umbringen wollten, die verzweifelt waren und nicht mehr an sich selbst geglaubt hatten, singen plötzlich, loben Gott und werden froh und frei. Sie bekommen von diesem Gott ein neues Selbstbewusstsein, einen neuen Sinn für ihr Leben. Das ist einfach bewegend zu sehen.

Wir müssen bescheiden sein und Gott bitten, dass er in unsere Geschichte eintritt.

Gottes Wort

Der Altar und der Ambo im Heiligtum der Hoffnung in Pedrinhas bestehen nur aus einem einzigen Stein, es gibt aber zwei Tische: den Tisch des Brots – den Altar – und den Tisch des Wortes – den Ambo. Die Eucharistie hat die gleiche Wirkkraft wie das Wort Gottes. Ich habe selten in meinem Leben Menschen gehört, die so begeistert vom Wort Gottes sprechen wie du. 1998 sagtest du in einem Film für Kirche in Not: „Gott hat uns sein Wort gelassen und ich sage euch: Solange ich lebe, werde ich immer dem Wort Gottes folgen, selbst wenn die ganze Welt etwas anderes sagt, denn ich glaube, dass sein Wort ewig ist."[102] Was ist das Wort Gottes für dich?

Ich erinnere mich nicht, wann ich das gesagt habe, aber wenn ich dich höre, spüre ich, dass es wahr ist.

Das Wort der Heiligen Schrift ist für mich Gott. Wie oft hatte ich als Priester schwere Momente. Ein Beispiel: Es kam ein Paar zu mir, in zweiter oder dritter Ehe verheiratet, und wollte die Kommunion empfangen, aber die Kirche sagt dazu

---

102 Kirche in Not, Film „Ein Stückchen Himmel". Er kann als DVD bestellt oder auf YouTube angeschaut werden (https://www.youtube.com/watch?v=XSPIhIHCQP4).

Nein. Ich spürte, dass sie durstig nach Gott waren, und sagte zu ihnen: „Vielleicht könnt ihr nicht Jesus in der Eucharistie empfangen, aber lebt das Wort Gottes, denn das Wort ist Gott und so empfangt ihr ihn trotzdem wie in der Eucharistie." Das ist derselbe Gott, der im Wort ist und sagt: *„Himmel und Erde werden vergehen, aber meine Worte werden nicht vergehen"* (Matthäus 24,35).

Du kannst die Eucharistie einmal pro Woche empfangen, wenn du zur Messe gehst. Das Wort Gottes kannst du immer leben. Es ist wichtig, das Wort zu leben, denn es ist Gott.

Ich erinnere mich an eine Erfahrung, die mich sehr geprägt hat: Eines Tages besuchte mich eine Frau, die von weit her ohne Anmeldung zu mir kam. Sie hatte Glück, dass ich zu Hause war, und erzählte mir ihr ganzes Leben und von ihrem Wunsch, das wahre Glück zu finden. Sie sagte, sie habe die ganze Welt bereist, um dieses Glück zu finden, sie habe Schmuck von großem Wert, Diamanten und Gold gekauft, aber sie habe das Glück nicht gefunden, dass sie suche. Sie war katholisch, besuchte den Gottesdienst und mittwochs schaute sie unsere Fazenda-Messe, die im Fernsehen übertragen wird. Sie hörte von den Erfahrungen der Fazenda-Bewohner, die nach der Kommunion immer erzählen, wie sie das Wort leben und welche Früchte sie dadurch erfahren.

Diese Frau sagte zu mir: „Ich sehe in den Gesichtern dieser Jugendlichen das Glück, dass ich suche und nicht gefunden habe." Eines Tages traf sie eine Entscheidung: „Kann ich nicht das Wort Gottes leben, wie diese jungen Leute das leben? Ich werde es leben!", und sie suchte sich den Satz des Evangeliums aus: *„Was ihr für einen meiner geringsten Brüder getan habt, das habt ihr mir getan"* (Matthäus 25,40). Sie erzählte mir ganz begeistert, was sie dachte: „Meine Angestellte ist Jesus. Alles, was ich für sie tue, mache ich für Jesus, aber sie isst in der Küche und ich esse allein im Esszimmer." Also lud sie die Angestellte ein, sich zu ihr zu setzen, und dachte: Das ist Jesus. Oft hatte sie der Angestellten harte Befehle gegeben und jetzt, da sie in ihr Jesus sah, behandelte sie sie anders. Sie fragte nun, ob die Angestellte die Dinge erledigen könnte, und bedankte sich, als sie erledigt waren. Dadurch veränderte sich das Verhältnis der beiden komplett. Mit der Zeit begann sie auch ihre Gäste, Nachbarn, Freunde und Verwandten anders zu behandeln und sie sagte mir, dass sie das Glück gefunden habe, ganz einfach indem sie das Wort Gottes lebe.

Ich sagte zu ihr: „Das ist logisch. Das Wort ist Gott und du hast diesen Gott gefunden. Der Schmuck und all deine Reisen sind vergänglich, aber Gott ist ewig."

Am Ende des Gesprächs öffnete sie ihre Tasche, gab mir den ganzen Schmuck und sagte: „Verkaufe ihn und gib das Geld den Armen, denn ich brauche ihn nicht mehr, ich habe den echten Schatz, die Perle, gefunden, die mehr Wert ist als alles andere. Ich habe Gott gefunden!"

Auf dieselbe Weise könnte ich Stunden von Erlebnissen verschiedenster Menschen erzählen, die im Wort der Schrift Gott selbst gefunden haben. Er ist zum Wort geworden, er hat dreiunddreißig Jahre unter uns gelebt – in nur drei Jahren hat er viele Dinge erzählt. Jedes Wort ist Jesus und deswegen müssen wir diese Worte Jesu wertschätzen, wir können sie nicht wie alle anderen einordnen. Das Wort Gottes ist Gott selbst und wenn wir es leben, verändert sich alles.

Jedes Jahr machen wir mit viel Engagement das geistliche Tagebuch *Hoffnung für jeden Tag*, das für jeden Tag des Jahres einen Satz aus dem Evangelium mit einem kleinen Kommentar enthält. Die letzten Jahre hatten wir eine Auflage von 100 000 verkauft. Ich würde gerne noch viel mehr machen, damit alle Familien die Möglichkeit haben, das Wort Gottes zu leben, sich selbst und ihren Ursprung neu zu entdecken. Indem wir das Wort leben, finden wir unseren Ursprung, finden wir Gott und das ist etwas Außergewöhnliches.

Wenn wir in die Geschichte schauen, dann erkennen wir, das erst Luther wieder verstärkt das Wort Gottes in den Blick rückte. Das Wort Gottes hatte bei ihm eine starke Bedeutung. Wir Katholiken waren eher bei der Eucharistie, der Muttergottes, der Hierarchie und beim Papst. Nach dem Zweiten Vatikanischen Konzil begann auch die katholische Kirche, dem Wort Gottes wieder mehr Wert beizumessen.

In Brasilien oder in afrikanischen Ländern wird das Wort Gottes in der Liturgie gefeiert. Mit dem Wort Gottes tritt man tanzend in die Kirche ein, es wird hochgehalten, ihm wird applaudiert, aber ich sehe noch Entwicklungspotenzial dabei, das Evangelium konkret zu leben. Da geht noch mehr. Das muss besser werden, wir müssen den Wert des Wortes Gottes herausfinden. Wir müssen Gott in jedem Satz, den er ausgesprochen hat, als er unter uns war, neu entdecken.

Welche Abschnitte der Bibel, welche Figuren oder Gleichnisse sind deine Lieblingsstellen? Welche Bibelverse begleiten dich schon dein ganzes Leben lang und wurden dir zur Nahrung?

Zweifellos ist einer von ihnen dieser Satz: „*Was ihr für einen meiner geringsten Brüder getan habt, das habt ihr mir getan*" (Matthäus 25,40). Dieser Satz begleitet mich seit Jahrzehnten bis heute. Aber es gibt viele, viele andere wie zum Beispiel: „*Besiege das Böse durch das Gute!*" (Römer 12,21). Es gibt so viele Sätze, die mir Hoffnung und Sicherheit geben und mich einladen, mit meinem Lebensstil gegen den Strom zu schwimmen.

Das Wort Gottes gibt mir Kraft, Mut und auch Freude. Sobald ich einen Satz des Evangeliums in die Tat umsetze, begegne ich sofort Gott in diesem Wort und dieser Gott gibt mir Freude, Frieden, Licht, Ausgeglichenheit – alles, was ich brauche. Mein Herz ist voll mit Gottes Gegenwart. Aber ein leeres Herz ist offen, ja anfällig für all die Verwirrungen, die die Welt zu bieten hat.

Es reicht also, einen Satz, einen Abschnitt, ein Wort zu leben; es ist nicht nötig, das gesamte Evangelium zu leben. Deswegen gibt es in unserem geistlichen Tagebuch jeden Tag einen Satz und in diesem Satz findet sich Gott in seiner Vollkommenheit. Man muss es nur ausprobieren.

Ich sage immer zu den Leuten: „Du musst nicht glauben, was ich sage. Versuche es zu leben und du wirst sehen, dass es wahr ist."

Gibt es Abschnitte in der Bibel, die für dich schwer zu verstehen sind, in denen Jesus mysteriös ist oder in denen Gott für dich schwer zu verstehen ist?

Ja, es gibt viele Abschnitte, vor allem im Alten Testament – all die Kriege und die Gewalt. Wenn ich an David denke, der gesündigt hatte, indem er sich die Frau eines seiner Soldaten nahm und ihn an die vorderste Front schickte, damit dieser im Krieg starb. Zweifellos ist das eine sehr starke menschliche Schwäche und infolgedessen mussten so viele sterben. Es ist schwer, viele Dinge der Bibel zu verstehen, und selbst ihr literarischer Stil ist oft nicht so einfach.

Wenn ich etwas nicht verstehe, sage ich wie Maria: „Ich werde es in meinem Herzen aufbewahren und es kann sein, dass ich es eines Tages verstehen werde; und wenn nicht hier auf Erden, dann wird es im Himmel sein" (vgl. Lukas 2,51).

Ich habe keine Ambitionen, alles verstehen oder Gott verstehen zu wollen, denn wenn ich ihn verstehen könnte, wäre er sehr klein – so wie ich klein bin. Da Gott ein großer Gott ist, sind viele Dinge ein Geheimnis; sie sind wie eine Überraschung für den Himmel.

Aus dem Leben mit dem Wort Gottes ist auch eine Therapiemethode[XIII] entstanden. Heute wird sie bereits studiert, man schreibt wissenschaftliche Arbeiten darüber und erkennt immer mehr ihren Wert. Es ist die Methode des Neuen Menschen, die Methode des Wortes Gottes. Was kannst du über diese Methode sagen?

Tatsächlich hat ein Ehemaliger, der seine Therapie auf der Fazenda beendet hatte, einen kleinen Bibelmenschen angefertigt. Es ist eine kleine Figur, die die Bibel in ihren Händen hält. Sie steht aufrecht, hat ihr Gleichgewicht gefunden. Nimmt man die Bibel weg, so fällt sie um. Es war die konkrete Erfahrung dieses Ehemaligen: Wenn ich das Wort Gottes lebe, stehe ich sicher. Ohne es werde ich rückfällig.

Als ich Papst Franziskus besuchte, schenkte ich ihm einen dieser Bibelmenschen. Er fing an, damit zu „spielen". Der Bibelmensch stand, dann nahm der Papst die Bibel weg und die Figur fiel um. Der Papst richtete den Bibelmenschen wieder auf und legte die Bibel in die Hände zurück. Papst Franziskus war begeistert. Am Ende unserer Begegnung schickte der Papst eine sehr schöne Botschaft an unsere Jugendlichen über diese Methode[103].

Es ist wirklich sehr wichtig, so zu leben, aber vielleicht sollten wir uns an eine Sache erinnern: Für uns reicht es nicht aus, nur das Evangelium zu leben. Einmal in der Woche treffen wir uns, um uns über die gemachten Erfahrungen auszutauschen. Das ist sehr wichtig, denn es gibt Zeiten, in denen wir vielleicht nicht so gut drauf sind oder eine schwierige Zeit erleben, und wenn der andere etwas erlebt hat und uns mit Begeisterung und Freude seine Erfahrung erzählt, animiert das.

Die Methode des Wortes Gottes geht über die Kulturen, Rassen und Mentalitäten hinaus. Zum Beispiel erinnere ich mich an eine Erfahrung, die uns ein junger Mann aus Afrika erzählte. Wir waren auf unserer Fazenda in Afrika unter einem Baum mit vielen Jugendlichen versammelt und ich fragte: „Lebt ihr das Wort Gottes?" Sie bejahten und ich bat sie, eine Erfahrung zu erzählen. Sie begannen einer nach dem anderen zu erzählen. Ich war beeindruckt!

Die Erfahrung eines 17-jährigen Jungen berührte mich besonders; er erzählte von einem Erlebnis mit einem meiner Lieblingssätze: *„Amen, ich sage euch: Was ihr für einen meiner geringsten Brüder getan habt, das habt ihr mir getan"* (Matthäus 25,40). Er erzählte, dass er eines Tages in die Stadt ging und eine ältere Frau sah mit einem Kind auf dem Rücken, mit einem Eimer voll Bananen auf dem Kopf und noch zwei Taschen in den Händen. Sie schwitzte, denn es war sehr heiß. Er dachte: „Ich könnte ihr helfen, denn alles, was ich tue, tue ich für Jesus und er ist es, der in ihr leidet und sich abschuftet." Aber er hatte

---

103 Am 1. April 2016 empfing Papst Franziskus Frei Hans Stapel und Nelson Giovanelli in einer Privataudienz und bekam einen Bibelmenschen. Mit ihm in seinen Händen nahm der Papst eine schone Botschaft auf (https://www.youtube.com/watch?v=ks2mS98v6aw).

auch ein Gegenargument im Kopf: „Nein, ich bin ein Mann, sie ist eine Frau und das ist ihre Aufgabe." In ihrer afrikanischen Stammeskultur müssen die Frauen diese Aufgaben übernehmen. Nochmals kam dem jungen Mann dieser Satz ganz stark in den Sinn: „Alles, was du tust, tust du für Jesus" (vgl. Matthäus 25,40), und er beschloss zu helfen. Der alte Mensch in ihm dachte jedoch noch an einen anderen Einwand: „Was werden meine Freunde sagen? Ich bin ein Mann, ich helfe und sie werden sich über mich lustig machen. Sie werden sagen: ‚Bist du eine Frau, dass du so eine Arbeit machst?'" Er hatte Angst, was wohl die Freunde sagen würden, aber das Wort kam stark zurück in sein Herz und schließlich hatte er den Mut, die zwei Taschen zu nehmen und sie zu tragen. Er war überrascht, wie schwer die Taschen waren. Er fragte sich, wie die Frau es schaffte, die Taschen, den Eimer mit den Bananen und noch das Kind auf dem Rücken zu tragen. Als er die Erfahrung erzählt hatte – ich werde niemals sein Lachen mit den weißen Zähnen vergessen –, meinte er: „Frei, ich habe eine so große Freude gefunden, dass es nicht mehr interessierte, was meine Freunde sagen könnten. Es war nicht wichtig, was meine Stammeskultur vorgab. Ich habe Jesus getroffen." Es ist schön, die Kraft des Wortes Gottes zu sehen.

Das Wort hat Kraft, auch die Gesellschaft und die Menschen zu verwandeln. Als Maximilian Kolbe die deutschen Soldaten fragte, ob er anstelle eines Familienvaters in die Todeszelle gehen könne, bewegte ihn mit Sicherheit das Wort Gottes: *Es gibt keine größere Liebe, als wenn einer sein Leben für seine Freunde hingibt"* (Johannes 15,13). Das war ohne Zweifel ein schrecklicher Tag und ich kann mir die zehn Tage im Hungerbunker nicht vorstellen. Laut seiner Mithäftlinge sangen sie am Anfang, später war nur noch Stille zu hören und alle waren gestorben. Als die Soldaten die Türen öffneten, war Maximilian Kolbe noch am Leben, aber sie töteten ihn.

Das waren schreckliche Tage, aber Maximilian Kolbe lebte das Wort Gottes und heute ist er ein Heiliger der katholischen Kirche; er ist bei Gott für alle Ewigkeit. Es waren zehn Tage der Hölle, aber jetzt ist er für immer bei Gott.

Die Welt steht Kopf

Seit 2020 steht die Welt Kopf, nachdem ein kleiner Virus namens COVID-19 sich auf der Welt ausgebreitet und die Menschheit und Wirtschaft lahmgelegt hat. Es scheint, als würde nichts mehr wie vorher werden. Was ist mit der Menschheit geistlich und menschlich gesehen passiert?

Die Tatsache, dass der Virus die Menschheit bewegt, hat viele Gründe. Einer von ihnen ist, dass uns die soziale Ungleichheit aufgezeigt wird, die auf der Welt existiert. Ich selbst habe noch nie so eine Zeit erlebt, in der ich nicht mehr verstand, was passierte. Manche verteidigten eine Seite, andere verteidigten das Gegenteil und die Wirtschaft begann zu kriseln.

Die Zahl der Toten ist hoch, es ist eine alarmierende Situation, aber im Vergleich zur Spanischen Grippe[104] ist die Zahl noch gering. Zu jener Zeit starben zwischen 20 und 50 Millionen Personen und jetzt kommen wir nicht mal auf 5 Millio-

---

104 Die Spanische Grippe, auch bekannt als Grippe von 1918, war eine großflächige und tödliche Pandemie des Influenza-Virus. Von Januar 1918 bis Dezember 1920 infizierten sich ca. 500 Millionen Personen, ungefähr ein Viertel der Weltbevölkerung zu diesem Zeitpunkt (vgl. https://de.wikipedia.org/wiki/Spanische_Grippe).

nen[105]. Im Zweiten Weltkrieg starben auch 70 Millionen Personen, daher ist es in Bezug auf die Toten keine so hohe Zahl. Zu jener Zeit war das auch noch auf Europa beschränkt, während die Zahl jetzt weltweit gilt.

Aber was dahintersteckt, bewegt alle. Ich habe beispielsweise noch nie die Kirche, den Vatikan und alle Heiligtümer auf der ganzen Welt komplett geschlossen gesehen, ohne auch nur eine Messe feiern zu können. Es war unvorstellbar, dass wir jemals an diesen Punkt kommen könnten.

Die Konsequenzen der Quarantäne, des Zuhause-Bleibens, sind sehr groß: häusliche Gewalt, Depressionen, viele Familien wurden arm und hatten nichts mehr zu essen. Wer von seiner Arbeit abhängig ist, um das tägliche Brot zu verdienen, wie es in Brasilien zum größten Teil der Fall ist, wie soll so jemand zu Hause bleiben?

Es gab viele Widersprüche und wir konnten sehen, wie viele die Situation ausnutzten, um an mehr politische Macht zu kommen. Andere wiederum nutzten die Situation für Korruption aus, sie erklärten den Notstand, um noch mehr zu stehlen. Diese Dinge passieren in großem Stil und wir sehen, wie schwach und egoistisch die Menschheit ist und wie sie sich weiterhin von Besitz, Macht und Leidenschaft beherrschen lässt. Das ist bedrückend.

Andererseits sehen wir auch eine Solidarität auf weltweitem Niveau. Ich denke an die Ärzte, Krankenpfleger und Reinigungskräfte, die ihr Leben in den Krankenhäusern opfern, und an unzählige Menschen, die auf die Straßen gehen, um den Armen und Bedürftigen zu helfen, indem sie wie hier in Brasilien Essenspakete in den Favelas verteilen. Das ist so schön und ermutigend.

---

105 Alle Zahlen in Bezug auf COVID-19 gelten bis September 2021.

Auch wir auf den Fazendas erlebten diese Offenheit, als wir obdachlose Männer und Frauen aufnahmen. Es sind schon mehr als 3 000 Personen[106], die wir aufgenommen haben, und wir werden viele weitere aufnehmen. Das zeigt, dass eine göttliche Sensibilität existiert; viele leben das ganz konkret.

In Bezug auf die Anzahl der Toten übertreiben die Medien und andere Behörden in den Ländern sehr. Ihr Ziel ist es, Panik zu erzeugen. Wenn wir ein bisschen realistischer schauen, sterben in einem Land wie Brasilien im Durchschnitt mehr als 2 Millionen Personen pro Jahr. Das ist ein Gesetz der Natur: Alle hundert Jahre, manchmal sogar eher, erneuert sich die Menschheit. Es geht nur um die Frage, woran man stirbt. Aufgrund des Virus, durch Unfälle, Malaria, des Alters, wegen eines schwachen Herzens oder wegen einer Grippe. Das ist ganz normal. Mit COVID-19 gibt es eine gewisse Überspitzung, es wird großes Theater gemacht, was ich nicht richtig finde. Die Menschheit sollte Frieden mit dem Tod schließen – das ist für mich der springende Punkt.

Wie ich schon gesagt habe, sehen viele Menschen den Tod als etwas Negatives an. Es stimmt, dass viele dramatisch sterben – durch Gewalt, durch Unfälle und auf so viele schreckliche Weisen. Das ist sehr traurig, und genauso traurig ist, dass viele jedes Jahr durch Hunger sterben! Das könnten wir lösen, denn Essen gibt es genug, aber die Gesellschaft achtet nicht auf das Leben der Armen. Der Virus beeinflusst das Leben aller und so auch das Leben der Reichen. Also wäre es für uns an der Zeit, Frieden mit dem Tod zu schließen.

Der Tod ist Teil unserer Geschichte. Seit wir geboren werden, wissen wir, dass wir sterben werden. Jetzt ist es wichtig,

---

106 Am 18. März 2020 entschied sich die Fazenda da Esperança, obdachlose und schutzbedürftige Männer und später auch Frauen aufzunehmen. Ende August 2021 nahmen die Fazendas da Esperança in Brasilien 3 000 Personen auf.

gut zu sterben. Und wer liebt – und eine große Chance, die der Virus der Menschheit gibt, besteht darin, mehr zu lieben, sich mehr als Geschwister zu fühlen –, braucht keine Angst vor dem Tod zu haben. Ich sage immer, dass der Tod etwas Positives ist und in meinem Fall, da ich schon so viele Verwandte, Freunde und Bekannte habe, die im Himmel sind, ist es mein Wunsch, sie eines Tages wiederzutreffen. Und wer gibt mir diese Möglichkeit? Nur der Tod.

Ich bin auch schon in einem gewissen Alter, in dem Krankheiten und Probleme auftauchen und es werden immer mehr. Ich kenne viele Personen, die in einer unmenschlichen Situation leben, an Apparate angeschlossen sind, die gegen eine Krankheit kämpfen und unter schrecklichen Schmerzen leiden. Wenn ich zum Beispiel an die Mutter von Nelson denke – an ein Bett gefesselt, ohne sich bewegen oder sprechen zu können –, kommt einem die Frage: „Wer kann sie von diesen Schmerzen befreien?" Nur der Tod, es gibt keine andere Möglichkeit. Oder wenn ich an unsere Grenzen denke, an unsere Sünden, die wir ein Leben lang tragen. An die Personen, die Dinge gemacht haben, die sie lieber nicht gemacht hätten und die sie jetzt verletzen – wer kann uns davon befreien? Nur der Tod.

Wir müssen verstehen, dass der Tod eine Schwester ist, es ist wichtig, seine positive Seite zu sehen. So sagte es bereits der heilige Franziskus im Sonnengesang. Wenn wir wahrhaftig lieben, wenn wir gut leben, bringt uns der Tod zum Haus des Vaters, er bringt uns zu demjenigen, den wir lieben, er lässt uns Gott sehen. Er lässt uns auch die Heiligen sehen und alle wiedertreffen – daran gibt es nichts Negatives.

Ich habe den Eindruck, dass dieser Virus die Mission hat, die Menschheit zu bewegen, damit sie die Augen öffnet und anfängt nachzudenken, fühlt und merkt, dass etwas nicht stimmt.

Wir haben uns zu sehr vom Wort Gottes entfernt, und nur wenn wir es wieder auf eine konkrete Weise leben, werden wir unseren Weg wiederfinden.

Nach 2000 Jahren feiern wir in der Karwoche einen Karfreitag, an dem jener Schrei, der die Welt hat stillstehen lassen – *„Mein Gott, warum hast du mich verlassen?"* (Matthäus 27,46) –, wieder in der Welt ertönt. Es scheint, als würde Jesus nochmals mit lauter Stimme schreien. Und der Vorhang des Tempels wurde von oben bis unten entzweigerissen! In deinem Haus gibt es eine Kapelle, die „Der Schrei" heißt. Du hast schon von dieser Kapelle und dem Schrei der Gottverlassenheit Jesu gesprochen. Gott kann es gelingen, sogar Unglücke zu nutzen, um uns eine Nachricht zu überbringen. Welche Botschaft kann Gott uns durch diese Pandemie vermitteln?

Zweifelsohne existiert in Gott nichts, absolut nichts Negatives, denn er hat alles Negative in Positives verwandelt. Er verwandelte den Tod in Leben und den Schmerz in Liebe, in eine Chance zu lieben.

Wir hatten noch nie einen Karfreitag wie 2020: Die Welt stand still, viele blieben zu Hause, die Kirchen waren verschlossen, der Papst war allein auf dem Petersplatz und stieg die Treppe hoch. Diese Bilder bewegten uns und ließen uns fragen: „Wer sind wir?" Wir alle spürten tief in uns, dass wir nichts sind, wir sind nur vorübergehend hier und das endet bald.

Wenn wir jedoch auf den Schrei Jesu blicken, fühlen wir, wie er uns befreit hat: Durch Gott wurde Jesus zu einem Nichts, damit wir wieder ganz sein können. Er hat uns aus der Sklaverei des Todes geholt, er hat uns aus ihr befreit. Von diesem Schrei an existiert nicht mehr das „Du bist nichts", denn wir sind Söhne und Töchter Gottes, wir sind wirklich für die Ewigkeit geboren. Wir alle werden in das Haus Gottes zurückkehren, denn dort gibt es viele Wohnungen.

Auch ich habe wie alle anderen einen anderen Karfreitag erlebt: Einerseits sah ich, wie schwach und zerbrechlich wir sind, dass ein Virus es schaffte, uns plötzlich alle durcheinanderzubringen; andererseits setzt das alles dem Leben doch kein Ende, im Gegenteil, man fühlt eine Kraft eines neuen Lebens, das aus dem Tod Jesu geboren wurde, aus seinem Schrei entstanden ist. Er ist auferstanden!

Ich habe Ostern auf eine viel tiefere Weise erlebt, mit großem Trost. Ich dachte mir: „Die Welt kann zu Ende gehen, aber wir werden nicht sterben, denn Jesus ist für uns gestorben." Das war eine starke Erfahrung, wie Jesu Art zu leben das gesamte Leben der Menschheit beeinflusst hat. Er gibt uns ein Licht in jeglicher Dunkelheit, selbst in der Finsternis dieser Pandemie!

Die Auferstehung hat das letzte Wort, nicht der Tod!

Dass der Vorhang des Tempels riss und dass mit dem Tod und der Auferstehung Jesu eine neue Zeit begann, lässt uns neue Früchte sehen. Im Grunde erfahren wir diese schon und sie holen uns aus der Angst heraus, sie machen uns Mut. Der Papst sagte: „Wir dürfen uns nicht von einem anderen Virus, dem Virus der Angst, anstecken lassen." Wie siehst du das?

Diese Krankheit provozierte viele Dinge und stellte eine Frage: „Glaubst du oder glaubst du nicht? Glaubst du an das andere Leben?" Wenn wir uns die heutige Realität anschauen, sehen wir eine kapitalistische Welt, in der sich Tausende und Abertausende von Menschen von Gott entfernen und nur an Konsum, Lust und Besitz denken. Und von der einen auf die andere Sekunde konnten sie dieses Leben nicht mehr leben, sie konnten nicht mehr reisen, shoppen gehen und Geld ausgeben, keine Feste mehr feiern. Auf einmal sahen wir auf eine sehr drastische Weise, wer wir wirklich sind: nichts!

Wir bemerkten, dass wir zerbrechlich sind, dass wir alle, ohne Ausnahme, auf dem Weg des Todes sind – auf so sichtbare Weise, dass es schockierte und viele Menschen leiden ließ. Aber wer glaubt, braucht keine Angst zu haben, denn er spürt stark, dass hinter allem, das passiert, die Liebe Gottes steht.

Für mich ist es, als schüttelte Gott die Menschheit und wollte sagen: „Wacht auf, versteift euch nicht auf Dinge, die keinen Wert haben. Wertschätzt nicht das, was vorübergeht, und kehrt zu eurem Ursprung zurück. Ihr wurdet geboren, um zu lieben, also liebt einander; helft euch, sammelt nicht so viele Reichtümer, lasst eure Geschwister nicht hungernd sterben, teilt. Lebt das Evangelium, seid menschlich. So bereitet ihr euch für die Ewigkeit vor und im Himmel werden wir gemeinsam leben. Es ist nicht gerecht, dass manche alles haben und andere nichts."

Dieser Virus hat die Fähigkeit, das Bewusstsein der Menschheit durcheinanderzubringen. Das ist beeindruckend und Gott sei Dank reagieren viele, sie lassen sich im Sinne der Liebe anregen. Aber leider haben einige sogar in dieser Situation, in der die Menschheit steckt, den Virus des Egoismus in sich und machen weiter wie bisher: Sie stehlen und beuten die anderen aus, sie lassen zu, dass andere sterben, nur um Geld zu verdienen. Es ist traurig, aber das ist die Realität.

In der Geschichte ist es überwältigend, was man für Geld gemacht hat. Wenn ich an die Sklaverei denke, könnte ich nur heulen. Oder wenn ich heutzutage an die Überfälle in unseren Städten denke, bei denen so viele Menschen wegen Geld töten und getötet werden. Woanders werden Menschen ausgebeutet und in Fabriken als Arbeitskräfte versklavt. Alles nur des Geldes wegen. Wir müssen von diesem Virus des Egoismus geheilt werden.

Die Welt lebt die Tendenz zum „Immer mehr": höher, schneller und immer mehr. Ein mehr an Gewinn, ein mehr an Leistungssteigerung und so weiter. Im Gegenzug scheint es, als gäbe es eine Abwertung des Menschen. Papst Franziskus hat viel darüber gesprochen. Er sagt, es sei unglaublich, dass es kein Aufsehen errege, wenn ein alter Mann, der auf der Straße lebt, erfriert, während ein Minus von 0,5 Prozentpunkten an der Börse Schlagzeilen macht. Es scheint, als entfernte der Mensch sich von seinem Ursprung, den er früher hatte. Wie denkst du darüber?

Leider ist die Macht des Geldes in den letzten Jahren so groß geworden, dass es alle Proportionen verloren hat. Einige haben so viel, dass sie nicht wissen, wie viel sie haben, und trotzdem suchen sie immer nach mehr, während andere vor Hunger sterben.

Es gibt eine absurde Anzahl an Menschen, die jeden Tag an Hunger sterben – wie die Kinder in Afrika und in vielen anderen Kontinenten. Wie viele Menschen werden durch fanatische Gruppen brutal getötet und die Welt kümmert sich nicht darum.[107] Wir hören zum Beispiel, dass die Zahl der Todesfälle, die in Brasilien durch Gewalt passieren, sehr hoch ist. Jeden Tag

---

107 2018 haben nach den Daten der UNO mehr als 820 Millionen Personen Hunger gelitten (vgl. https://news.un.org/pt/story/2019/07/1680101). 2017 starb alle vier Sekunden ein Mensch an Hunger auf der Welt (vgl. https://observatorio3setor.org.br/noticias/cada-4-segundos-uma-pessoa-morre-de-fome-no-mundo/). 2020 starben in Brasilien 43 892 Personen bei Tötungsdelikten (https://oglobo.globo.com/brasil/brasil-registra-alta-de-5-no-numero-de-assassinatos-em-2020-aponta-levantamento-24881426).

sterben viele Menschen im Drogenhandel und durch Polizeieinsätze. Das ist schrecklich!

Ich bin erschüttert, wenn ich an die große Anzahl von Kindern denke, die jeden Tag abgetrieben werden.[108] Man hat seinen Spaß und will später nicht für die Konsequenzen geradestehen und dieses Leben, das gezeugt wurde, erziehen. Das sind erschreckend hohe Zahlen, aber scheinbar weiß niemand davon. An vielen Orten ist es sogar durch das Gesetz erlaubt! Wer sind wir, um so ein Gesetz zu billigen, das genehmigt, andere zu töten? Obwohl es so schrecklich ist, werden Abtreibungen wie viele andere Dinge zur Normalität.

Plötzlich kommt dieses Corona-Virus und zeigt uns, dass wir alles, was wir gespart haben, von jetzt auf gleich nicht mehr ausgeben können – sei es für Einkäufe, Reisen oder andere Sachen. Wir haben alles und auf einmal können wir nichts mehr machen.

Das zeigt uns, dass unsere Werte andere sein sollten, aber die meisten kennen die wahren Werte nicht – lieben, Gutes tun, Gott an die erste Stelle in meinem Leben setzen. Deswegen erleben sie eine Leere, eine Angst, die kollektiv wird.

Diese Situation bewegt auf eine übertriebene Weise die Emotionen der Menschheit, die unausgeglichen ist. Was uns Kraft geben kann, um das Gleichgewicht wiederzufinden, ist die Liebe, der Glaube. Ich sage immer gern: „Wir müssen Gott Gott sein lassen." Scheinbar müssen wir genau das wieder lernen und ich hoffe, dass wir es durch dieses Virus schaffen.

Diese Zeit wird vorübergehen, wird in die Geschichte eingehen, aber ich hoffe, dass dieses Virus im Herzen der Menschheit eine echte Veränderung anstößt.

---

108 Jedes Jahr gibt es circa 56 Millionen Abtreibungen auf der ganzen Welt (vgl. https://www.ief.at/eu-abtreibung-weltweit-56-millionen-abtreibungen-jaehrlich).

Johannes der Täufer sagt, dass wir geringer werden müssen, damit Christus wachsen kann.[109] **Sollten wir das nicht vielleicht lernen: uns klein machen, mit weniger zufrieden sein und so diesen Gott, diesen Jesus, dieses Leben Gottes in uns wachsen lassen?**

Ohne Zweifel. Wir sollten zu unserem Ursprung zurückkehren und verstehen, dass wir von Gott geschaffen wurden. Wir sind nicht die Herren der Menschheit, aber die Verwalter von alledem. Also sollten wir in dieser Welt leben, um lieben zu lernen, in der Verantwortlichkeit einer für den anderen wachsen und uns auf das ewige Leben vorbereiten. Viele haben diese Vision ganz verloren, dass wir einen Gott haben und dass ihm alles gehört, dass er uns diese Welt gegeben hat, damit wir uns um sie kümmern. Und was machen wir mit ihr? Wir zerstören die Welt in vielerlei Hinsicht. Aber heute, zu Zeiten der Pandemie, in der nicht so viel geflogen und Auto gefahren wird, merken wir, wie die Welt sauberer ist und die Flüsse klarer sind. Man sieht schon eine positive Auswirkung.

Wir müssen noch viel lernen. Wir müssen zu unserem Ursprung zurückkehren, lieben, das Leben leben, das Gott uns gegeben hat – dieses ewige Leben – und uns auf die Stunde unseres Todes vorbereiten, vor der alle, oder zumindest viele von uns, so viel Angst haben. Viele vergessen, dass das der wichtigste Moment in unserem Leben ist, in dem die Seele und wir selbst unserem Schöpfer begegnen.

---

109 *„Johannes antwortete: Kein Mensch kann etwas nehmen, wenn es ihm nicht vom Himmel gegeben ist. Ihr selbst seid meine Zeugen, dass ich gesagt habe: Ich bin nicht der Christus, sondern nur vor ihm hergesandt. Wer die Braut hat, ist der Bräutigam; der Freund des Bräutigams aber, der dabeisteht und ihn hört, ist voller Freude über die Stimme des Bräutigams. Diese Freude hat sich nun bei mir vollendet. Er muss wachsen, ich aber geringer werden"* (Johannes 3,27-30).

An einer anderen Stelle im Evangelium erzählt Jesus von einem Bauern, der eine gute Ernte hatte, aber keinen Platz mehr, um sie aufzubewahren. Also baute er einen größeren Kornspeicher und wurde deswegen Narr genannt.[XIV] Meinst du auch, dass Gott, wenn er uns manchmal so zuschaut, über uns Narren nur den Kopf schüttelt?

Es ist beeindruckend, an wie vielen Stellen des Evangeliums Jesus sehr konkrete Beispiele nutzt wie das, das du genannt hast. Man ist unvorsichtig, wenn man nur daran denkt, etwas zu besitzen, und erinnert sich nicht, dass man eines Tages sterben wird.

Das Evangelium erzählt zum Beispiel von den Jungfrauen, den törichten und den klugen.[XV] Es erzählt vom Dieb und dass Jesus in irgendeinem Moment wiederkommt, in dem wir ihn nicht erwarten.[XVI] Das sind konkrete Beispiele, mit denen er uns zeigt, dass er wiederkommen wird, und uns daran erinnert, dass, wenn wir weise wären, wir vorsichtig wären.

Der Tod kommt so plötzlich; er kommt wie ein Dieb für viele Leute, die nicht darauf gewartet haben, und im Evangelium versucht Jesus uns das zu sagen. Er versucht unsere Augen zu öffnen und uns zu warnen: „Seid wachsam und passt auf euch auf, denn in jedem Moment kann Gott euch rufen. Niemand weiß, wann der Moment sein wird, also seid vorbereitet."[XVII]

Wir hören das, finden es manchmal sogar schön oder erbaulich, dennoch leben wir das Gegenteil. Es ist eine weltweite Bekehrung notwendig.

In diesen Tagen melden sich einige Propheten zu Wort und sagen, dass alles, was geschieht, insbesondere diese Pandemie, eine Strafe Gottes oder ein Plan des Antichristen sei. Es gibt eine

andere Gruppe von Politikern, die das ausnutzen, weil sie nur Macht wollen. Es gibt viele gute Beispiele, aber es gibt auch viele Leute, die, anstatt Kräfte zu vereinen und Unterschiede zum Wohle anderer zu überwinden, gegeneinander arbeiten und dadurch nicht dem Wohl der Menschheit dienen. Was denkst du darüber?

Wenn etwas Außergewöhnliches passiert, gibt es leider immer ein paar Personen, die versuchen, daraus den einen oder anderen Nutzen zu ziehen.

Ich denke, wir sollten die Sachen, die passieren, als ganz natürlich betrachten, denn sie sind Teil der Konsequenzen: Alles, was wir Gutes oder Schlechtes tun, hat Konsequenzen. So wie die Welt beispielsweise mit dem Müll, den sie produziert, umgeht oder wie sie die Flüsse und die Atmosphäre behandelt, hat Konsequenzen und wir können Gott nicht als Schuldigen verurteilen. Er lässt diese Dinge zu und gibt uns die Möglichkeit, von all dem zu lernen.

Die Leute, die uns vorhersagen oder sagen, was passieren wird, erinnern uns daran, dass wir das schon zu anderen Zeiten hatten. Ich erinnere mich, dass um die Jahrhundertwende viele Prophezeiungen gemacht wurden und nichts passierte. Also sollten wir nicht in Panik geraten, sondern wir sollten lieber unser Leben gut und jeden Tag ganz bewusst leben, als wäre es der einzige. Die Zeit vergeht so schnell und im Handumdrehen sind wir nicht mehr hier. Dann werden wir alles verstehen und diese Dinge mit einem österlichen Blick, mit einem Blick des Auferstandenen sehen.

In meinem Fall höre ich diese Nachrichten erst gar nicht, ich gebe ihnen keinen Wert. Wichtig ist, dass wir uns gegenseitig helfen, mehr Glauben zu haben und zusammenzuarbeiten. Lasst uns gemeinsam für das Gemeinwohl eintreten.

Jesus spricht im Evangelium davon, dass die Welt, so wie wir sie kennen, zu Ende gehen wird und wenn das passiert, ist es eine Ermutigung, intensiver und wahrhaftiger zu leben. Demnach sollten wir die Sorgen zur Seite legen und die Häupter erheben[XVIII], weitermachen und wahrhaftiger und intensiver leben.

Für mich ist das eine große Wahrheit und ich bitte Gott, dass er zulässt, dass die Menschheit erwacht und positive Schlüsse daraus zieht.

Du hast es im Laufe deines Lebens geschafft, alles, was um dich herum passierte, aufmerksam zu sehen und lesen zu können. Es ist sehr wichtig, die Zeichen der Zeit zu interpretieren. Das Zweite Vatikanische Konzil spricht in Gaudium et Spes[XIX] davon, dass die Kirche in der heutigen Welt immer aufmerksam die Zeichen der Zeit zu erforschen und sie im Lichte des Evangeliums zu interpretieren hat, um ihre Rolle in dieser Zeit zu verstehen. Ist diese unglaubliche Widersprüchlichkeit, die uns in der weltweiten Ungerechtigkeit begegnet, solch ein Zeichen der Zeit, das wir im Licht des Evangeliums betrachtend angehen müssen?

Die Ungleichheit, die man so deutlich sieht, ist erschreckend. Wir müssen aufmerksam darauf achten und geeignete Maßnahmen ergreifen, auch in der Kirche. Wir müssen gerechter, geschwisterlicher sein. Das sieht man heute sehr klar, daran gibt es keine Zweifel. Diese Zeit birgt die Chance, etwas zu verändern.

Ich bin sehr zufrieden mit dem Papst, denn er nutzt in seiner Einfachheit jeden Tag, um Botschaften zu senden, einem Menschen persönlich einen Brief zu schreiben oder den Bischof einer Stadt anzurufen, um sich mit ihm zu solidarisieren. Das tut er, um der Menschheit zu helfen, Krisen und Schwierigkeiten zu überwinden und zum Existenziellen, zum wirklich Wichtigen zurückzukehren – zur Liebe.

Die Fazenda da Esperança erhielt mit dem Auftreten von COVID-19 die Auflagen, vorerst zu schließen und keine weiteren Personen aufzunehmen, um die aktuellen Bewohner vor dem Virus zu schützen. Aber es scheint, als hätte Gott andere Pläne. Es war ein großes Ereignis zusammen mit dem Projekt „Com Deus tem jeito" („Bei Gott gibt es einen Weg")[110] geplant und Gott hatte, so könnte man sagen, eine Überraschung bereit. Was ist passiert?

Eigentlich sollte das Treffen „Bei Gott gibt es einen Weg" 2020 mit der Gemeinschaft Canção Nova in Cachoeira Paulista (São Paulo) realisiert werden. Jedes Jahr treffen wir uns mit obdachlosen Frauen und Männern und vielen Gemeinschaften, die mit diesem Personenkreis arbeiten. Aber durch das Virus konnte dieses Treffen nicht stattfinden.

Rückblickend betrachtet bin ich sehr, sehr froh, denn die Absage des Treffens und all das, was danach geschah, war eine große, von Gott gegebene Chance, ein Ball, den er uns zugespielt hat, eine seiner Überraschungen.

---

110 Das Event „Com Deus tem jeito!" („Bei Gott gibt es einen Weg!") entstand durch die tägliche Arbeit mit obdachlosen Menschen der geistlichen Gemeinschaft „Lumen" („Licht") aus Fortaleza. Durch das Heilige Jahr der Barmherzigkeit motiviert, kam der Wunsch auf, zusammen mit verschiedenen anderen Gruppen und Gemeinschaften, die in der Obdachlosenarbeit tätig sind, ein großes Treffen für Obdachlose zu realisieren. Diese Gemeinschaften sind für sie die Bevorzugten Jesu, die am meisten Verlassenen, Verachteten und Ausgegrenzten. So wurde der erste Event „Bei Gott gibt es einen Weg" am 15. Oktober 2016 auf der Fazenda da Esperança in Pedrinhas durchgeführt. In den darauffolgenden Jahren gab es Folgeveranstaltungen an anderen Orten Brasiliens. 2020 war ein großes Treffen für den 28.03. in der Canção Nova geplant, wurde aber aufgrund der Pandemie abgesagt (vgl. https://www.eventocomdeustemjeito.com.br).

Klar, zu Beginn der Pandemie hatten wir alle erst einmal Angst und Panik vor COVID-19. Als Gemeinschaft bekamen wir die Nachricht, dass wir niemanden mehr aufnehmen durften, die Bewohner durften auch keine Besuche der Eltern auf den Höfen erhalten. Viele hatten große Angst.

Und wie immer gab es natürlich viele Gründe, die eine solche Haltung rechtfertigten, aber wir spürten auf der anderen Seite das Drama der vielen Obdachlosen, die ohne Haus, ohne Bleibe waren. Wir konnten nicht einfach unsere Häuser verschließen, während sie nirgendwo bleiben konnten; das war nicht fair. Uns war klar, dass wir nicht unverantwortlich sein und alle aufnehmen konnten, auch um nicht das Leben derjenigen zu gefährden, die schon bei uns waren – es sind fast 3 000 junge Menschen auf den Fazendas weltweit. Also setzten wir uns zusammen und kamen schließlich auf die Idee, Orte bereitzustellen, an denen wir Obdachlose für eine Quarantäne aufnehmen konnten, in völliger Isolation und ohne die Gefahr, die anderen anzustecken.

Die erste Gruppe, die wir aufnahmen, bestand aus siebzehn Personen, die wir in einem abseits liegenden Haus in den Bergen der Fazenda Pedrinhas unterbringen konnten. So waren sie in unserer Nähe. Es ging alles gut und niemand von ihnen hatte COVID-19.

Andere Anfragen kamen und wir versuchten, noch drei Häuser in der Nachbarschaft frei zu machen, und so konnten wir siebenundvierzig weitere Menschen aus der Obdachlosigkeit aufnehmen und eine zweite Quarantäne beginnen.

Und was wir in den darauffolgenden Wochen und Monaten erlebten, war ein echtes Wunder, denn wenn man das Gute, die Liebe zum Nächsten lebt, dann zieht es Kreise und steckt an. Andere Fazendas fragten uns, ob sie auch mit der Aufnahme von Frauen und Männern aus der Obdachlosigkeit in Quarantäne-Häusern beginnen konnten. Und so nahmen auch andere Höfe Jugendliche, Frauen mit Kindern, Schwangere, Alte und viele andere Menschen von der Straße auf und konnten ihnen einen sicheren Ort bieten. Es war so schön, ihre Freude über ein Bett, eine Dusche mit einem Stück Seife oder etwas Kleidung zu sehen. Sie waren in Sicherheit und brauchten keine Angst mehr vor dem Virus zu haben. Das alles bewegte mich zutiefst!

Wir fragten uns natürlich auch irgendwann, wie wir das finanzieren sollten. Die monatlichen Kosten für die Aufnahme einer Person belaufen sich auf ungefähr 80 Euro und bei der Anzahl an Menschen aus der Obdachlosigkeit, die wir aufnahmen, war das monatlich sehr viel Geld. Woher sollten wir es nehmen? Wir hatten ja keine Reserven.

In diesem Moment blieb uns nur eins: unser Vertrauen auf Gott. Wir hatten die Gewissheit, dass Gott uns in dieser Stunde nicht im Stich lassen würde. Es war wie eine innere Sicherheit.

Und tatsächlich passierten tief beeindruckende Dinge. Viele unserer Freunde spendeten – wir schrieben einen Brief und die Reaktion darauf war außerordentlich. Wir begannen, über das Fernsehen Liveauftritte in der Art von Benefizveranstaltungen mit bekannten Sängern zu organisieren. Wir betraten damit Neuland, aber es klappte! Es war eine beeindruckende Sache, die mich spüren ließ, dass Gott bei uns war, dass er zufrieden war und wollte, dass wir so weitermachten. Die katholische Gemeinschaft *Shalom* machte vor ein paar Tagen ein *Halleluya Solidário*[XX], eine Solidaritätsveranstaltung, und das gesammelte Geld wurde unter verschiedenen Gemeinschaften, die bei der Aufnahme von Obdachlosen tätig sind, aufgeteilt.

Wir haben immer genug, um die Ausgaben des laufenden Monats zu begleichen. Und ich habe in meinem Herzen die Gewissheit, dass es uns nicht am Nötigsten fehlen wird. Gott ist doch Vater. Viele Menschen kamen und brachten Decken, Kleidung und Nahrungsmittel in großen Mengen, damit wir alle Aufgenommenen gut empfangen konnten. Es ist schön, die Freude zu sehen, die alle erfüllte, auch die Verantwortlichen der Fazendas; es war eine beeindruckende Sache.

Vielleicht können wir sogar von einer Fazenda da Esperança vor und nach der Pandemie sprechen, vor der Aufnahme der obdachlosen Frauen und Männer und danach. Über dieser Zeit liegt ein großer Segen, nicht nur für die Fazenda, sondern auch für die anderen Gemeinschaften, die sich an diesem Projekt beteiligten. Bei allem war die Gemeinschaft *Lúmen*[111] eine ganz besondere Gnade. Sie gingen zusammen mit den Gruppen der Straßenpastoral und unseren Gruppen der Lebendigen Hoffnung auf die Plätze und Straßen der großen Städte und luden die Obdachlosen, zu denen sie oft schon lange Beziehungen pflegten, ein, auf die Fazenda zu kommen. Dank der Koordination der Gemeinschaft *Lúmen* wurden in den letzten Monaten mehr als 3 000 Frauen und Männer aus der Obdachlosigkeit auf den Fazendas aufgenommen.

Bei unserem Gespräch haben wir schon über dich und deine Rolle als Gründer zusammen mit Nelson, Iraci und Luci gesprochen. Bei der Aufnahme von obdachlosen Frauen und Männern habt ihr ganz klar und mit viel Kraft diese Mission ab einem gewissen

---

111 Das Werk *Lumen* ist ein Werk der Evangelisierung. Das Charisma der Gemeinschaft ist es, Licht für die Welt zu sein. Sie wurde 1989 in Fortaleza/Brasilien gegründet und führt viele soziale Aktionen für wenig begünstigte und geliebte Menschen aus verschiedenen Milieus durch (Drogenabhängigkeit, Prostitution, Obdachlosigkeit etc.); (vgl. https://www.lumenserfeliz.com).

Moment in die Hand genommen und später sind die Verantwortlichen auch mit ins Boot gekommen. War damals eine Inspiration mit der „Autorität" eines Gründers nötig, um diejenigen aufzurütteln, die mit euch zusammen waren?

Mir wird im Laufe meines Lebens eines immer bewusster: Es gibt Momente, in denen Gott uns braucht und uns dies auch deutlich zeigt. Und glücklich ist ein Gründer oder eine Gründerin, der oder die eine Gemeinschaft hat, die in solchen Momenten hinter ihm oder ihr steht, die Inspirationen aufnimmt und die zusammensteht, denn alleine schafft man nichts.

Nelson und ich waren bereit, mit der ersten Gruppe von Obdachlosen, die wir im März 2020 aufnahmen, zusammen zu leben. Wir nahmen damals das Risiko auf uns, das Virus zu bekommen und vielleicht daran zu sterben. Jeden Tag trafen wir uns mit den Menschen in Quarantäne, feierten die Messe mit ihnen, sprachen mit ihnen über ein Thema des Lebens auf der Fazenda und begleiteten sie.

Zu diesem Zeitpunkt war es schön, unsere geistliche Gemeinschaft, die Familie der Hoffnung, zu erleben, wie sie ebenfalls begann, Schritte in dieselbe Richtung zu tun. Denn das ist ein Charisma: eine Gruppe von Menschen, die in der gleichen Weise denkt und fühlt und vom gleichen Geist beseelt ist. Das ist unsere Kraft! Dann können wir Großes tun wie in der Zeit der Pandemie, aber man braucht diese große Familie.

Wenn man älter wird, hat man zwar immer noch Inspirationen, Ideen und Wünsche, was man noch mehr tun könnte, aber eben auch die Einsicht, dass man vieles aus Altersgründen nicht mehr tun kann. Wenn dann aber eine geistliche Familie existiert, die die Dinge aufgreift und fortführt, ist das etwas Wunderbares. Das geht über deren Gründer hinaus und führt dessen Mission weiter.

Die Familie der Hoffnung ist etwas Sichtbares, etwas Konkretes. Ich bete, dass alle, die zu ihr gehören, vereint bleiben, und dass sie alle die Inspirationen, die von Gott kommen, leben.

Nachdem ihr die ersten Obdachlosen aufgenommen hattet, war es beeindruckend zu sehen, wie andere ganz ähnliche und sehr authentische Erfahrungen machten, als sie ebenfalls Menschen von der Straße aufnahmen. Sie erhielten Spenden aus Gemeinden, Supermärkten und von Privatleuten. Ist es so, dass Dinge aufgegriffen und weitergeführt werden und sie somit nicht mehr nur an eine Person gebunden sind?

Eines ist sehr wichtig: Der Lebensstil, der in jedem Charisma existiert – diese Inspiration Gottes, dieses göttliche Geschenk, dieses Leben für die anderen und für die anderen zu denken, sie aufzunehmen – muss weitergegeben werden. Wenn diese Sache nur bei den Gründern bleibt, wird es sehr klein und geht später ein.

Um in die Welt und in die Kulturen unterschiedlicher Völker einzutreten, braucht man diesen Geist, der im anderen den Mut anfacht, es gleichzutun. Auf diese Weise kommt die Freude und die Kraft und die Dinge gehen vorwärts und niemand weiß, bis wohin es gehen wird. Ich bete dafür, dass sie die ganze Welt erreichen, denn Gott möchte, dass alle eins sind.

Könnte man sagen, dass die Aufnahme der obdachlosen und schutzbedürftigen Frauen und Männer wie eine Neugründung des Charismas der Fazenda da Esperança war? Das Wort „Neugründung" ist hierfür vielleicht ein bisschen stark. Andererseits

ist ein Charisma niemals komplett fertig, es entwickelt sich. Die Fazenda da Esperança nahm immer schon viele unterschiedliche Personengruppen auf. Es gab diejenigen, die durch ihre Familie unterstützt wurden, weil diese den Produktkorb[112] monatlich abnahm. Andere sozialschwache Personen wurden durch besondere Partnerschaften zu Kommunen und Gemeinden finanziert. Und mit der Aufnahme von obdachlosen Frauen und Männern kamen jetzt Menschen, die absolut nichts hatten. Und Monate später schaut man in die Fazendas, in unsere Häuser, in unsere Gottesdienste und sieht, wie diese neuen Bewohner – durchaus gezeichnet von Jahren auf der Straße, von Drogen und Alkohol – sich nach und nach in die neue Umgebung einleben und die Arbeitsbereiche sowie die Verantwortung übernehmen. Es scheint, als hätte etwas gefehlt, nicht wahr?

Ein Charisma entsteht immer aus einer konkreten Not. Wenn es anfängt, denkt man an nichts anderes. Man will dieser Not begegnen. Aber im Plan Gottes ist jedes Charisma für einen viel weiteren Kontext gedacht, für einen universellen Kontext. Manchmal fällt es schwer zu verstehen, dass Gott nicht nur diese kleine Wirklichkeit, die man selber im Blick hat, möchte. Und plötzlich passiert etwas, eine Situation stellt sich dar, man gibt eine Antwort und man entdeckt, dass das ja auch Teil des Charismas ist, es dazugehört und wir es in unseren Auftrag integrieren müssen. Und genau das hat sich aus der Aufnahme der obdachlosen Menschen ergeben.

So geschah es schon in der Vergangenheit, als die Arbeit mit den Familien der Rekuperant*innen oder die Gruppen der Le-

---

112 Der Produktkorb, den die Familien der Rekuperant*innen übernehmen, ist von Beginn an Teil der Pädagogik der Fazenda da Esperança. Die jungen Leute arbeiten und produzieren und die Produkte werden von ihren Familien mitgenommen und verkauft. So identifizieren sie sich einerseits mit der Rekuperation des Familienmitglieds und andererseits helfen sie beim Unterhalt.

bendigen Hoffnung (GEV)[113] entstanden. Heute ist es unmöglich, sich die Familie der Hoffnung ohne die Gruppen der Lebendigen Hoffnung vorzustellen. Unmöglich!

Und so geschah es auch jetzt in der Pandemie mit der Aufnahme der Frauen und Männer von der Straße. Es geschah einfach und wuchs und heute ist es unmöglich, sich die Familie der Fazenda ohne sie vorzustellen, weil sie ein Teil von uns geworden sind. Wir hatten keine andere Wahl, als diese Menschen aufzunehmen, auch wenn ein ernsthaftes Risiko bestand, sich mit dem Virus anzustecken. Es war einfach notwendig, sie aufzunehmen, denn es war Jesus, der da war. Wir sind zu unserem Ursprung zurückgekehrt. Am Anfang der Fazenda nahmen wir die ersten Drogenabhängigen auf, weil wir Jesus in jedem von ihnen sahen, und jetzt hatte dieser Jesus ein anderes Gesicht, das Gesicht eines Obdachlosen. Und wir haben verstanden, dass es Jesus ist, den wir weiterhin aufnehmen müssen.

Morgen oder in der nahen Zukunft kann es sein, dass andere Dinge kommen, und daher ist es notwendig, dass wir immer offen für den Willen Gottes sind. Niemals können wir sagen, dass ein Charisma fertig ist, dass es nur eine bestimmte Sache ist und nicht mehr. Es kann sein, dass einige Dinge heute notwendig sind und morgen nicht mehr. Andere Bedürfnisse werden auftreten und ein Charisma muss offen für die Inspiration Gottes sein, für all das, was der Heilige Geist sagen möchte, für die Zeichen der Zeit, wie es das Konzil sagte.

---

113 Die „Gruppe Lebendige Hoffnung" („Grupo Esperança Viva" – abgekürzt: GEV) ist ein Arm der Fazendas da Esperança in Gemeinden, Städten und in der Gesellschaft. Es gibt sie in ganz Brasilien und in vierzehn anderen Ländern, insgesamt sind es nahezu dreihundert Gruppen, die Tausende von Personen umfassen, um das Leben und die Spiritualität der Fazenda da Esperança zu vertiefen und konkrete Aktionen für die Bedürftigen zu verwirklichen.

Ich wünsche mir, dass alle Mitglieder der Familie der Hoffnung immer aufmerksam bleiben, um zu merken, wo Jesus leidet und dass er aufgenommen werden muss.

Wie zu Beginn der Fazenda haben Nelson und du die ersten beiden Wochen mit den Neuaufgenommenen verbracht. Ihr habt den Alltag mit ihnen geteilt, sie kennengelernt und euch ihre Namen eingeprägt. Nach über achtunddreißig Jahren Fazenda da Esperança seid ihr mit dieser Erfahrung zu den Ursprüngen zurückgekehrt, zu den Anfangszeiten. Obwohl es in den Häusern Koordinatoren gab, habt ihr mit ihnen Gitarre gespielt, du hast Waffeln gebacken, ihr habt Karten gespielt und ihnen eure ungeteilte Aufmerksamkeit geschenkt. Es war ein echtes Willkommensbad, ein Bad der Liebe. Eine Liebe, die erobern will und den anderen doch frei lässt. Eine Liebe, die sich ganz gibt und doch nichts zurückerwartet. Und ihr habt die Zeit genutzt, ihnen die Fazenda vorzustellen, nicht als eine Klinik, eine Therapieeinrichtung im strengen Sinne, sondern als einen Lebensstil, eine wahre Schule des Lebens. Wie war das für dich?

Für Nelson und mich war das eine große Chance. Was war das schön und wie gut tat uns das, wie in den Anfangszeiten mit ihnen zusammen zu sein! Das hat uns erneuert. Es ist, als wäre das innere Feuer auf eine neue Weise kräftig entflammt. Ich wünsche mir so sehr, dass diese Art zu leben sich auf der ganzen Welt verbreitet.

In mir wächst immer mehr ein großer Wunsch: immer nah zu sein – zusammen zu sein – an jenen Orten, an die die Fazenda vielleicht noch nicht gekommen ist, mit dem Ziel, dieses göttliche Feuer zu bringen und zu verbreiten.

Alles, was Gott uns gegeben hat – unsere Art, das Wort Gottes zu leben, die Gegenwart Jesu unter uns, Jesus in jedem zu sehen, auch in den größten Schmerzen und nicht vor diesen Situationen, vor den Wunden der Menschheit und der Welt zu flüchten, denn in ihnen präsentiert sich der verlassene Jesus und muss umarmt werden –, all das ist ein Weg, der die Gesellschaft, die Kirche und die gesamte Welt erleuchtet. Und sogar der Tod, wenn wir ihn annehmen, gibt uns heute im Leben eine Kraft, die durch nichts weggenommen werden kann. Nicht durch die Welt, das Vergnügen, das Geld oder die Macht. Nur Gott kann uns diese Freude, dieses Feuer, diese Begeisterung ermöglichen!

Die Welt steht Kopf

Fragen über Fragen

In deinem Haus, in dem du mit Nelson, Pater Luiz und Ricardo wohnst, gibt es eine Kapelle, die den Namen „Der Schrei" trägt. Dieser Ort ist ein Zuhause für euch. Erzähle uns doch mal, wie die Idee geboren wurde, ihr diesen Namen zu geben. War es etwas sehr Besonderes?

Ursprünglich wohnten wir im Männerzentrum der ersten Fazenda da Esperança, im Haus „Trindade" („Dreifaltigkeit"). Mir wurde immer wieder ans Herz gelegt, doch ein eigenes Haus zu bauen, weil sich dort im Männerzentrum einer großen Fazenda die normale Dynamik eines Hofes mit den internationalen Angelegenheiten der wachsenden Höfe auf der ganzen Welt vermischte. Durch die göttliche Vorsehung bekamen wir das Geld, um ein neues Haus zu bauen, und so dachten wir auch an eine Kapelle.

Schaut man auf ein so vielgestaltiges Werk wie das unsere, so gibt es die sichtbare und die unsichtbare Wirklichkeit. Damit meine ich das konkrete Leben der einzelnen Höfe in so vielen Ländern und das verborgene Leben – ich nenne es das mystische Leben –, was dahintersteckt. Und wenn man genau hinschaut, erkennt man, dass in allem das Kreuz, das Leid, die Schwierigkeiten und die Zweifel auf die ein oder andere Weise sichtbar werden. Ich sage immer: Alles wird am Kreuz, im Schmerz gezeugt.

Wenn wir heute auf die Höfe schauen, ganz egal auf welchen, hatten die meisten ein Kreuz zu tragen – oft genug verborgen und entstellt, um entstehen zu können, einige mehr als andere, aber immer wurden die Höfe „durch den Schmerz gezeugt". Ich verwende gerne folgenden Vergleich: Damit ein Kind geboren werden kann, muss die Mutter, wie man hier in Brasilien sagt, „die Geburt bezahlen", das heißt, sie hat den Schmerz, den nur sie kennt und für sich behält. So verhält es sich auch mit einer Fazenda, damit sie entstehen kann. Es braucht Menschen, die das Kreuz umarmen und die „Fazenda gebären". Im Haus der Verantwortlichen ist es ganz normal, dass hier die Kreuze und Schmerzen, aber natürlich auch die Freuden vom Leben auf den Fazendas weltweit ankommen. Deswegen wollten wir der Kapelle einen Ausdruck dieser Spiritualität geben, der sehr wichtig für uns ist: der gekreuzigte und verlassene Jesus. Also nannten wir die Kapelle „Der Schrei"! Welcher Schrei? Es ist der, den Jesus am Kreuz von sich gab, von dem gesagt wird, dass es der größte Schmerz war, den er durchlebte, als er sagte: *Mein Gott, mein Gott, warum hast du mich verlassen?"*[XXI]

Jesus hat sich vom Himmel und von der Erde verlassen gefühlt, von allen, aber es war nur ein Gefühl. Deshalb zeigt das Kunstwerk, das sich in der Kapelle befindet, im Himmel hinter dem Abbild Jesu am Kreuz, wie alle an diesem dramatischen Moment teilnehmen: der Vater, der Heilige Geist und alle Heiligen, der ganze Himmel, alle. Und abgesehen von dem Drama am Kreuz sieht man schon etwas von der Auferstehung. Man ahnt, dass etwas Großes passieren wird. Das Kreuz, das unsere Kapelle zeigt, ist gerissen, zerteilt, gespalten. Das ist ein sehr interessanter Aspekt, denn es enthüllt die dunkle Nacht, die wir erleben. Alle Epochen der Geschichte hatten ihre dunklen Nächte, Nächte des Glaubens und der Sinnleere. Aber heute haben wir eine kulturelle Nacht, in der Millionen von Menschen sich von Gott entfernt haben, ohne nachzudenken, ohne ein Bewusstsein dafür zu bekommen.

Konsumdenken, Materialismus und Säkularisation sind so stark, dass sie den Menschen besetzen und er nicht mehr über den Tod hinaus denken kann. Wie viele ältere Menschen gibt es mittlerweile, die, wenn sie am Ende ihres Lebens ankommen, einen Ort suchen, ein Medikament nehmen und nicht mehr aufwachen. Sie denken nicht daran, was nach dem Leben passieren wird. Das ist ein großer Schmerz und deswegen ist das Kreuz geteilt.

In dieser Kapelle haben wir zwei gleiche Altäre. Den Tisch des Brotes, die Eucharistie, und den Tisch des Wortes. Wie das Zweite Vatikanische Konzil sagte: „dass der Christ sich von Eucharistie und dem Wort nährt. Es ist immer Gott, den wir in der Kommunion empfangen"[XXII].

Im zentralen Glasfenster gibt es viele Kreuze, die die alltäglichen Kreuze darstellen, die wir umarmen und die sich später in Sterne und Lichter verwandeln. Also ist das Kreuz für uns nicht negativ, es ist eine Möglichkeit, sich Gott zu nähern. Hinter jedem Kreuz ist Jesus, wir können uns annähern und er wird zum Licht für unseren Weg. Und dieses Licht erleuchtet das, was wir im nächsten Moment sehen müssen.

In dieser Kapelle beten wir jeden Tag unseren Rosenkranz, machen die Betrachtung und oft feiern wir Gottesdienst für kleine Gruppen, wie die der Klarissen oder der neuen Rekuperant*innen. Sie feiern mit uns und dann laden wir sie zum Frühstück ein. So bauen wir eine Beziehung mit denjenigen auf, die ankommen und Teil unseres Werkes werden. Sie spüren die Familie.

Chiara Lubich hat den Ausdruck „göttliche Alchemie"[114] für einen Prozess benutzt, der passiert, wenn wir Leid erfahren oder davon betroffen sind (eine Tragödie, ein Schmerz, ein Unglück etc.). Wenn wir diesen Moment umarmen und ihn akzeptieren, geschieht eine Umwandlung des Leides in Liebe. Kannst du von einem oder mehreren Erlebnissen erzählen, in denen du das erfahren hast und später die Früchte sehen konntest, die aus dieser Situation entstanden sind?

Von solchen Erfahrungen kann ich ohne Ende erzählen. Während unseres gesamten Lebens begegnete uns großes und oftmals schreckliches Leid.

Ich erinnere mich an den schweren Unfall, den ich gleich am Anfang hier in Guaratinguetá hatte. Wie viel Positives und wie viel Leben ist dadurch entstanden!

Ich erinnere mich auch an die Einweihung der Fazenda in Rio Brilhante (Mato Grosso do Sul), die sehr bedeutsam für mich war. Zur Zeit der Vorbereitung war ich noch in Deutschland und diejenigen, die die Fazenda eröffnen würden, gingen mit großer Begeisterung in die Gemeinden vor Ort und erzählten von unserem Leben. Unser Fahrer kannte den örtlichen Verkehr nicht und bei einer dieser Fahrten fuhr ein Lastwagen mit voller Wucht in unseren vollbesetzten Kleinbus. Das war ein schrecklicher Unfall, alle wurden ins Krankenhaus gebracht, einige schwebten in Lebensgefahr. Sie riefen mich in Deutschland an und fragten, ob sie in einem privaten Krankenhaus operiert

---

114 Alchemie ist die Chemie des Mittelalters, die versuchte, ein Allheilmittel, ein Medikament gegen alle physischen und moralischen Krankheiten zu finden und den philosophischen Stein, der Metalle in Gold verwandeln sollte. Chiara Lubich nutzt den Ausdruck der Alchemie der Umwandlung des Leides in Liebe und prägt den Ausdruck „göttliche Alchemie". Vgl. auch Stefan Tobler: Jesu Gottverlassenheit als Heilsgeheimnis in der Spiritualität Chiara Lubichs. Berlin/New York: de Gruyter 2001.

werden konnten, denn es gab keine Möglichkeit, es über die allgemeine Gesundheitsversorgung laufen zu lassen. Ebenso fragten sie, ob sie in einem Privatzimmer liegen durften, um sich keine Infektion im Krankenhaus zu holen. Ich habe alles genehmigt, denn es ging ja um Menschenleben und alles war sehr brenzlig. Außerdem gab es noch den kaputten Lastwagen und den Kleinbus, den es zu reparieren galt.

Als ich wieder in Brasilien war und zur Einweihung der Fazenda kam, sahen unsere Missionare wie Soldaten aus, die aus einem Krieg zurückgekehrt waren: einer hatte den Kopf verbunden, ein anderer einen gebrochenen Arm; ein anderer hatte das Bein gebrochen, ein weiterer lag noch im Krankenhaus, es war schrecklich! Gleichzeitig bewegte diese Situation viele Leute. Bei der Einweihung war eine tiefe göttliche Atmosphäre spürbar, denn es wurde deutlich, dass die Missionare fast ihr eigenes Leben gegeben hätten, damit dieser Hof der Hoffnung entstehen konnte.

Am Tag nach dem Fest erhielten wir die Rechnungen vom Krankenhaus für die Ärzte, Anästhesisten, die Privatzimmer und andere Dinge – auch für die Reparatur des Lastwagens und Kleinbusses. Ich wusste nicht, wie ich das bezahlen sollte. Ich sagte nur: „Macht euch keine Sorgen. Lasst die Rechnungen hier bei mir. Ich verreise zwar, aber ich nehme sie mit." Ich versprach, alles zu zahlen, aber ich hatte kein Geld. Das war ein Kreuz.

Am nächsten Tag reisten wir sehr früh nach São Paulo, denn ich hatte ein Treffen beim katholischen Fernsehsender Rede Vida. Als das Treffen um die Mittagszeit vorbei war, wollte ich rasch nach Guaratinguetá zurückfahren. Bischof Antônio[115] jedoch hielt mich fest und fragte: „Frei, kann ich ein Interview mit dir machen?" Es sollte für sein Programm *Von Angesicht zu Angesicht* sein und ich sagte: „Bischof Antônio, ich bin so erschöpft

115 Vgl. FN 46.

von der Reise aus Rio Brilhante und ich bin verschwitzt." Er sagte: „Das riechen die Fernsehzuschauer nicht." Es war noch einmal eine Möglichkeit, um das Wort Gottes zu leben: *„Wer euch hört, der hört mich"* (Lukas 10,16). Ich sagte zu und fragte, ob Nelson mitkommen könne. Er war einverstanden und wir machten eine Stunde lang das Interview – Bischof Antônio redete mehr als wir, auch weil er sehr begeistert war. Wir sprachen nicht von dem Unfall, wir erzählten nichts von unserem Leid, sondern wir redeten von den Wundern, die Gott auf den Fazendas bewirkt. Danach fuhren wir nach Hause.

Bevor wir zu Hause ankamen, rief mich Bischof Antônio an und sagte, dass ein Mann 8 000 Dollar vorbeigebracht habe, um der Arbeit der Fazenda zu helfen. Ich war froh, dachte jedoch an die immensen Rechnungen. Aber es war nur der Anfang. Als wir zu Hause ankamen, erhielt ich einen weiteren Anruf von einem Mann aus Rio de Janeiro, der sagte, dass ihm das Interview gefallen habe und er mich gerne persönlich bei einer Tasse Kaffee kennenlernen würde. Er sagte: „Ich kann dir 5 000 Dollar geben." Und ich antwortete ihm: „Ich komme sofort." Wir brauchten das Geld so dringend, dass ich mit Nelson sofort die fast vier Stunden nach Rio fuhr, um einen Kaffee zu trinken. Es war ein sehr angenehmes Gespräch und der Mann war richtig nett. Schließlich gab er mir einen Briefumschlag. Als ich wieder zu Hause war, schaute ich in den Briefumschlag und darin lagen 10 000 Dollar. Dadurch wurde unsere Situation schon etwas besser.

Später kamen weitere Spenden von verschiedenen Orten Brasiliens an. Ich verstand nicht, was passierte, denn niemals hatte mir jemand nach einem Interview Geld geschickt. Und jetzt waren es so viele. Es fehlte nur noch wenig und ich sagte zu Nelson: „Mit einer weiteren großzügigen Spende können wir alles bezahlen." Und sie traf ein! Wir konnten alle Rechnungen bezahlen! Da dachte ich: „Alles, was wir nun noch an Spenden bekommen, ist Gewinn." Es traf jedoch keine weitere Spende ein und ich verstand, dass wirklich Gott hinter allem steckte. Er wusste, wie viel wir brauchten, er kannte die Menschen, die helfen konnten, und berührte ihre Herzen. Es ist so bewegend zu erleben was passiert, wenn du die Dinge gemeinsam mit Gott machst. Dieser Unfall war ein großes Leid, ohne Zweifel, aber die Früchte waren gleichermaßen außerordentlich! Bis heute ist die Fazenda in Rio Brilhante sehr erfolgreich und es rekuperieren sich viele junge Leute dort.

Ich könnte von so vielen Erlebnissen erzählen! Immer verwandelt sich der Schmerz in Liebe und das Kreuz in Auferstehung. Es gibt keinen Schmerz, der nicht seine Früchte bringt, wenn du ihn annimmst. Deshalb sollten wir keine Angst vor dem Leid haben, wenn es an unsere Tür klopft. Im Gegenteil, wir sollen es umarmen, denn es ist eine Chance, nah bei Jesus zu sein. Er ist in allen Kreuzen, die auf dieser Welt existieren, und wenn du das Kreuz umarmst, geschieht jene „göttliche Alchemie", von der Chiara Lubich spricht.

Es gibt einen anderen Aspekt, den du immer den Verantwortlichen der Höfe mitgibst. Du erinnerst sie an die Worte Jesu: *„Wo zwei oder drei in meinem Namen versammelt sind, da bin ich mitten unter ihnen"* (Matthäus 18,20), und hast mit den Jahren folgenden Ausdruck geprägt: „Ihr müsst zu Spezialisten werden, die Jesus in ihrer Mitte hervorbringen." In einem Interview hast du mal auf die Frage, was das Geheimnis der Rekuperation sei, geantwortet: „Das Geheimnis ist die Gegenwart Gottes in unserer Mitte." Kannst du uns das noch genauer erklären?

Dieser Aspekt ist von ungeheurer Wichtigkeit. Gott hat uns diese Möglichkeit gegeben und leider nutzen wir sie sehr wenig. Er hat das versprochen. Aber warum hat er diesen Satz gesagt? Er möchte mit uns zusammen sein, denn er weiß, dass wir schwach sind und seine Hilfe brauchen. Er ist Liebe und wo sich Menschen lieben, ist es fast wie bei einem Magneten: Diese gegenseitige Liebe unter den Menschen zieht Gott an. Es ist nicht möglich, dass Gott nicht dort ist, wo die Liebe ist. Wo also zwei, drei oder vier Personen sich gernhaben, sich lieben, sich verzeihen – trotz aller Grenzen und Schwierigkeiten im Zwischenmenschlichen –, wird Gott gegenwärtig. Wo er ist, ist das Paradies, ist das Göttliche, ist alles.

Viele Menschen, die keinen Glauben haben und dann zu uns kommen und diese besondere Atmosphäre bemerken, sagen: „Ich weiß nicht warum, aber hier fühle ich mich gut, hier gibt es eine Harmonie und einen großen Frieden. Woher kommt das?" Sie bemerken die Gegenwart Gottes, der, wenn er da ist, Wunder vollbringt, von denen ich mein ganzes Leben lang erzählen könnte. Er vermehrt die Brote, weil er das immer getan hat; er heilt, weil er immer geheilt hat; er treibt böse Geister aus, denn wo Gott ist, gibt es für das Böse keinen Platz.

Wenn es in irgendeiner Fazenda Schwierigkeiten gibt, wenn viele der Jungs ihre Rekuperation abbrechen, wenn es viele Schulden gibt oder irgendein anderes ernsthaftes Problem, rufe ich immer die Verantwortlichen an und frage, wie das Leben eines jeden aussieht. Und schnell finde ich heraus, dass diese gegenseitige Liebe fehlt. Manchmal isoliert sich einer und ist mehr im Gespräch mit der digitalen Welt als mit der Gemeinschaft vor Ort, mit denen er zusammenlebt, ein anderer urteilt nur etc.

Das sind oft kleine, allzu menschliche Dinge, die die Gegenwart Jesu unter uns verhindern. Wenn wir also wollen, dass das

Werk der Fazenda wächst, es den Höfen gut geht und die Leute sich rekuperieren, dass die Hoffnung in den Herzen vieler Menschen ankommt, müssen wir alles dafür tun, damit Jesus unter uns ist. Das ist ein Gebot Jesu, das ist eine Notwendigkeit, das ist unser Charisma.

Wir können keine Hoffnung zu den Menschen bringen, wenn Jesus, der die Hoffnung schlechthin ist, nicht unter uns ist. Das ist unmöglich. Ich kann nichts geben, was ich nicht habe. Vor allen anderen Dingen sollten wir Jesus unter uns haben.

Oftmals spürten wir durch die Schwierigkeiten, durch Verurteilungen, durch bestehende Unterschiede zwischen uns, dass es nicht mehr vorwärtsging und es sehr schwierig war. Was haben wir gemacht? Wir trafen uns ein bis zwei Tage und teilten einander alles mit. Jeder konnte sagen, was er dachte, was er fühlte, warum er verärgert war, und schließlich starteten wir neu durch. Wieder mit Jesu Gegenwart unter uns lief alles besser. Niemals dürfen wir Jesus aus unserer Geschichte herauslassen. Er sollte an allem teilnehmen, an jedem Treffen.

Als ich noch Pfarrer war, trafen wir uns öfters abends zum Pfarrgemeinderat. Es gab viele Tagesordnungspunkte. Bei jedem Treffen sprachen wir zu Beginn ein Gebet. Ich bat den einen oder anderen, eine Erfahrung, die er mit dem Wort Gottes gemacht hatte, zu erzählen, damit eine göttliche Atmosphäre unter uns entstand und Jesus unter uns, in unserer Mitte sein konnte.

An einem Abend jedoch war es nicht möglich. Niemand erzählte etwas und es war eine schreckliche Atmosphäre. Ich versuchte es auf die eine oder andere Weise, aber ich spürte Jesu Gegenwart nicht. Für mich war das unerklärlich. Irgendwann sagte ich: „Leute, irgendetwas stimmt nicht, merkt ihr das nicht? Auf diese Weise brauchen wir uns nicht zu treffen, ich spüre keine Gegenwart Jesu unter uns." Einer der Teilnehmer sagte: „Ich weiß, warum! Weil ich sauer auf dich bin (die Person zeigte auf einen anderen)! Was du mit mir gemacht hast, macht man nicht."

Einer fing an, den anderen zu verurteilen, es war eine Diskussion um einen blöden Schlüssel, um Daten und was weiß ich nicht noch alles – unbedeutende Dinge, die aber ein großes Missverständnis entstehen ließen. Alle redeten und redeten und ich hörte zu.

Nach einer gewissen Zeit sagte einer von ihnen: „Das stimmt, es war nicht gut, was ich gemacht habe, ich entschuldige mich dafür." Der andere bat auch um Entschuldigung und langsam veränderte sich die Atmosphäre, sie begannen sich zu versöhnen. Sie fingen noch einmal neu miteinander an und gegen 22 Uhr konnte man sagen, dass wir die Harmonie unter uns wiederhergestellt hatten. Dennoch sagte ich zu ihnen, dass wir jetzt nicht mehr mit dem Treffen weitermachen würden, denn ich wollte nicht, dass die Ehemänner und -frauen, die zu Hause warteten, sich beschwerten.

Es war beeindruckend, wie schnell wir ein neues Datum für ein Treffen fanden, wie jeder dazu bereit war, seine Verabredungen zu verschieben. Das andere Treffen war wundervoll, wir lösten alle Probleme mit viel Licht. Also dachte ich: „Wenn wir das Treffen ohne dieses ganze Leid, was wir durchgemacht haben, begonnen hätten, ohne Jesus unter uns, hätten wir eine Diskussion gehabt – nicht wegen der Themen, sondern wegen persönlicher Dinge. Folglich ist es Zeitverschwendung, ohne die Gegenwart Jesu unter uns etwas zu machen." Ich möchte, dass ein jeder von uns lernt, diese Art der Gegenwart Gottes unter uns aufbauen zu können.

Man könnte auch sagen, dass die Gegenwart von Jesus unter uns nicht nur etwas ist, um sie auf der Fazenda zu leben, sondern auch in den Familien, unter den Paaren, in den Kirchengemeinden. Die

Kirche könnte oder sollte das sogar leben! Das ist ein neues Konzept, meinst du nicht?

Alle sollten so leben, weil Jesus das nicht grundlos gesagt hat. Er hat sich hingegeben, weil er teilnehmen und uns helfen möchte. Er ist auf diese Welt gekommen, um uns den Weg zu zeigen, dem wir folgen sollen. Gemeinsam mit ihm geht alles viel leichter.

Ich erinnere mich noch daran, als unser lieber Kardinal João Brás de Aviz für die Aufgabe als Verantwortlicher für das religiöse Leben im Dikasterium der Ordensgeistlichen und des geweihten Lebens benannt wurde. Er reiste ein Jahr lang durch die Welt, und als ich mich dann mit ihm traf, sagte ich: „João, sag mir mal: Was ist das Problem? Warum verlassen so viele Ordensmänner und Ordensfrauen ihr Amt / ihre Berufung? Was geschieht da? Warum gibt es so viel Durcheinander und Schwierigkeiten im religiösen Leben?" Ohne lange zu überlegten, sagte er: „Es fehlt an Beziehung."

Mir wurde eins klar: Wenn man keine Beziehungen hat, wenn keine gegenseitige Liebe existiert, gibt es Jesus nicht, und wenn er nicht unter uns ist, ergibt es keinen Sinn, in das Ordensleben zu gehen, sein Leben ohne Jesu Gegenwart zu verschenken.

Weshalb lassen wir Vater, Mutter, die Ehefrau und alles andere zurück? Wegen Jesus. Also möchte ich mit ihm leben. Ein ewiger Junggeselle zu sein ohne die Gegenwart Jesu ist bedeutungslos und man kann die Berufungen nicht festhalten. Also ist die Gegenwart Jesu grundlegend für alle, für die gesamte Kirche. Ich wüsste nicht, wie ein Paar ohne die Gegenwart Jesu überleben sollte.

Wenn die Gegenwart Jesu existiert, haben wir Frieden, Freude, die Gewissheit, dass alles einen Sinn hat. Genauso haben wir die Kraft, neu anzufangen und zu verzeihen. Jesus gibt uns alles.

Eine andere Frucht seiner Gegenwart ist die Vermehrung der Brote, da sich automatisch die Vorsehung einstellt. Er erweckt die Toten, denn wenn wir geistig tot sind, belebt er uns wieder. Seine Gegenwart vertreibt den Teufel, die Versuchungen gehen zurück. Die Freude und der Frieden sind so tief, dass sie ins Herz eindringen. Es ist eindrucksvoll.

Wir befinden uns im Jahr 2021. Wenn wir auf die Welt schauen, scheint es manchmal, als wenn nichts mehr ist, wie es früher war. Was würden nur unsere Großeltern denken, wenn sie heute auferstünden und auf diese Welt blickten? Der Papst spricht von einem Dritten Weltkrieg in Etappen. Wir scheinen in einer Welt zu leben, in der alles auf dem Spiel steht. Wie kann eine Person standhaft bleiben und sich nicht von alledem täuschen oder verwirren lassen?

Das stimmt, du hast recht. Wir müssen an Dinge glauben, die über unser Leben hinausgehen. Ich schätze sehr, was ich in meinen Sarg mitnehmen kann, wenn ich sterbe. Und was kann ich mitnehmen? Geld kann ich nicht mitnehmen; all diese Verwirrungen und Diskussionen kann ich auch nicht mitnehmen.

Ich erinnere mich, dass ich eines Tages meinen Großvater besuchte, der älter als neunzig Jahre alt war. Er war sehr traurig, also fragte ich ihn: „Opa, warum bist du so traurig?" Er antwortete: „Schau in die Zeitung, siehst du das nicht?" In der Zeitung stand, dass ein Fahrrad gestohlen worden war. Es war zwar etwas befremdlich, aber für ihn war es eine unmögliche Sache. Nie in seinem ganzen Leben hatte er sein Haus abgeschlossen. Er hatte eine Werkstatt im Zentrum der Stadt, wo er mit Holz arbeitete, und er verschloss sie nie. Sein Werkzeug blieb dort und die Tür blieb immer offen. Mein Opa sagte: „Wie kann jemand etwas nehmen, was ihm nicht gehört?"

Manchmal denke ich, würde mein Opa heute leben, dann würde er vor Traurigkeit sterben, denn heutzutage stiehlt und tötet man für wesentlich weniger. Man zerstört Banken, um zu stehlen. Heute werden so viele Dinge zerstört und man schaut nicht auf die Leben, die weggeworfen werden, um an Geld zu kommen. Das ist eine absurde Sache.

Wenn ich darüber nachdenke, was ich bei meinem Tod aus meinem Leben mitnehmen kann, komme ich zu dem Ergebnis, dass es nur die Liebe sein wird, die Eucharistie, die ich empfange, weil sie Gott ist, das Wort. Jesus sagt: „*Himmel und Erde werden vergehen, aber meine Worte werden nicht vergehen*" (Matthäus 24,35). Ich werde das Kreuz mitnehmen, denn Jesus ist schon auferstanden und stirbt nicht mehr; jedes Kreuz, das ich umarme, ist er. Diesen Jesus kann ich mitnehmen und auch die Liebe, die ich den anderen gebe. Jesus, den ich in den anderen liebe.

Die Liebe ist ewig, sie zählt mehr als alle Sünden, und wenn wir an diesen wenigen Dingen festhalten, die ewig sind, finden wir Frieden.

Als das Gesetz zur Abtreibung genehmigt wurde, wurde ich sehr traurig. Ich dachte: „Wie kann man nur? Wie ist es möglich, dass Leute über das Leben anderer entscheiden?" Man diskutiert viel darüber, aber Gott sagt ganz klar: „*Du sollst nicht töten*" (Exodus 20,13), das heißt, wir können nicht töten. Es werden auch andere Argumente benutzt, um zu rechtfertigen, dass nicht getötet wird.

Um Frieden zu finden, denke ich an den Tod und an die Dinge, die ich mitnehmen kann; das ist es, woran ich in meinem Leben festhalten möchte. Ich glaube an das Leben nach dem Tod und ich glaube an die Dinge, die bleiben, denn sie geben mir hier schon Frieden, wenn ich die Kommunion empfange, wenn ich liebe, wenn ich das Kreuz umarme, wenn ich etwas für meinen Nächsten tue, wenn ich in der Gegenwart Jesu lebe. Wenn es mir schon hier auf der Erde Freude und Frieden gibt, wie wird es erst im Himmel sein?

Es gibt ein Gedicht des berühmten deutschen Schriftstellers Joseph von Eichendorff[116]:

Du bist's, der, was wir bauen,
mild über uns zerbricht.
Dass wir den Himmel schauen,
darum so klag ich nicht.

Was hältst du davon?

Wir wollen bauen, haben unsere Projekte und manchmal müssen wir anerkennen, dass diese Projekte sehr voll von „uns selbst" erscheinen und das ohne Grund. Eichendorff hat den Mut zu sagen, dass es sogar Gott selbst sein könnte, der mit „milder Hand" unsere Projekte zerstört, weil sie „unsere Projekte", „unsere Ideen", „unsere Bilder" sind, die wir bauen. Viele dieser Projekte und Bauten sind Reflexionen von uns selbst. Du hast viel in deinem Leben gebaut, du hast viele Dinge gemacht. Rückblickend – „mit grauen Haaren" – fragst du dich, ob es manchmal menschliche Sachen waren? Ob Gott manchmal „seine milde Hand" nutzte, damit etwas nicht klappte, was zu sehr nur das unsere war?

Gott ist Spezialist auf diesem Gebiet! Der Autor hat recht. Das Gedicht reimt sich sogar und klingt sehr gut, und es ist wahr,

---

116 Joseph von Eichendorff (1788–1857) war ein bedeutender Lyriker und Schriftsteller der deutschen Romantik. Seine Werke erfreuen sich bis heute großer Beliebtheit. Der zitierte Ausschnitt stammt aus dem geistlichen Gedicht „Der Umkehrende".

was der Lyriker sagt. Gott macht es auf eine subtile Art, die nicht verletzt, aber man versteht, dass man tatsächlich einen Ball ins Aus befördert hat. Man hat etwas gemacht, was man wollte, aber es war nicht von Gott gewollt.

Es stimmt, dass ich viele Bauprojekte begleitet habe, aber ich wollte immer zuerst sehen, ob es nötig war. Danach dachte ich: „Wenn es nötig ist und Gott es will, dann muss auch die Vorsehung dafür kommen." Als die Vorsehung kam, hatte ich dann die Gewissheit, dass es der Wille Gottes war.

Für dieses Haus hier zum Beispiel habe ich sehr gekämpft, es nicht zu bauen. Die Frauen hatten bereits ein eigenes Haus für die Gründerinnen und ich dachte: „Das Haus der Dreifaltigkeit, auch wenn es einfach ist, reicht für uns. Ein Zimmerchen zu haben ist schon genug." Dennoch gab mir auf einmal eine befreundete Architektin den Plan dieses Hauses und sagte: „Das ist ein Geschenk für dich."

Für mich war alles gut, wie es war. Deshalb bewahrte ich den Plan in meiner Schublade auf, denn außer dem Plan, der da war, hatte ich kein Geld und dachte: „Gott, wenn du willst, musst du dich offenbaren, denn ohne Geld baut man nichts und ich habe keins."

Es würde zu weit gehen, hier alles vom Hausbau zu erzählen, aber es war ein wundersamer Weg. Wir erhielten das Geld für den Bau des kompletten Hauses und ich hatte keinen Zweifel mehr, dass es Gottes Wille war.

Wir bauten das Haus und heute sehe ich, wie nützlich es ist, denn wir nehmen so viele Leute auf. Hier ist das Zentrum, also kommen die Verantwortlichen der ganzen Welt und übernachten bei uns. Es finden so viele Gespräche am Tisch statt, es gibt so viel Leben und das Haus steht immer offen für alle. Man muss mal einen Sonntag erleben, wenn Besuchstag ist: Die

Jungs bringen ihre Eltern mit, sie gehen in unsere Kapelle, zeigen ihnen alles. Wenn ich hier bin, wollen sie Fotos machen und sich unterhalten. Heute kamen zwei Reisebusse und das Haus steht für alle zur Verfügung.

Es ist schön zu erleben, wie es Sinn ergibt, etwas zu bauen, was Gott möchte, aber ich bin mir sicher, dass eines Tages alles vorrübergehen wird. Ich bin durch die Welt gereist und habe so viel Zerstörtes gesehen. Wenn ich an Syrien und an Damaskus denke, an diese historischen Orte, an denen es unglaubliche Werte gab – und heute ist alles zerstört. Wenn ich mir Rom anschaue, das wiederaufgebaut wurde, ich weiß nicht, wie oft, und mit dem Heiligen Land ist es dasselbe. Ich merke, dass alles vergänglich ist, aber eine Sache vergeht nicht: die Liebe.

Wir haben versucht, alle unsere Gebäude mit viel Liebe und Harmonie zu bauen; sie sollten immer sehr schön für diejenigen sein, die in ihnen wohnen. Die Harmonie in der Rekuperation hilft unseren jungen Leuten und diese Liebe, mit der alles gebaut wurde, kann niemand zerstören.

Es ist sehr wichtig, die Sachen aus Liebe zu machen.

Wir leben in einer modernen, jungen und dynamischen Zeit. Handy, Medien und Internet sind eine Eroberung, ein Segen und helfen uns, Zeit zu sparen. Wenn du an die erste Zeit in Brasilien zurückdenkst, musstest du für den Kontakt zu deiner Familie einen Brief schreiben, diesen zur Post geben und es dauerte, bis er ankam. Heute kannst du das mit einem Videotelefonat oder über WhatsApp oder Skype erledigen. Die Fazenda da Esperança nutzt viele Medien. Du bist sogar durch die Medien berühmt geworden, durch den Fernsehgottesdienst. Die Menschen begleiten die Fazenda da Esperança über Facebook und durch den Kanal auf YouTube, so können sie die ganze Schönheit sehen, die es gibt, all euer Charisma. Es gibt also durchaus positive Seiten dieser Eroberungen, oder?

Ich bin ein Fan von allem, was neu in diesem Feld erscheint. Es ist eine außergewöhnliche Sache, die begeistert; es ist nur schwer nachzuvollziehen, wie all das möglich ist.

Als ich in Brasilien ankam, schenkte mir eine brasilianische Familie zu Weihnachten die Möglichkeit, meine Familie in Deutschland anzurufen. Das war sehr teuer und kompliziert, aber später entstanden neue Möglichkeiten, neue Technologien und ich erinnere mich, als ich ein Fax von meiner Schwester erhielt, von Hand geschrieben. Ich dachte: „Jetzt gibt es nichts Moderneres als das!" Ich war fasziniert, verstand allerdings nicht, wie es möglich war, einen handgeschriebenen Brief von der anderen Seite des Kontinents durch einen Apparat zu verschicken. Heute ist so etwas schon im Museum.

Es existieren wieder neue Dinge, die jeden Tag neu auf den Markt kommen, viele Möglichkeiten, die uns beeindrucken und die uns sehr nützlich sind. Ich kann mir nicht vorstellen, wie ich ohne diese Technologie das gesamte Werk, das es heute in vierundzwanzig Ländern gibt, vereinen könnte. Regelmäßig machen wir Telekonferenzen oder Online-Treffen. Es scheint, als säße man mit den anderen im selben Raum und könnte das Gesicht eines jeden, der spricht, anschauen – auch wenn er weit weg ist, selbst in einem anderen Land. Das ist ein Reichtum, eine Gabe, die Gott uns geschenkt hat und die wir nutzen können, um eine tiefe Einheit unter uns zu schaffen, damit alle wissen, was passiert. Es ist eindrucksvoll und wir nehmen daran teil.

Ein Beispiel ist das Unglück, das in Mosambik und auch auf den Philippinen geschah. Schnell wussten wir über alles Bescheid, konnten es allen mitteilen und durch die sozialen Netzwerke um Hilfe bitten. In kürzester Zeit konnten wir so unseren Geschwistern helfen, was eine außerordentliche Sache ist, ein beispielloser Reichtum.

All das wächst weiter. Wenn ich in andere Länder reise und es nicht schaffe, mich in den verschiedenen Sprachen zu verständigen, kann ich einfach sprechen und der Apparat übersetzt für den anderen in dessen Sprache. Die Kommunikation und viele andere Dinge wurden viel einfacher. Vieles können wir schnell mit dem Handy bezahlen und sicherlich wird es immer einfacher werden. In kurzer Zeit wird es kein Bargeld mehr geben, tausend Dinge werden wir durch die Technologie erledigen können. Das ist eine Gabe Gottes!

Wir sparen Zeit, aber es scheint, als wenn diese Zeit nicht übrig bleibt; es scheint sogar so, als hätten wir weniger Zeit. Es gibt 5 Milliarden Handys oder Smartphones auf der Welt und so viele Personen benutzen sie. Du hast kein eigenes Handy, du benutzt Nelsons Handy und weißt von all den Gefahren, die davon ausgehen. Wenn heutzutage jemand in ein Hotel geht, fragt er zuallererst nach dem WLAN-Passwort und erst danach nach seiner Zimmernummer. Wenn man bei Zusammenkünften in den Pausen Kaffee trinkt, bemerkt man, dass alle ihre Handys in der Hand haben, anstatt sich miteinander zu unterhalten. Man merkt auch, dass die zukünftigen Generationen schon mit dem Handy in der Hand aufwachsen und das birgt viele Gefahren. Was ist deine Meinung zu diesem Thema?

Es ist wie mit vielen Dingen im Leben. Die Technologie kann die Einheit fördern, sie kann aber auch zerstören und das ist eine Frage über Leben und Tod.

Fragen über Fragen

Ich sehe, wie sehr die jungen Menschen absolut abhängig von diesen Medien sind und wie sie zu Sklaven werden, bis zu dem Punkt, dass sie die Einsamkeit nicht mehr ertragen, die der Medienkonsum hervorruft. Die jungen Leute denken, sie wären mit Tausenden von Personen verbunden, aber in Wirklichkeit sind sie allein. Ich erinnere mich an einige Abhängige, die sich bei uns rekuperierten. In unseren Unterhaltungen konnte ich sehen, wie viel Gefahr es birgt, wenn eine Person durch diese Medien ihr Leben zerstört. Die Konsequenz dieser Sucht ist oftmals der Suizid. Die Person schafft es nicht mehr, sich in Beziehung zu setzen, und das ist eine sehr große Gefahr.

Ich denke auch an die Jugendlichen, die sich in einer wichtigen Entwicklungsphase befinden, die sich noch nicht vollkommen selbst beherrschen und für die sich durch die Benutzung eines Handys die Welt öffnet – die der Pornografie eingeschlossen, die Millionen Menschen versklavt. Es ist traurig zu sehen, wie viel Leben dadurch zerstört wird.

Wenn ich reise oder wenn ich in einem Restaurant bin, sehe ich viele Familien, die an einem Tisch zusammensitzen, um zu essen, und alle starren auf ihren Handybildschirm. Es ist erschreckend, wie das Handy die Beziehungen und die Fähigkeit, sich miteinander zu unterhalten, unterbindet.

Heutzutage gibt es schon einige Initiativen, um etwas gegen diese Sucht zu tun, aber sie sind noch sehr klein und die Gefahr ist sehr groß.

Ich habe kein Handy, denn wenn ich eins hätte, würde ich es wohl auch häufig nutzen und wäre nicht mehr für die Jugendlichen verfügbar, die jemanden brauchen, um sich zu unterhalten. Also möchte ich frei sein. Andererseits brauche ich diese Medien auch, um mich beispielsweise mit den Fazendas zu verständigen. Da wir es von Beginn an gewohnt sind, alles gemeinsam zu machen – in Einheit, wie wir sagen –, habe ich ein Handy gemeinsam mit Nelson: Er schaut, was wichtig ist, und teilt es mir mit. Gemeinsam entscheiden und antworten wir über WhatsApp. Deshalb haben wir jeden Tag eine Zeit, in der wir die Dinge, die zu erledigen sind, gemeinsam besprechen. Zweifellos bin ich froh, schnell antworten zu können, Fragen zu stellen und Dinge zu erledigen. Aus Prinzip versuche ich aber, frei zu sein, nicht zum Sklaven zu werden oder mich von etwas abhängig zu machen. Das möchte ich nicht, auch wenn die Sache an sich zum Guten genutzt werden kann.

Im Grunde ist das Handy ein Werkzeug, das hilft, viele Sachen zu organisieren. Dennoch werden die Videotelefonate niemals wichtiger werden als ein persönliches Treffen, oder?

Genau. Es muss klar sein, wofür man geboren wurde, dass das Wichtigste einen ewigen Wert hat und keinen vorübergehenden. Das Internet sollte genutzt werden, um die Einheit zu verbessern, um Beziehungen zu vereinfachen und niemals sollten wir erlauben, dass wir von den Apparaten dominiert werden. Das gilt für alle Bereiche im Leben: für die Arbeit, den Sport, die Freizeit. All das ist schön, denn es kann helfen, Beziehungen zu schaffen, aber es kann auch versklaven.

Sind dafür einige Regeln notwendig, zum Beispiel das Handy zu bestimmten Zeiten nicht zu benutzen?

Bei unseren Treffen vereinbaren wir manchmal, dass alle die Handys am Morgen abgeben und sie sie erst am Abend wieder zurückbekommen, damit wir während des Tages frei sind, um den Vorträgen zuzuhören, um uns in Beziehung zu setzen und uns zu unterhalten. Das machen wir immer wieder.

Es ist nicht einfach, das zu tun, es gibt viel Aufstand, aber es ist notwendig. Und in der Erziehung der Kinder müssen die Eltern streng sein, denn wenn sie dem Kind einen Apparat geben, damit es ruhig ist, zerstören sie die Persönlichkeit des Kindes und erziehen früh eine Abhängigkeit an oder – wie wir sagen würden – einen zukünftigen Süchtigen. Es ist traurig zu sehen, wie sehr die Eltern die Apparate nutzen, um ihre Kinder ruhigzustellen, damit die Eltern selbst freier sein können. Sie bemerken nicht, wie schlecht das für die Zukunft unserer Kinder und Jugendlichen ist.

Wir müssen tatsächlich eine Kultur schaffen und einen gesunden Umgang mit diesem Instrument lernen, das für uns ein Segen sein kann.

Sogar der Papst hat inzwischen gesagt, dass er bei den Mahlzeiten kein Handy benutzt.

Korrekt. Ich sehe sogar, dass manche das Handy in den Gottesdiensten und bei Vorträgen benutzen. Wenn wir zu einem Treffen gehen, ist oftmals der Großteil der Teilnehmer an seinem Handy. Das ist erschreckend.

Viele Leute, die dich treffen und für ein Gespräch zu dir nach Hause kommen, sagen, dass du Frieden ausstrahlst. Was ist das Geheimnis dieses inneren Friedens? Woher kommen diese Ruhe und Ausgeglichenheit? Ist es die Frucht deiner Beziehung

zu Gott, zu deinem Schöpfer? Auch weil du sehr wahrscheinlich viele Nöte durchmachst, viele schlechte Nachrichten empfängst?

In diesem Punkt muss ich wieder Chiara Lubich danken, denn sie hat durch ihre Spiritualität gezeigt, wie wichtig es ist, den gegenwärtigen Moment zu leben. Das war eine Übung in all diesen Jahren für mich. Wenn wir jung sind, träumen wir und wenn wir älter werden, kommt die Sehnsucht nach der Vergangenheit. Chiara zeigte uns, dass der einzige Moment, indem wir etwas Großes verwirklichen und Geschichte schreiben können, der gegenwärtige Moment ist. Beispielsweise machen wir in diesem Augenblick dieses Interview und folglich existiert jetzt nichts anderes, nur das ist wichtig.

Moment für Moment zu leben ist etwas Außergewöhnliches. Wenn ich zu Hause bin, kommt ständig jemand zu Besuch und wir wissen oft nicht, was wir zuerst machen und was für später liegen lassen sollen. Wenn ich jene Person empfange, als wäre sie die Einzige, und später die anderen, als wären sie die Einzigen, bringt mir dieser gegenwärtige Moment, den ich mit Intensität gelebt habe, an erster Stelle Frieden und danach erledigen sich alle anderen Probleme.

Im gegenwärtigen Moment können wir die Geschichte verändern! Das ist eine große Entdeckung. Wir wissen nicht, ob wir das Morgen erleben werden. Hinsichtlich der Vergangenheit kann ich nur sagen: Sie ist vorbei, man kann nicht eine Minute von dem ändern, was geschehen ist. Diesen Lebensstil schaffe ich nicht immer zu verwirklichen, aber ich kämpfe, um auf diese Weise zu leben. Das gibt mir großen Frieden und die anderen bemerken das, sie fühlen sich geliebt, sie fühlen sich willkommen. Manchmal habe ich nur wenig Zeit, Menschen zu empfangen, aber sie sehen, dass ich ihnen selbst in dieser kurzen Zeit vollkommen zur Verfügung stehe. Das bringt dieses Gefühl von Frieden und Glück.

Manchmal wollen die Leute ein Foto machen. Sie machen das auf eine feierliche Art, als wäre es die einzige Sache, die zu erledigen ist. Ich mache nicht gerne Fotos, aber das ist nicht wichtig, denn in jenem Moment – dem gegenwärtigen Moment – machst du den anderen glücklich und bist auch selbst glücklich, wenn du liebst.

Was sind deine Schwachpunkte, deine Schwächen und Grenzen? Wie hast du gelernt, mit ihnen umzugehen?

Ich habe viele Schwächen und Grenzen. Sehr viele. Von klein an gab es die Schüchternheit, den Minderwertigkeitskomplex, den ich durch diesen Lehrer hatte, von dem ich bereits erzählt habe. Und es gab noch so viele andere Dinge! Zum Beispiel kann ich nur schwerlich etwas schriftlich formulieren. Ich habe kein Handy und möchte auch keines haben, wie ich schon sagte. Ich habe es nicht gelernt, mit dem Internet umzugehen, und wollte es nicht lernen. Ich möchte frei sein, um mich mit den jungen Leuten zu unterhalten, mein Priestertum leben, Beichten annehmen, vergeben und mich vor allem mit dem anderen unterhalten.

Ich kenne meine Grenzen: Ich urteile leicht, sehe viele Dinge, die mich aufregen, aber ich versuche immer, neu anzufangen und das Leben in Gemeinschaft hilft mir dabei. Denn wenn ich Grenzen habe (und das sind viele) – ich spreche nicht viele Sprachen und wenn ich in ein anderes Land reise, brauche ich einen Übersetzer –, aber in Gemeinschaft lebe, fehlt es mir an nichts.

Nelson hat das Handy, leitet alles an mich weiter und wir leben zusammen. Ich lebe die Gaben, die Gott mir gegeben hat, und den Rest nehme ich an.

Am Anfang dachte ich: „Oje, ich habe nicht die Gabe der Musik, ein Instrument zu spielen, schön zu singen, dabei wäre das so schön." Aber heute sage ich: „Nein, ich brauche nicht viele Gaben zu haben. Wenn man viele Gaben hat, hat man auch nicht mehr viel Zeit für alles andere, man muss für diese Gaben leben." Ich habe wenige Gaben und lebe sehr gut mit jenen, die Gott mir gegeben hat, ich bin sehr zufrieden. Ich akzeptiere meine Grenzen, ich akzeptiere, dass Gott mich so gemacht hat, wie ich bin, originell, es gibt niemanden wie mich – selbst wenn ich einen Zwillingsbruder habe, ist er anders, weil vor Gott jeder einzigartig ist, und das reicht mir.

Ja zu seinen eigenen Grenzen zu sagen, ist sehr wichtig. Wir sollten niemals sein wollen, was der andere ist. Der andere ist der andere; wenn er mehr Fähigkeiten hat als wir, ist alles gut, dann hat er auch mehr Verantwortung. Wer viele Talente bekommen hat, muss sie nutzen und sie vermehren durch viele weitere Talente.

Ich bin zufrieden damit, wie Gott mich gemacht hat, und ich bin mir sicher, dass es für meine Funktion das ist, was Gott von mir möchte. Das versuche ich, gut zu leben. Kommunikation, Finanzen und so weiter lasse ich die anderen machen. Dennoch suche ich Kontakte mit vielen Spezialisten, lebe mit ihnen, knüpfe Beziehungen, gebe ihnen Möglichkeiten, kreativ zu sein und ich bin immer für sie da und motiviere sie.

Und so läuft es sehr gut.

Was sind deine Stärken, die Gaben, die Gott dir gegeben hat, und wie setzt du sie in deinem Alltag um?

Von den eigenen Gaben zu sprechen, sollte zur Ehre Gottes sein und nicht für die eigene Eitelkeit.

Gott hat mir die Gabe gegeben, zu vereinen, gut mit allen zusammenzuleben, nicht eifersüchtig zu sein, Beziehungen zu knüpfen, Familie zu schaffen, damit alle sich gut fühlen. Das hat Gott mir gegeben und dafür danke ich ihm sehr.

Meine anderen Gaben sind: Möglichkeiten wahrnehmen, ein guter Verwalter zu sein, Beziehungen mit Personen, die uns helfen können, zu knüpfen. Das waren immer meine Stärken und die Bereitschaft, dem anderen, anderen Institutionen, anderen Gemeinschaften zu helfen. Ich habe niemals nur ausschließlich für die Fazenda gelebt. Ich bin offen für alle, für die Kirche und andere Religionen, niemals hatte ich Schwierigkeiten, Personen anderer Kulturen, anderer Rassen oder Sprachen zu akzeptieren. Ich verstehe mich mit jedem gut und schließe niemanden aus.

In meinem Leben gibt es keine Feinde. Natürlich gibt es Personen, mit denen wir uns nicht so gut verstehen, mit denen es nicht so leicht ist, eine Beziehung aufzubauen, aber ich schaffe es mit allen. Das ist eine Gabe, die Gott mir gegeben hat, und ich bin ihm dafür sehr dankbar.

Welche war die schmerzhafteste Erfahrung in deinem Leben?

Es gibt mehrere Erfahrungen, aber die schmerzhafteste ... Es ist schwer, darüber zu sprechen, weil ich niemanden verletzen möchte, aber es hat mit Verrat zu tun. Wenn du jemandem vertraust, investierst du viel in diese Person, du gibst dein Leben hin und plötzlich bemerkst du, wie dich die andere Person täuscht, schlecht von dir spricht, dich heftig betrügt – das habe ich erfahren, ich möchte keine Namen nennen –, das kostet viel.

Verrat ist etwas sehr, sehr Schweres. Ich glaube, dass es für Jesus ein großes Leid war, von Judas verraten zu werden.

All das war schwer für mich, aber nach einer gewissen Zeit ging alles vorbei und so sehen wir, dass auch das einen größeren Sinn hatte. Selbst wenn viele Leute betroffen waren, wenn es dich lange Zeit hat leiden lassen, danach verwandelt sich alles.

Das hilft uns auch, nicht eitel zu sein, stellt uns an den richtigen Platz und heute sehe ich, dass alles, was Gott zulässt, einschließlich dieses großen Schmerzes, seinen Sinn hat.

Papst Franziskus sagte einmal, um demütig zu sein, sollten wir die Erfahrung der Demütigung gemacht haben. Ist die Tatsache, dass du betrogen wurdest, auch eine tiefe Demütigung?

Ja, umso mehr von Personen, die uns nahestehen. Das tut weh.

Welches war die herausforderndste Erfahrung deines Lebens?

Als mich die Provinz für diese Arbeit freistellte, als sie mich frei ließ. Der Provinzial sagte zu mir: „Ich kann dir keine anderen Brüder geben, um dir zu helfen und auch finanziell kann ich dich nicht unterstützen." In diesem Moment fühlte ich mich etwas verlassen und dachte: „Aber wie werde ich das allein schaffen und ohne Geld?" Natürlich waren Nelson und einige Jugendliche schon mit mir zusammen, aber alle waren sehr jung.

Das war ein Moment, indem ich an Gott glauben musste. Das war wirklich kein einfacher Moment. Dennoch hatte Gott seinen Plan und er half uns.

Welche Erfahrung hat dir am meisten Freude und Glück bereitet?

Das war die Entstehung der Familie der Hoffnung und der vielen Berufungen. Ich freue mich immer, wenn ich einen jungen Mann oder eine junge Frau sehe, die sich ganz an Gott verschenken. Es entstanden viele Berufungen unter uns in der Gemeinde und später auf der Fazenda, und das macht mich sehr froh.

Ich spüre eine sehr große Freude, wenn ein Mensch sich für Gott mehr als für alles andere entscheidet.

Papst Franziskus veröffentlichte einen Brief über die Heiligkeit. Er weist uns allen den Weg zur Heiligkeit. Möchtest du auch heilig werden?

Ja, zweifellos. Von klein an habe ich den Wunsch, heilig zu sein, den Willen Gottes zu tun und das ewige Leben zu erlangen. Aber meine Vorstellung von Heiligkeit bedeutet nicht, durch einen Kanonisationsprozess auf die Altäre hinaufgehoben zu werden. Es ist schwer zu erklären, was ich sagen möchte. Manchmal machen die Leute Spaß und sagen: „Frei, wir werden nach deinem Tod den Seligsprechungsprozess eröffnen." Ich sage dann: „Auf keinen Fall. Um Gottes willen, verliert keine Zeit und gebt kein Geld dafür aus, denn es ist nicht nötig."

Für mich reicht es, wenn jeder lebt und kämpft, um Jesus in der Mitte zu haben; er heiligt uns. Für diejenigen, die ihr ganzes Leben mit Jesus in der Mitte leben, wirkt er dieses Wunder, er schenkt es. Man muss nicht von der Kirche anerkannt sein, das ist nicht nötig. Ich glaube, dass wir schon genügend Heilige haben. Stattdessen ist es notwendig, konkret zu leben.

Natürlich gibt es viele Personen, die ich kannte – die schon verstorben sind – und die für mich heilig sind. Meine Eltern zum Beispiel, ich habe keinen Zweifel, dass sie heilig sind. Aber die Kirche muss nicht ihre Heiligkeit verkünden, Gott selbst wird das machen und die Person im Himmel aufnehmen.

Das Wichtigste ist, das Gott mich für würdig hält, in den Himmel einzutreten. Damit bin ich zufrieden und in Bezug auf den Rest: Verliert um Gottes Willen keine Zeit, gebt kein Geld aus und denkt nicht an diese Dinge. Für mich wäre es sehr traurig.

Ich glaube, dass wir im Himmel Einfluss haben, denn um heilig zu sein, braucht man zwei vollbrachte Wunder und ich werde nicht helfen, damit das passiert. Deswegen lasst mich damit in Ruhe und lebt, um auch heilig zu werden. Ich möchte nicht, dass in unserer Familie nur einer heilig ist, sondern dass all diejenigen, die Teil der Familie sind, es schaffen, sich zu heiligen. Alle.

Chiara Lubich sagte einmal, dass das nicht eine Zeit ist, in der es den einen oder anderen Heiligen gibt, sondern eine Zeit des HEILIGEN in unserer Mitte, Jesus unter uns. Was würdest du einem Jugendlichen sagen, der auch diesen Wunsch hat, der auf der Suche nach etwas ist, was darüber hinausgeht?

Ich sage allen: „Habt keine Angst, großzügig zu sein, habt keine Angst, euer Leben zu verschenken, im Ordensleben oder in einer Ehe – dort muss man auch Leben hingeben, man muss sich selbst sterben. Habt keine Angst, denn je mehr du gibst, umso mehr wirst du bekommen. Gott hat uns das versprochen!"

Wenn du wüsstest, dass du heute sterben würdest, was würdest du als dein Vermächtnis hinterlassen?

Ich würde allen sagen: „Lebt Gottes Wort, habt Jesus unter euch, seid Familie, habt euch gern untereinander und nutzt dieses kurze Leben, um konkret zu lieben!"

Fazenda da Esperança – Hoffnungstat und Hoffnungswort[117]

1. Die Drogensucht als Phänomen der Sinnleere

Am 25. Januar 1988 hielt Kardinal Joseph Ratzinger in Cambridge einen Vortrag unter dem Titel *„Consumer Materialism and Christian Hope"*, der sehr beachtet und in mehreren Sprachen veröffentlicht wurde.[XXIII]

Der damalige, überaus engagierte katholische Studentenseelsorger der Universität Cambridge, Dom Christopher Jenkins OSB (1932–2003), hatte diesen Vortrag eines damals nicht unumstrittenen römischen Kurienkardinals im Rahmen der „Fisher-Lectures" eingefädelt, ein Unterfangen, das nicht ohne Risiken für alle Beteiligten war. Der erste Teil stand unter dem Titel *„Die moralischen Probleme unserer Zeit – Versuch einer Diagnose"* und widmete sich zwei Phänomenen, das

---

117 Der Text basiert auf der Laudatio von Bischof Dr. Josef Clemens, Vatikanstadt, zur Verleihung des Communio-Preises 2020 für Dialog, Verständigung und Versöhnung an P. Hans Stapel OFM in der Katholischen Akademie Schwerte am 18. Juli 2021

heißt der *Frage der Droge* und des *Terrorismus als moralischem Problem.*[XXIV] Als Einstieg in den ersten Themenkomplex wählte Kardinal Ratzinger einen Disput, der in den späten Sechziger-jahren in seiner Anwesenheit im Tübinger Haus des (marxisti-schen) Philosophen Ernst Bloch (1885–1977), dem Verfasser des berühmten Klassikers *Das Prinzip Hoffnung,* stattgefunden hatte.[XXV] Das Gespräch war eher zufällig auf das Problem der Drogensucht gekommen, das sich in der Gesellschaft so lang-sam zu Wort meldete. Es kam die Frage auf, wieso sich diese Sucht plötzlich so ausbreiten konnte und im Mittelalter offen-sichtlich nicht bestanden habe. Alle Gesprächsteilnehmer wa-ren sich einig, dass es wohl kaum an den äußeren Bedingungen gelegen haben könne, wie zum Beispiel die große Entfernung der Anbaugebiete, um diesen Unterschied der beiden Epochen zu erklären. Der etwa 40-jährige Professor Joseph Ratzinger, Inhaber des Lehrstuhls für Systematische Theologie an der Universität Tübingen (1966–1969), wagte die These, dass „of-fenbar jene seelische Leere damals nicht bestanden habe, der man mit der Droge zu begegnen sucht; anders ausgedrückt: der Durst der Seele, des inneren Menschen, fand eine Antwort, die die Droge erübrigte"[XXVI].

Sein Gesprächsbeitrag wurde – wie Ratzinger bemerkt – mit fassungsloser Empörung aufgenommen, vor allem von Karola Bloch (1905–1994), der (dritten) Ehefrau des Haus-herrn. Ratzinger kommentiert: „Vom Geschichtsbild des dia-lektischen Materialismus her war ihr der Gedanke geradezu ein Frevel, vergangene Zeiten könnten in nicht ganz unwe-sentlichen Dingen der unsrigen überlegen gewesen sein; im Mittelalter als einer Zeit der Unterdrückung und der religiösen Vorurteile konnten unmöglich die entrechteten Massen glück-licher und innerlich ausgeglichener leben als in unserer Zeit, die auf dem Weg der Befreiung schon einiges fortgeschritten ist: Die ganze Logik der ,Befreiung' würde dabei zusammenstürzen.“[XXVII]

Man kann sicherlich über die These, die Professor Ratzinger in den Raum gestellt hatte, kontrovers diskutieren. Dennoch ist der Zusammenhang von *Drogenkonsum* und innerer *Sinnleere* und großer *Hoffnungslosigkeit* nicht zu leugnen und unbedingt festzuhalten.

Genau hier setzt vor fast vierzig Jahren (1983) die Arbeit von Frei Hans und seiner Mitstreiter an.[XXVIII] Die Methode der „Fazenda da Esperança“ ist keine medizinische, psychologische oder pharmazeutische Antwort auf Abhängigkeiten jeglicher Art, sondern folgt einem integralen anthropologischen, theologischen und spirituellen Ansatz, den es nun näher zu betrachten gilt. Sie ruht auf *drei Säulen*, die in wechselseitiger Beziehung zueinander stehen: Es ist das Leben in *Gemeinschaft*, die tägliche *Arbeit* und eine *Spiritualität*, die sich aus dem *Wort Gottes* nährt.[XXIX] Wir können diese drei Bereiche unter dem gemeinsamen Nenner zusammenfassen: *Hoffnung teilen, Hoffnung leben, Hoffnung annehmen!*

Bei der Feier anlässlich der definitiven Anerkennung vor fast elf Jahren (20.-26.10.2010) saß ich zufällig neben einem staatlichen Vertreter Brasiliens, der sich im Auftrag der Regierung auf nationaler Ebene um die Bewältigung der Drogenproblematik bemühte. Er sagte mir halblaut unter vorgehaltener Hand: „Von den zahlreichen Initiativen, die wir in Brasilen zur Bekämpfung der Drogen haben, ist die *,Fazenda da Esperança'* die beste und die erfolgreichste Einrichtung.“ Und er fügte hinzu: „Eigentlich dürfte ich dies nicht sagen, da es als Parteinahme für eine kirchliche bzw. katholische Initiative ausgelegt werden könnte.“ Aber dennoch sei es so!

2. Die „Zeichen der Zeit" erkennen und deuten

Dem Gespräch im Hause Bloch lässt sich entnehmen, dass die Teilnehmer dieser sicherlich edlen Runde die „Zeichen der Zeit" nicht erkannt hatten oder sie nicht erkennen wollten, unabhängig von der vorgeschlagenen Deutung des Theologen Ratzinger. Einige trugen ideologische Scheuklappen, die es ihnen unmöglich machten, nicht zu leugnende Phänomene der Zeit in ihrem ganzen Umfang und in ihrer Tiefe zu erkennen und zu deuten, das heißt im konkreten Fall den Zusammenhang von *Drogenkonsum* bzw. anderen *Abhängigkeiten* und einer persönlichen *Sinnleere* zu erfassen.

Hier hilft nur das *richtige* Sehen, der *vollständige* Blick! Papst Franziskus stellt immer wieder den *einzigartigen* Blick Jesu heraus, zu dessen Erkennen und zu dessen Nachahmung wir berufen sind. Denken wir nur an die entschuldigenden Fragen derjenigen, die beim Weltgericht (vgl. Mt 25,31- 46) auf der linken Seite stehen: Herr, wann haben wir dich hungrig etc. gesehen? Dies führt uns zum nicht *verschiebbaren* Auftrag, die „Zeichen der Zeit" in ihrer Gesamtheit und in ihrer Tiefe zu erfassen und eine Antwort „aus dem Evangelium" („sine glossa") zu geben.

Frei Hans, Nelson und seine Mitstreiter haben in der Pfarrei *Nossa Senhora da Gloria* in Guaratinguetá ein drängendes „Zeichen der Zeit" erkannt und versucht, mit den ihnen zur Verfügung stehenden, begrenzten Mitteln eine tatkräftige Antwort aus dem Glauben zu geben. Ich denke, wir können diesen Einsatz als Ergebnis einer bewussten oder auch unbewussten „Unterscheidung der Geister" erkennen, die den Glauben in „Leben" umzusetzen versucht. Die Leitfrage lautet: Was ist *meine* Antwort auf eine bedrängende „Situation" im Sinne Jesu? Welches Handeln führt zum Reich Gottes hin und was führt von ihm weg? Was versperrt und was bereitet dem Reich Gottes den Weg, was öffnet in unserem Heute die Türen für sein Kommen? Darauf gaben Frei Hans und seine Mitstreiter eine glaubensmotivierte und zugleich tatkräftige Antwort.

3. Die Einheit von Tat- und Wortzeugnis

Und diese Antwort geschah in einem *Zusammenwirken*, nämlich von *Tat-* und *Wortzeugnis*, das die einzelnen Dimensionen, die mit dem *Communio-Preis* verbunden werden, vereinigt, das heißt *Dialog, Verständigung* und *Versöhnung*. Diese drei Dimensionen sind sowohl *Folgen* dieses Ansatzes als auch *Mittel* und *Methode*, um die *Communio* bzw. die Befreiung von Abhängigkeiten aller Art zu erreichen.

Zuvor möchte ich aber noch näher auf die *Einheit* von *Tat- und Wortzeugnis* im Programm der „Fazenda da Esperança" eingehen. Wir alle wissen um die sehr tief gehende Krise, die gegenwärtig die Kirche in ihren Grundfesten erschüttert, die allerdings weltweit in sehr unterschiedlicher Ausprägung und Intensität vorhanden ist. Im zentral- und nordeuropäischen Raum steht zweifellos die Frage der *Glaubwürdigkeit* der Kirche im Mittelpunkt, die durch die Missbrauchstaten kirchlicher Amtsträger außerordentlich belastet bzw. infrage gestellt wurde.

In diesem Zusammenhang weist uns ein Wort aus Goethes Faust auf eine beständige Gefahr aller (kirchlichen und nicht kirchlichen) ethischen Proklamationen hin, die der Direktor (im Vorspiel auf dem Theater) klar beim Namen nennt: *„Der Worte sind genug gewechselt, Lasst mich auch endlich Taten sehn! Indes ihr Komplimente drechselt, Kann etwas Nützliches geschehn.*"[XXX]

Daher stellt sich unausweichlich die Frage: Wie kann die Kirche in ihrer pastoralen Arbeit und besonders in der Verkündigung der Frohen Botschaft ihre Glaubwürdigkeit zurückgewinnen? Mir scheint, dass der einzig Erfolg versprechende Weg darin zu finden ist, sich der unverzichtbaren *Kohärenz* von *Tat-* und *Wortverkündigung* stärker bewusst zu werden und diese mit aller Entschiedenheit ins Werk zu setzen. Dazu ist eine radikale Durchforstung aller kirchlichen Aktivitäten notwendig. Papst Franziskus hat es auf die einprägsame Formel gebracht: *Alles* (!) muss zum *Kanal* (!) der *Verkündigung* (!) werden.[XXXI] Es müsste uns allen klar sein, dass dies der *Ansatz Jesu* selber ist, der in unseren Tagen von Papst Franziskus mit aller Kraft verkündet und vorangetrieben wird.

Jesus zeigt uns, dass die *Nähe des Gottesreiches* mit *Worten* ausgerufen und mit *Taten* der Heilung gegenwärtig gesetzt und erfahrbar gemacht wird. Meiner Einschätzung nach handelt es sich bei dem in den Evangelien verwendeten Verb „κηρύσσειν" („kērýssein") – „verkündigen" (heute vielfach: „evangelisieren") um einen *Sammelbegriff*, der die *Wort-* und die *Tatverkündigung* in einem Wort zusammenfasst.[XXXII] Erinnern wir uns an die beiden *Summarien* des Matthäusevangeliums (vgl. Mt 4,23; Mt 9.35), die in ihrer Bedeutung vielfach übersehen bzw. unterschätzt werden.

So heißt es bei Matthäus 4,23: „*Er* **zog** *in ganz Galiläa umher,* **lehrte** *in den Synagogen,* **verkündete** *das Evangelium vom Reich und* **heilte** *im Volk alle Krankheiten und Leiden.* "[XXXIII] Und nahezu wörtlich heißt es weiter oben in Matthäus 9,35: „*Jesus* **zog** *durch alle Städte und Dörfer,* **lehrte** *in ihren Synagogen,* **verkündete** *das Evangelium vom Reich und* **heilte** *alle Krankheiten und Leiden.* "[XXXIV]

Der in beiden Versen in der Mitte stehende Begriff des *Verkündigens* („κηρύ-σσων" – „kērysson") bezieht sich einerseits auf das *Lehren* („διδάσκων") und andererseits auf das *Heilen* („θεραπεύων").[XXXV] Es sind dies jedoch keine *drei verschiedene* oder gar *getrennte* Tätigkeiten, sondern es ist *eine Handlungsein-*

heit, in der Jesus umfassend die *Verkündigung des Reiches Gottes* umsetzt.

In diesem Zusammenhang möchte ich auch auf das *Umherziehen* („περι-ῆγεν") eingehen, das heißt, Jesus steht nicht still, er wartet nicht nur auf die Bitten der Menschen, die seine Hilfe benötigen, sondern er bewegt sich auf sie zu, er predigt allen, die ihm „über den Weg laufen", und heilt alle, die seiner Hilfe bedürfen.

Es bedarf keines Kommentars, dass dieses *In-Bewegung-Sein* von einer in sich geschlossenen oder abwartenden *Servicepastoral* weit entfernt ist, einer Pastoral, die auf Anfragen bzw. Aufträge wartet, um erbetene Dienste zu erledigen. Genau an diesem Punkt erkennen wir den *epochalen Wandel*, der zwischen einer *Volkskirche* und einer *Missionskirche* besteht. Die *Volkskirche* hatte alle Mühe, alle anfallenden Dienste zu erfüllen, die *Missionskirche* ist in diesem Sinne kein *Serviceunternehmen* mehr, das nur noch bei bestimmten Anlässen gefragt ist. Ganz in diesem Sinne sprach Kardinal Jorge Mario Bergoglio von einem „Kundenschema"[XXXVI]. Natürlich ist zu bedenken, dass wir hier weltweit vor einer *gleichzeitigen Ungleichzeitigkeit* stehen: Was in der einen Ortskirche noch Gegenwart ist, ist in der anderen bereits seit Langem Geschichte.

Aber kehren wir zum Beispiel Jesu zurück, der der „Vertreter" einer ausgeprägten *Missionskirche* ist. Wie bereits gesagt, müssen wir entschieden festhalten, dass die *Verkündigung* Jesu mit *Wort*en und *Taten* geschieht. Daher stellt die Konzentration auf eine *reine* Wortverkündigung eine eindeutige *Verkürzung* dar, die dem klaren Vorbild Jesu nicht folgt und seinen Absichten nicht gerecht wird.

[Ein weiteres Beispiel, das in die aufgezeigte Richtung weist, ist das *Summarium*, das Petrus in seiner Predigt bei der Taufe des heidnischen Hauptmanns Kornelius vorlegt. Petrus führt in Apostelgeschichte 10,37-38 aus: „Ihr wisst, was im ganzen Land der Juden geschehen ist, angefangen in Galiläa, nach der Taufe, die Johannes verkündet hat. Wie Gott Jesus von Nazareth gesalbt hat mit dem Heiligen Geist und mit Kraft, wie dieser *umherzog*, *Gutes tat* und *alle heilte*, die in der Gewalt des Teufels waren; denn Gott war mit ihm."[XXXVII]

Das gesamte Wirken Jesu kann in die Formel gefasst werden, dass er „Gutes tat und alle heilte" (vgl. Apostelgeschichte 10,37-38). Beides ist so wichtig, dass seine Lehrtätigkeit gar nicht ausdrücklich genannt zu werden braucht, sondern sie ist darin eingeschlossen. Denn *Gutes tun* und *Heilen* belehren die Menschen ebenso wie lehrende Worte! Erinnern wir uns: „Verba docent – exempla trahunt!"

Es kann wohl kaum geleugnet werden, dass in den letzten Jahrzehnten auf weltkirchlicher Ebene der dogmatisch richtigen Wortverkündigung („Orthodoxie") eine klare Priorität eingeräumt wurde. Ich selbst war neunzehn Jahre (1984–2003) in der Kongregation für die Glaubens*lehre* tätig und weiß daher, wovon ich spreche. Beredte Zeugnisse dieses Bemühens sind der *Weltkatechismus* (1992) und das *Kompendium* (2005) der Glaubenslehre. Die letzten beiden Päpste Johannes Paul II. und Benedikt XVI. haben ein umfangreiches lehramtliches Erbe hinterlassen, das die *Orthodoxie* in den Mittelpunkt rückte.[XXXVIII] Es herrschte wohl die Überzeugung, dass mit einer gewissen Selbstverständlichkeit der *rechten Lehre* das *rechte Tun* folgen würde.

Diese Tendenz findet sich auch in der deutschen Ortskirche und in anderen europäischen Ländern. So haben wir zum Beispiel in Deutschland die am besten ausgestatteten Theologischen Fakultäten der Welt, wir besitzen große Fachbibliotheken und theologische Hilfsmittel aller Art. Es herrscht also wahrlich kein *Theoriedefizit*, sondern ein nicht zu leugnendes *Praxisdefizit*!

Mir scheint, dass mit der Zurückstellung der *Orthopraxie* ins zweite Glied eine Unterbewertung der *Konsequenzen* eines *fehlenden* oder gar *negativen* Zeugnisses der sogenannten Hauptamtlichen einhergeht. Der Massenauszug aus den großen Kirchen, den wir in den letzten Jahrzehnten beklagen müssen, wird sehr vereinfachend mit der Ersparnis der Kirchsteuer erklärt, um tieferliegende Gründe nicht zu erörtern.

Wir müssen uns zudem eingestehen, dass die einseitige Betonung der rechten Lehre ihre Folgen auch im Mangel an *Vorbildern* eines christlichen Lebens gezeitigt hat. Natürlich haben viele von uns Mutter Theresa als leuchtendes Vorbild der Nächstenliebe erlebt, aber ihr Wirken war in jeder Hinsicht von uns sehr weit entfernt.

Schon Papst Paul VI. war der Überzeugung, dass das reine Verkündigungswort nicht mehr genügt. In seinem Apostolischen Schreiben *Evangelii Nuntiandi* (1975) bietet er einen weiterführenden Beitrag zu unserem Thema an.[XXXIX] Dort geht der Papst vom *gelebten Zeugnis* des Glaubens aus: „Die Verkündigung muss vor allem durch ein Zeugnis erfolgen. Das geschieht z.B., wenn ein einzelner Christ oder eine Gruppe von Christen inmitten der menschlichen Gemeinschaft, in der sie leben, ihre Verständnis- und Annahmebereitschaft, ihre Lebens- und Schicksalsgemeinschaft mit den anderen, ihre Solidarität in den Anstrengungen aller für alles, was edel und gut ist, zum Ausdruck bringen. […] Durch dieses Zeugnis ohne Worte wecken diese Christen in den Herzen derer, die ihr Leben sehen, unwiderstehliche Fragen: Warum sind jene so? Warum leben sie auf diese Weise? Was – oder wer – ist es, das sie beseelt? Warum sind sie mit uns? In der Tat, ein solches Zeugnis ist bereits stille, aber sehr kraftvolle und wirksame Verkündigung der Frohbotschaft. Es handelt sich hier um eine Anfangsstufe der Evangelisierung."[XL]

In diese Perspektive lassen sich das Glaubens- und Lebenszeugnis von Frei Hans und aller Glieder der *Familie der Hoffnung* sehr gut einordnen, da beide Teile des Verkündigungsauftrags zu einer *Einheit* verschmolzen sind. Vielleicht war es der Gründergeneration vor fast vierzig Jahren gar nicht bewusst, dass unter den Bedingungen unserer Zeit die Glaubensweitergabe vorrangig durch die *Glaubenstat* vorbereitet werden muss, damit die Ohren und Herzen der Menschen sich öffnen und der Annahme des *Glaubenswortes* der Weg bereitet wird. Die *Glaubenstat* wird vom *Glaubenswort* begleitet, das diese *Tat* erklärt, sie *begründet* und ihr *Eindeutigkeit* verleiht. Sagen wir es noch einmal auf die „Fazenda da Esperança" bezogen: Die *Hoffnungstat* begleitet das *Hoffnungswort*! Dies ist als eine *innere Verschränkung* und nicht als eine zeitliche Abfolge zu verstehen, sondern im Sinne der Erhellung und Motivierung des geleisteten Tuns.

Ganz in diesem Sinn legt das *Statut* der *Familie der Hoffnung* fest: Die Familie der Hoffnung „hat einen missionarischen Auftrag, in dem Bemühen aus ihren Gemeinschaften und Werken echte Orte der Spiritualität und der Evangelisierung zu machen, […], um die Hoffnung so bis an die Grenzen der Erde zu tragen."[XLI]

Für diese Überlegungen und aufgezeigten Notwendigkeiten bieten die „Fazenda da Esperança" und die „Familie der Hoffnung" ein lebendiges und überzeugendes Beispiel. Sie beweist die *Möglichk*eit und die *Lebbarkeit* der christlichen *Hoffnung* in unserer Zeit. Frei Hans und seine ersten Mitstreiter haben die *Zeichen der Zeit* erkannt, sie haben sie im Blick auf *Gottes Wort* gedeutet und die äußerst drängenden, ja im wörtlichen Sinne notwendigen Konsequenzen gezogen. Ihr Werk ist die zur Tat gewordene Konsequenz aus der *Konfrontation* einer gegebenen *Notlage* mit dem *Wort Gottes* und seiner in ihm enthaltenen Forderungen und Möglichkeiten.[XLII]

Diese Konfrontation geschieht mit der Hilfe des Heiligen Geistes, der die *Phantasie*, den *Mut* und die *Kraft* zur Verwirklichung schenkt.[XLIII] Man muss ihn anrufen und seinen Anweisungen folgen wollen, auch wenn sie herausfordernd und unbequem sind, wenn sie die eigenen Pläne und Programme durcheinanderwirbeln. Der Heilige Geist schenkt die *Kraft* zum Wagnis, den *Mut* zum Risiko, die vielen der kirchlich Verantwortlichen unserer Tage zu fehlen scheinen, da ihnen alles abschätzbar und abgesichert sein muss.

Der Communio-Preis für *Dialog*, *Verständigung* und *Versöhnung* ist ein Zeichen der *Anerkennung* und der *Dankbarkeit* für alles, was in diesen vierzig Jahren von dir und deinen Mitstreitern geleistet wurde, die ich außer Nelson nicht alle aufzählen kann. Er ist zugleich ein *Ansporn*, mit *Freude* und *Zuversicht* – eben mit *Hoffnung* – weiterzumachen und die neuen Herausforderungen zu bewältigen, die auf euch warten!

Mit den Schlussanrufungen der *Laudes Regiae* oder *Hinkmari* aus dem achten Jahrhundert (etwa 750) möchte ich euch/ Ihnen wünschen: „*Tempora bona habeant! Feliciter! Pax* et [...] *Regnum Christi veniant! Deo gratias! Amen.*"

Bischof Dr. Josef Clemens

Dank

Danken möchte ich Iraci Leite, Gründerin der Fazenda da Esperança. Sie ist der Mensch, der mich zu diesem Buch inspiriert und die Idee dazu gegeben hat – Frucht eines langen und intensiven Gespräches.

Danke sagen möchte ich auch Beatriz Teberga, die die stundenlangen Interviewgespräche abgetippt hat, und Maria Amélia und Sidnei Rosa für die erste Korrektur.

Danke auch an Leila Estevão, Freundin und Freiwillige der Fazenda da Esperança, die mir bei der Organisation des gesamten Materials, den tausend Details und den Fußnoten geholfen hat.

Mein Dank geht an Franziska Doney, die die deutsche Übersetzung realisiert hat.

Ein besonderer Dank geht an den BONIFATIUS Verlag in Person von Herrn Ralf Markmeier. Vom ersten Austausch über die mögliche Realisierung des Buches bis zu seinem Druck habe ich mich mit großem Wohlwollen und Interesse, mit Professionalität von Ihnen und den Lektorinnen Frau Nadine Weihe und Frau Gisela Appelbaum begleitet gefühlt.

Als ich Frau Christiane Underberg fragte, ob sie bereit sei, das Vorwort zur deutschen Ausgabe zu schreiben, signalisierte sie sofort ihre Bereitschaft. Als anerkannte Unternehmerin und weltweit agierende Geschäftsfrau hat sie sozusagen nebenbei den Hof der Hoffnung in Kloster Mörmter am Niederrhein initiiert und mit aufgebaut.

Bei der Verleihung des COMMUNIO-Preises für Dialog, Verständigung und Versöhnung in der katholischen Akademie Schwerte an Frei Hans Stapel, durften wir alle die Laudatio von Bischof Dr. Josef Clemens aus Rom hören. Danke für die Erlaubnis, die Laudatio für die deutsche Publikation als Nachwort abzudrucken und damit einer breiten Leserschaft zur Verfügung zu stellen.

Mein Dank gilt auch der Firma La mer – in Person von Michael und Caroline Bommers, die durch ihre großzügige Spende für die Druckkosten dieses Buches uns animiert haben, es einer großen deutschsprachigen Leserschaft zugänglich zu machen.

Und natürlich ein OBRIGADO – DANKE besonderer Art an Frei Hans und Nelson, dass ich immer einen direkten Zugang zu euch hatte, ihr mir immer geholfen habt und mich an eurem manchmal recht turbulenten Leben, in der Dynamik von Jesus in eurer Mitte, habt Anteil nehmen lassen. Ewiger Dank.

I Vgl. https://franziskaner.net/bullierte-regel/Kapitel 6.

II Vgl. 1. Mose 15,5.

III Vgl. Lukas 10,30-37.

IV Vgl. Evangelii Gaudium, Apostolisches Schreiben des Heiligen Vaters Papst Franziskus. 24. November 2013. S. 41.

V Lubich, Chiara: Bis wir alles eins sein werden. Meditationen. München/Zürich/Wien 1986, S. 108.

VI Vgl. Johannes 8,1-11.

VII Dr. Renate Jost de Moraes: „O Inconsciente Fala. Amor o grande equívoco" (deutsch: „Das Unbewusste spricht. Die Liebe, der große Irrtum."), www.fundasinum.org.br.

VIII Brasilianische Quelle dieser Zahlen: https://observatorio3setor.org.br/noticias/322-milhoes-de-pessoas-no-mundo-sofrem-com-depressao-segundo-oms/. Weiterführende ähnliche Beobachtungen in deutschen Publikationen: https://www.augsburger-allgemeine.de/wissenschaft/Depressionen-Depression-koennte-2020-zweithaeufigste-Todesursache-sein-id37473692.html.

IX Diese Zahlen für Brasilien basieren auf folgender Untersuchung: https://noticias.uol.com.br/saude/ultimas-noticias/redacao/2019/04/27/suicidio-cai-no-mundo-mas-cresce-ate-24-entre-adolescentes-no-brasil.htm.

X Diese Zahlen für Brasilien basieren auf folgender Untersuchung: http://www.saude.ba.gov.br/2020/09/10/oms-alerta-suicidio-e-a-3a-causa-de-morte-de-jovens-brasileiros-entre-15-e-29-anos/ (08.10.2021). In deutscher Sprache gibt es folgende Publikation: https://www.dandc.eu/de/article/12-million-brasilianer-sind-von-depressionen-betroffen-mehr-als-sonst-wo-lateinamerika.

XI Zahlen der WHO in deutschen Publikationen: https://www.aerzteblatt.de/nachrichten/105847/WHO-Alle-40-Sekunden-stirbt-ein-Mensch-durch-Suizid.

XII Benedikt XVI., 18.10.2012. Botschaft für den WJT 2013 in Rio de Janeiro. http://www.vatican.va/content/benedict-xvi/pt/messages/youth/documents/hf_ben-xvi_mes_20121018_youth.html.

XIII Methodik-Buch *Neuer Mensch. Die Methode der Fazenda da Esperança*, Verlag Fazenda da Esperança, 2019.

XIV Vgl. Lukas 12,13-21.

XV Vgl. Matthäus 25,1-13.

XVI Vgl. Matthäus 24,42-44.

XVII Vgl. Matthäus 26,41 und Matthäus 25,13.

XVIII „*Wenn dies beginnt, dann richtet euch auf und erhebt eure Häupter; denn eure Erlösung ist nahe"* (Lukas 21,28).

XIX Pastorale Konstitution *Gaudium et Spes*, Über die Kirche in der Welt von heute N°4. „Zur Erfüllung dieses ihres Auftrags obliegt der Kirche allzeit die Pflicht, nach den Zeichen der Zeit zu forschen und sie im Licht des Evangeliums zu deuten. So kann sie dann in einer jeweils einer Generation angemessenen Weise auf die bleibenden Fragen des Menschen nach dem Sinn des gegenwärtigen und des zukünftigen Lebens und nach dem Verhältnis beider zueinander Antwort geben. Es gilt also, die Welt, in der wir leben, ihre Erwartungen, Bestrebungen und ihren oft dramatischen Charakter zu erfassen und zu verstehen."

XX Vgl. https://www.comshalom.org/halleluyasolidario.

XXI Matthäus 27,46.

XXII Vgl. Konstitution über die Heilige Liturgie: Sacrosanctum Concilium, https://www.vatican.va/archive/hist_councils/ii_vatican_council/documents/vat-ii_const_19631204_sacrosanctum-concilium-ge.html.

XXIII Vgl. Catholic Bishop's Conference of England and Wales (Ed.), *Teacher of the Faith.* Speeches and lectures by Catholic bishops. Foreword by Cardinal Cormac Murphy-O'Connor. Edited by Tom Horwood, London 2002, S. 78-94. Der Text geht auf die Vorlesung anlässlich der Verleihung der Ehrendoktorwürde durch die Theologischen Fakultät der Universität Eichstätt am 26. Nov. 1987 zurück, die in den Eichstätter Hochschulreden Nr. 61 veröffentlicht wurde. Das deutsche Original wurde unter dem Titel *Abbruch und Aufbruch. Die Antwort des Glaubens auf die Krise der Werte*, in den Sammelband Wendezeit für Europa? Diagnosen und Prognosen zur Lage von Kirche und Welt, Johannes Verlag Einsiedeln, Freiburg 1991, 11-29 aufgenommen (= JRGS 3/2, 579-596); William Doino Jr., *Ratzinger at Cambridge*: A preview of Benedict in the UK?; in: *First Things*, 14.09.2010.

XXIV Vgl. Ratzinger, *Abbruch*, S. 13-17.

XXV Ernst Bloch, *Das Prinzip Hoffnung*, Verlag Suhrkamp, Hamburg [1]1954.

XXVI Ratzinger, *Abbruch*, S. 13.

XXVII Ratzinger, *Abbruch*, S. 13f.

XXVIII Frei Hans Stapel OFM, *Von der heilenden Kraft des Wortes*. Ein Lebenszeugnis; in: Peter Klasvogt / Hans Stapel, *Durchkreuzt und verwandelt*. Fazenda da Esperança – wo die Hoffnung einen Namen hat, Bonifatius Verlag, Paderborn 2002, S. 1-14; Cesar Alberto dos Santos / Klaus Brüschke, *Von einer Straßenecke in die Welt*. Die Fazenda Esperança. Was ist das? Editora Cidade Nova, Vargem Grande Paulista (SP) 2007; Padre Christian Heim, Frei. Uma conversa com Hans Stapel, Editora Fazenda da Esperança, Guaratinguetá 2021.

XXIX Vgl. Familie der Hoffnung, *Statut* Art. 7; Frei Hans Stapel OFM, *Von der heilenden Kraft des Wortes*. Ein Lebenszeugnis; in: Peter Klasvogt / Hans Stapel, *Durchkreuzt und verwandelt*. Fazenda da Esperança – wo die Hoffnung einen Namen hat, Bonifatius Verlag, Paderborn 2002, S. 1-14; Familia da Esperança / Familie der Hoffnung, *Statut*. Deutsch/Italienisch, Editora Fazenda da Esperança, Guaratinguetá 2016.

XXX Vgl. Johann Wolfgang von Goethe, *Faust*. Eine Tragödie, Vorspiel auf dem Theater; in: *Goethe*. Berliner Ausgabe 8, Poetische Werke, Dramatische Dichtungen IV, Aufbau-Verlag 1990, S. 154.

XXXI Vgl. EG 27: „Ich träume von einer missionarischen Entscheidung, die fähig ist, alles zu verwandeln, damit die Gewohnheiten, die Stile, die Zeitpläne, der Sprachgebrauch und jede kirchliche Struktur ein Kanal werden, der mehr der Evangelisierung der heutigen Welt als der Selbstbewahrung dient."

XXXII Vgl. Peter Fiedler, *Das Matthäusevangelium*; in: ThK NT 1, S. 101: „Beibehalten wird von Mk die Zusammengehörigkeit von Lehr- und Heilungstätigkeit als Konkretion der Verkündigung des Himmelreichs. [...] Mt hat diese Sicht dadurch verstärkt, dass er kērysson ‚verkündigend' als zentralen Ausdruck zwischen Lehren und Heilen stellt (V 23) [...]."; Gerhard Friedrich, Art. κῆρυξ, κηρύσσω, u.a.; in: ThWNT 3, S. 682-717, bes. S. 713 f.; Otto Merk, Art. κηρύσσω, u.a.; in: EWBNT 2, S. 711-719, bes. S. 715 f.; Lothar Coenen, Art. Κηρύσσω; in: TBLNT, S. 1755-1761; Robert Koch, Art. *Verkündigung*; in: BThW 2, S. 1392-1404; Alfons Weiser, Art. *Verkündigung*; in: NBL 3, S. 1010-1012; Jean Audusseau / Xavier Léon-Dufour, Art. *Predicare*; in: Dizionario di Teologia Biblica, Casa Editrice Marietti, Genova-Milano 2007, S. 963-969; Henning Schroër, Art. *Verkündigung*. II. Praktisch-theologisch; in: TRE 34, S. 717-721, S. 719: „Die Glaubwürdigkeit des christlichen Glaubens wurde seit Beginn der Mission nicht zuletzt durch die diakonische Existenz der Gemeinde in ihrer sozialen Umwelt dargetan. Ein besonders wichtiger Hinweis für den Zusammenhang von Predigt und diakonischer Tat, von verbaler und nonverbaler Verkündigung, ist der Sinngehalt des neutestamentlichen Stichworts der διακονία, die eben als „Dienst der Versöhnung (II Kor 5,18) die ganze Praxis des Evangeliums in Wort und Tat umfasst."

XXXIII *Mt* 4,23: „Καὶ περιῆγεν ἐν ὅλῃ τῇ Γαλιλαίᾳ, διδάσκων ἐν ταῖς συναγωγαῖς αὐτῶν καὶ κηρύσσων τὸ εὐαγγέλιον τῆς βασιλείας καὶ θεραπεύων πᾶσαν νόσον καὶ πᾶσαν μαλακίαν ἐν τῷ λαῷ."; vgl. Ulrich

Luz, *Das Evangelium nach Matthäus* (Mt 1-7); in: EKK I/1, S. 244-247, S. 244: „Vor allem Schniewind hat gezeigt, dass V 23 auch den Aufbau dieser Kapitel vorwegnimmt: «Der Messias des Wortes, der predigende, wird in Kap. 5-7, der Messias der Tat, der heilende, in Kap. 8/9 geschildert» [Schniewind 36].“; Joachim Gnilka, *Das Matthäusevangelium* 1,1-13,58; in: HThK NT I/2,S. 105-107; Hubert Frankemölle, *Matthäus*. Kommentar 1, Patmos Verlag, Düsseldorf 1994, S. 200-2004; Meinrad Limbeck, *Matthäus-Evangelium*; in: SKK NT 1, S. 67 f.; Peter Fiedler, *Das Matthäusevangelium*; in: ThK NT 1, S. 101f.

XXXIV *Mt* 9,35: „Καὶ περιῆγεν ὁ Ἰησοῦς τὰς πόλεις πάσας καὶ τὰς κώμας, διδάσκων ἐν ταῖς συναγωγαῖς αὐτῶν καὶ κηρύσσων τὸ εὐαγγέλιον τῆς βασιλείας καὶ θεραπεύων πᾶσαν νόσον καὶ πᾶσαν μαλακίαν.“: vgl. Ulrich Luz, *Das Evangelium nach Matthäus* (Mt 8-17); in: EKK I/2, S. 64-68; Frankemölle, *Matthäus* 331 f.; Limbeck, *Matthäus-Evangelium* S. 143-145; Fiedler, *Matthäusevangelium* 223f.

XXXV Vgl. Heinrich Rengsdorf, Art. διδάσκω; in: ThWBNT 2, S. 138-150; Hans-Friedrich Weiß, Art. διδάσκω; in: EWBNT 1, S. 764-769; Klaus Wegenast, Art. διδάσκω; in: ThBLNT S. 1256-1261; Wolfgang Beyer, Art. θεραπεύω; in: ThWBNT 3, S. 128-132; W. Grimm, Art. θεραπεύω; in: EWBNT 2, S. 354-357; Friederike Rupprecht, Art. θεραπεύω; in: ThBLNT S. 1203-1205, S. 1205: „Das bevorzugte Vorkommen von θεραπεύω in den Summarien der Synoptiker läßt nach der theol. Bedeutung im Zusammenhang der Evv. Fragen. In den Summarien wird Jesu heilendes Handeln neben seiner Predigt gestellt, und zwar programmatisch bei allen drei Synoptikern zu Beginn des Wirkens Jesu (Mt 4,23 ff, Mk 1,32-39, Lk 4,40-44). Damit zeigen die Synoptiker, daß Jesu Predigt vom Kommen des Gottesreiches und seine Heilungen zusammengehören: In den Heilungen verwirklicht/verleiblicht sich das nahende Gottesreich bzw. die Nähe Gottes.“

XXXVI Vgl. Papst Franziskus, *Mein Leben, mein Weg*. Die Gespräche mit Jorge Mario Bergoglio von Sergio Rubin und Francesca Ambrogetti, Verlag Herder, Freiburg im Breisgau 2013, S. 87: „In der gegenwärtigen Situation hingegen muss die Kirche ihre Strukturen und pastoralen Vorgehensweisen verändern und auf ein missionarisches Wirken hin orientieren. Wir können nicht in einem ‚Kundenschema‘ verharren, dass passiv darauf wartet, dass ‚der Kunde‘, der Gläubige, bei uns erscheint. Wir müssen vielmehr Strukturen haben, die es erlauben, dass wir dorthin gehen, wo man uns braucht, wo die Menschen sind.“

XXXVII *Apg* 10,37f.: „ὑμεῖς οἴδατε, τὸ γενόμενον ῥῆμα καθ᾿ ὅλης τῆς Ἰουδαίας, ἀρξάμενος ἀπὸ τῆς Γαλιλαίας μετὰ τὸ βάπτισμα ὃ ἐκήρυξεν Ἰωάννης. Ἰησοῦν τὸν ἀπὸ Ναζαρέθ, ὡς ἔχρισεν αὐτὸν ὁ θεὸς πνεύματι ἁγίῳ καὶ δυνάμει, ὃς διῆλθεν εὐεργετῶν καὶ ἰώμενος πάντας τοὺς καταδυναστευομένους ὑπὸ τοῦ διαβόλου, ὅτι ὁ θεὸς ἦν μετ᾿ αὐτοῦ“; vgl. Gerhard Schneider, *Apostelgeschichte* 9,1-28,31; in: HThK NT S. 74f.; Rudolf Pesch, *Apostelgeschichte*; in: EKK V/1, S. 342f.; Jacob Jerwell, *Die Apostelgeschichte*; in: KEK 3, S. 309-311; Alfons Weiser, *Die Apostelgeschichte*, Kapitel 1-12; in: ÖTK 5/2; Gerhard Schneider, Art. εὐεργετέω; in: EWNT II, S. 191-193, S. 192.

XXXVIII Vgl. *EG* 194.

XXXIX Papst Paul VI., Apostolisches Schreiben *Evangelii nuntiandi* über die Evangelisierung in der Welt von heute, 8. Dez: 1975 (= *EN*); in: Verlautbarungen des Apostolischen Stuhls Nr. 2.

XL *EN* 21.

XLI Familie der Hoffnung, *Statut*, 20.

XLII Vgl. Familie der Hoffnung, *Statut*, 7, 9.

XLIII Vgl. Familie der Hoffnung, *Statut*, 11.

Fazenda für Frauen
- **Fazenda da Esperança – Riewend**
  Linder Weg 5 – 14778 Päwesin
  OT Riewend
  Tel.: 033838-40304; Fax: -40319
  E-mail: riewend@fazenda.de

- **Fazenda da Esperança – Hellefeld**
  Hellefelder Straße 39 – 59846 Sundern –
  Hellefeld
  Tel.: 02934-9625485; Fax: -9625486
  E-Mail: hellefeld@fazenda.de

Fazenda für Männer
- **Fazenda da Esperança – Gut Neuhof**
  Neuhof 2 – 14641 Nauen
  Tel.: 03321-451200; Fax: -451202
  E-mail: gut-neuhof@fazenda.de

- **Fazenda da Esperança – Gut Bickenried**
  Bickenried 2 – 87660 Irsee
  Tel.: 08341-9956260; Fax: -9665648
  E-mail: bickenried@fazenda.de

- **Fazenda da Esperança – Mörmter**
  Düsterfeld 8 – 46509 Xanten
  Tel.: 02801-2053; Fax: -90947
  E-mail: moermter@fazenda.de

- **Fazenda da Esperança – Haus Sabelsberg**
  Sabelstraße 27 – 56154 Boppard
  Tel.: 06742-8983934; Fax: -8983935
  E-mail: boppard@fazenda.de

- **Fazenda da Esperança – Gut Hange**
  Schaler Straße 8 – 49832 Freren
  Tel.: 05902-9495345; Fax: -9495346
  E-mail: gut-hange@fazenda.de

- **Fazenda da Esperança – Wattwil**
  „Klösterli" – CH – 9630 Wattwil (Schweiz)
  Tel.: +41- 71- 9850450
  E-Mail: kontakt@fazenda.ch
  www.fazenda.ch

Trägerverein
- **Fazenda da Esperança – Deutschland e.V.**
  Neuhof 2 – 14641 Nauen
  www.fazenda.de
  Bankverbindung:
  Darlehenskasse Münster
  IBAN: DE39 4006 0265 0015 2637 00
  BIC: GENODEM1DKM

- **Stiftung Hoffnung**
  Fürstenring 35 – 46562 Voerde
  (Niederrhein)
  Markus Baumann (Ansprechpartner)
  Tel.: 02855-5204
  E-mail:
  markus.baumann@stiftung-hoffnung.de
  Bankverbindung:
  Bank für Kirche und Caritas
  IBAN: DE70 4726 0307 0018 9000 00
  BIC: GENODEM1BKC